营销管理经典案例分析

马宝龙　编著

机械工业出版社

本书收录了七篇营销经典案例，其中包括四篇全国百优案例和一篇全国百优重点案例（包括三个子案例）。这些营销案例描述和分析了不同行业企业面临的营销问题和其采取的应对策略，案例主题涉及企业的品牌管理、商业模式与价值创新、体验营销、整合营销传播、品牌战略、品牌传播策略、品牌联盟和品牌国际化等方面。

为了便于读者学习与使用，本书给出了案例的全文以及完整的案例使用说明。本书内容具有较高的学习价值，不仅可以指导企业管理者，特别是营销实践者进行实践操作，还可以用于教师的营销课程教学（特别适用于 MBA、EMBA 及其他管理类研究生课程）。通过对本书的阅读，读者可以掌握营销领域的相关理论知识，学习营销案例的分析方法，学会解决企业实际营销问题的方法与思路。

图书在版编目（CIP）数据

营销管理经典案例分析 / 马宝龙编著. —北京：机械工业出版社，
2021.12（2023.6 重印）
ISBN 978 - 7 - 111 - 69893 - 7

Ⅰ.①营…　Ⅱ.①马…　Ⅲ.①营销管理-案例　Ⅳ.①F713.56

中国版本图书馆 CIP 数据核字（2021）第 261831 号

机械工业出版社（北京市百万庄大街 22 号　邮政编码 100037）
策划编辑：裴　泆　责任编辑：裴　泆　佟　凤
责任校对：张　力　封面设计：鞠　杨
责任印制：张　博
北京雁林吉兆印刷有限公司印刷

2023 年 6 月第 1 版·第 2 次印刷
184mm×260mm·12.75 印张·299 千字
标准书号：ISBN 978 - 7 - 111 - 69893 - 7
定价：39.90 元

电话服务　　　　　　　　　　　网络服务
客服电话：010-88361066　　　机 工 官 网：www.cmpbook.com
　　　　　010-88379833　　　机 工 官 博：weibo.com/cmp1952
　　　　　010-68326294　　　金 书 网：www.golden-book.com
封底无防伪标均为盗版　　　机工教育服务网：www.cmpedu.com

在互联网快速发展的今天，市场营销环境发生了翻天覆地的变化，要求企业紧跟市场营销潮流，在变化的环境中赢得生存和发展机会。市场营销是一门综合性学科，也是一门"变化性"很强的学科。首先，营销理念快速变化，以前的营销理念是由上向下传达的方式，但如今，企业需要采用上下相结合的模式来应对快速变化的环境，增强对时机的把握能力以及市场适应性。其次，营销方式快速变化，以前的营销方式比较简单且单一，但是在技术进步的今天，营销方式不断创新，趋于多样化，而且不断变化更新。最后，企业运营模式发生了巨大变化，现在的企业由传统商业模式转向新型商业模式，采用线上与线下相结合的经营方式已经平常化。在快速变化的环境中，企业如何做到市场领先，市场营销者如何将营销学理论运用到实践中，做到知识的融会贯通，学有所用，是大家所关心的问题，案例分析是解决这一问题行之有效的方法。市场营销案例对企业营销问题进行了描述和分析，能够让读者置身于企业营销问题中，以一个决策者的身份去思考、分析和解决问题，培养读者解决实际问题的思维模式，提升分析和解决营销问题的能力。

在各大高校的教学中，案例分析是营销教学中最常用的教学方法。通过案例分析模拟企业运营实践，学生可以以不同决策者的身份思考企业运营问题，有助于提升学生的学习兴趣。通过营销案例学习，不仅可以培养学生独立思考和解决营销问题的能力，快速掌握营销原理和营销理论，而且有利于打牢学生的营销基础。因此，案例分析为深刻理解营销学规律提供了可行的方法。

在目前市场上呼唤高质量、高水平案例教材的背景下，本书精选了七篇经典案例，其中包含了四篇全国百优案例和一篇全国百优重点案例（包括三个子案例）。这些案例是根据企业的热点事件而撰写的，部分案例的研究对象很集中，能够透彻地分析该企业的营销过程。这些案例经常被应用在本科生、研究生课堂教学中，教学效果获得了很高的评价。

以下对本书的案例做简单的内容描述。

案例一：去哪儿网"聪明你的旅行"——商业模式与价值创新。在瞬息万变的互联网商业环境下，互联网企业如何实现持续成长，商业模式和价值创新是关键要素。互联网企业去哪儿网采取以消费者为核心的价值主张，取得了快速发展，并且成功上市。那么，去哪儿网是如何基于互联网进行商业模式与价值创新来实现企业行业领先的呢？本案例对此进行了描述和分析。

案例二：高端餐饮企业"御仙都"的涅槃重生——价值创新与体验营销。随着商业环境的变化以及"中央八项规定"的出台，高端餐饮业的客源急剧减少，转型和回归似乎成为行业趋势。作为高端餐饮企业的御仙都应该如何利用价值创新理念和体验营销方式，结合外部市场发展趋势及企业自身特点，开发出新的顾客价值空间，从而实现企业运营转型呢？本案例对此进行了描述和分析。

案例三：华为手机悄然"逆袭"的营销秘诀——整合营销传播。国产手机长期走低端产品路线，陷入低端产品竞争泥潭，国产手机品牌如何从低端品牌成功转型为中高端品牌？华为手机开了一个先河，从低端品牌向中高端品牌实现了华丽转身。本案例通过分析华为手机整体品牌营销传播策略，产品发布会前的准备期、预热期，产品开售前的"蓄水期"，以及发售阶段的营销传播策略，来剖析华为手机重塑品牌形象、实现华丽转身的营销秘诀。

案例四：海信与欧洲杯的激情碰撞——事件营销开启国际化新征程。我国企业想进一步提升品牌在国际市场上的知名度时，往往与国际热点事件联手，提升品牌在国际上的热度，实现品牌知名度和收益双丰收。2015年，海信集团在国际市场和国内市场均处于关键成长节点，迫切需要一个契机来提升其品牌知名度和认知度。恰逢此时，欧足联邀约海信加入2016欧洲杯顶级赞助商的行列。海信集团是如何做出赞助欧洲杯决策的？又是如何整合营销资源实现品牌传播收益最大化的？这些问题的解决展现了海信集团的管理智慧。

案例五：种下自主品牌的种子——海信自主品牌国际化的战略决策。一个品牌要成为真正意义上的国际化品牌，国际市场份额是一个重要的参考指标。海信集团在国际市场上发展自主品牌已经有20多年的历史，海信电视市场份额稳居中国第一、南非第一、澳大利亚第一、全球第三。本案例描述了海信集团从最初简单出口贸易发展成为南非知名品牌的整个过程，真实地揭示了海信自主品牌国际化的动因、品牌国际化战略制定及国际品牌运作的决策过程。

案例六：区域市场的耕耘——海信自主品牌国际化的路径选择。一个品牌想要成为国际化品牌，国际化路径选择很关键。海信集团在国际化路径选择过程中，策略实施有先后顺序，计划有步骤，其自主品牌国际化取得了瞩目成绩。本案例描述了海信在北美等发达国家市场从开展原始设备制造、原始设计制造业务到发展自主品牌，从区域化生产、拓展国际渠道到布局全球研发中心、收购国际知名企业的整个过程，揭示了海信品牌国际化的路径选择。

案例七：绽放在世界花园——海信自主品牌国际传播的阶段策略。品牌国际化给企业提供了一个世界级舞台，为企业提供了更大的发展空间。如何建立国际化品牌是企业一直关心的问题，品牌传播策略的选择很关键。海信的自主品牌国际化取得了优异的成绩，已成为真正意义上的国际化家电品牌。本案例描述了海信自主品牌国际化各阶段的品牌建设过程，揭示了海信自主品牌国际传播的阶段策略。

　　市场营销是一门创新性的科学，中国企业从学习和模仿国外企业市场营销案例，到现在通过营销实战积累了丰富的营销经验，树立了很多营销典范，贡献了大量的营销创新案例。有必要对我们这些成功的营销创新案例进行深入研究，透过现象看本质，提取出其成功背后的营销原理，让它们成为营销知识体系的一部分，供中国企业和读者进行学习与研究。本书希望通过完整的案例以及全面的案例分析，展示部分中国企业成功的营销创新实例。

　　由于作者的水平有限，书中有不完善之处在所难免，敬请广大读者及时批评指正。

马宝龙

目　录

案例三　华为手机悄然"逆袭"的营销秘诀——整合营销传播

案例四　海信与欧洲杯的激情碰撞——事件营销开启国际化新征程

案例五　种下自主品牌的种子——海信自主品牌国际化的战略决策

案例六 区域市场的耕耘——海信自主品牌国际化的路径选择

案例七 绽放在世界花园——海信自主品牌国际传播的阶段策略

X

案例一

去哪儿网"聪明你的旅行"——商业模式与价值创新⊖

在瞬息万变的互联网商业环境下，互联网企业如何实现持续成长，商业模式和价值创新是关键要素。互联网企业去哪儿网采取以消费者为核心的价值主张，使其取得了快速发展，并且成功上市。那么，去哪儿网是如何基于互联网进行商业模式与价值创新来实现企业行业领先的呢？本案例对此进行了描述和分析。

1.1 案例正文

1.1.1 引言

2013年11月1日，全球最大的中文旅行平台——去哪儿网在美国纳斯达克正式上市。消息一经传开，去哪儿网公司上下无不沉浸在上市所带来的喜悦之中，整栋大楼似乎都洋溢着与寒冷冬季不相符的温暖气息。可是就在员工们欢呼庆贺时，有一个人却悄悄地远离这份热闹，静静地站在窗前，皱起了眉头。他，就是去哪儿网的总裁庄辰超。公司能够上市，无疑是件振奋人心的大喜事，可是一向具有远见卓识的庄辰超，却已经开始思索去哪儿网更为长远的未来，他望着公司员工那一张张幸福的笑脸，倍感自己肩负责任的巨大，因为他知道在快速变化的互联网商业环境下维持领先地位并非一件容易的事，如何根据消费者价值需求的变化来对现有的商业模式进行持续优化是关键，这已成为萦绕在他的心头、迟迟不能散去的问题。

尘封的记忆就像是打开了入口，一股脑地涌现出来。自2005年庄辰超携手戴福瑞（Fritz Demopoulos）、道格拉斯（Douglas Khoo）俩人创建公司，他就把去哪儿网定位为基于互联网垂直搜索的平台商业模式企业，而将全面比价与比较服务作为公司价值创新的根基，将持续提升消费者体验作为实现持续价值创新的源泉。然而，随着市场竞争的愈演愈烈，去哪儿网面临着愈加强劲的竞争对手。2010年初，梁建章从美国回来重新执掌去哪儿网的劲敌——携程网的大权，并宣布携程将从"PC+水泥"模式发展为"拇指+水泥"

⊖ 本案例由北京理工大学管理与经济学院马宝龙、刘岭、权级慧、苏书园撰写。案例来源：中国管理案例共享中心，并经该中心同意授权引用。本案例被评为2014年全国百优案例。

模式，回归技术驱动、加大平台开放力度、加码布局移动端产品的打造。面对携程的一系列举动，庄辰超带领去哪儿网也做出了积极回应，研发 TTS（Total Solution，全解决方案）系统、大规模直接签约酒店、布局无线等。但随着两家企业的一系列转变，它们的业务模式也越来越像，都开始向"OTA + 平台"（Online Travel Agent，在线旅行社）模式转变。面对如此激烈的竞争形势，庄辰超不禁开始思索，去哪儿网的商业模式和价值创新，还能够继续创造竞争优势吗？

1.1.2 百花齐放——中国的在线旅游市场

1. 在线旅游业的发展状况

伴随着中国经济的改革开放，中国的旅游业也取得了长足的发展。从图 1 - 1 可以看出，从 2008 年到 2012 年，中国旅游行业的总收入由 1.16 万亿元增至 2.59 万亿元，复合增长率达到 22.3%。而中国人均 GDP 已经超过了 6000 美元，这表明中国的旅游业进入了高速发展时期[⊖]。

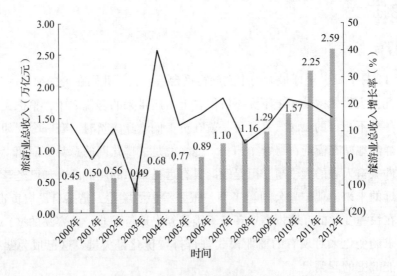

图 1 - 1　中国旅游行业的总收入

资料来源：方正证券研究报告。

由于中国人口基数大，旅游业的高速发展在各旅游业态中都得到体现，尤其是在线旅游业。从 1999 年到现在，在线旅游业得到了不断的发展，数据显示，2013 年中国在线旅游预订市场交易规模达 2181.2 亿元，同比增长 27.7%，预计在未来的四年，中国的在线旅游预定市场交易规模仍会保持较高增速（图 1 - 2）。

⊖ 世界旅游组织研究表明，当人均 GDP 达到 2000 美元时，旅游将获得快速发展；当人均 GDP 达到 3000 美元时，旅游需求出现爆发性增长；当人均 GDP 达到 5000 美元时，步入成熟的度假旅游经济，休闲需求和消费能力日益增强并出现多元化趋势。

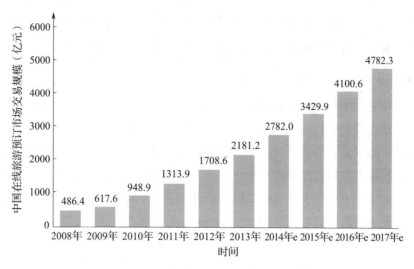

图 1 – 2　2008—2017 年中国在线旅游预订市场交易规模

资料来源：艾瑞咨询。

2．在线旅游行业的产业链

经过十几年的发展，中国在线旅游行业形成了比较完善的产业链。从图 1 – 3 可以看出，上游产品供应商为渠道商提供旅游产品，然后再借助搜索引擎、营销平台等媒介将旅游产品展示给用户，促使用户产生购买行为。酒店、航空公司直销，属于产业链中的上游供应商，主要经营方式是让消费者通过企业的自建网站，找到产品信息并在网站上完成机票、酒店的预订及在线支付；携程、艺龙等 OTA 属于产业链中的渠道商，它们主要通过展示酒店、航空公司的产品等，让消费者根据需求完成酒店、机票的预订，从而获得代理销售的佣金；产业链中的媒介 & 营销平台主要是指以去哪儿网为代表的在线旅游搜索引擎，它们凭借实时搜索技术来为消费者提供旅游产品搜索服务，并通过效果付费、展示广告等获得收入。此外，淘宝也是媒介 & 营销平台的一种，其本质就是利用发货和交货之间的时间差，获取货款在这段时间内存在支付宝内的时间价值来盈利的商业模式。而对于机

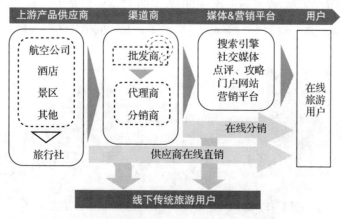

图 1 – 3　中国在线旅游行业产业链示意图

4

票、酒店等旅游产品，买方付款即视同发货，并且酒店、机票等往往是越早预订价格越低，这就使得发货与交货时间差比较大，给淘宝带来了较大的利润空间。

3．在线旅游业的市场结构

推动在线旅游业增长的两股力量来自消费者旅游有效需求的增加以及 OTA、在线旅游服务提供商、垂直搜索平台等快速发展。在中国的 OTA 领域，携程十几年来一直在中国保持着一家独大的优势，虽然近几年市场份额略有下降，但依然占据47.3%的份额。而根据艾瑞咨询在线旅游网站监测报告显示，2010 年 1 月，去哪儿网在网站日均覆盖上首次超过携程，成为全球最大的中文在线旅游网站。2013 年 10 月，Alex 网站对国内主要旅游网站机票预订业务用户覆盖数的统计结果显示，9 月主要旅游网站机票预订业务去哪儿网排名第一（图 1 - 4）。

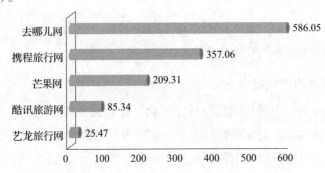

图 1 - 4　2013 年 9 月主要旅游网站机票预订业务用户覆盖数监测

注．单位为每百万 Alex 安装用户的机票预订人数

资料来源：劲旅智库。

在线旅游市场的增长主要取决于在线机票、酒店业务的增长。其中机票是占在线旅游最大份额的一块业务，酒店是在线旅游领域的第二大业务。此外还有门票、租车等在线旅游业务。从 2013 年中国在线旅游市场结构来看，机票、酒店预订市场还是占有绝对优势，但份额有所下降；而在线度假市场占比从 2012 年的 12.4% 增至 13.9%（图 1 - 5）。

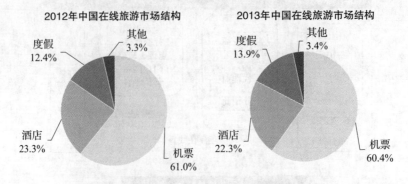

图 1 - 5　2012 年、2013 年中国在线旅游市场结构

资料来源：艾瑞咨询。

1.1.3 异军突起——去哪儿网的发展历程

去哪儿网的成功与其创办者兼时任 CEO 庄辰超密不可分。庄辰超毕业于北京大学无线电系。曾任世界银行系统构架师,作为核心人员设计开发的覆盖 130 个国家、涉及 25 种语言的世界银行内部网系统被 Nielsen Norman 评为 "最佳内部网"。2005 年 5 月,庄辰超与戴福瑞(Fritz Demopoulos)、道格拉斯(Douglas Khoo)在北京共同成立了去哪儿网,就任去哪儿网总裁,负责公司整体运营。2011 年 6 月,庄辰超出任首席执行官(CEO),全面负责去哪儿网的战略规划和运营管理。

与其他在线旅游业的竞争者不同,去哪儿网是一个全网垂直搜索平台。回顾公司从建立初期到现在的整个发展过程,三次成功的融资以及获得百度的战略投资是去哪儿网获得快速发展的基石。自从百度成为去哪儿网第一大股东,去哪儿网和百度在全线产品线和品牌方面保持紧密合作,共同推动在线旅游的蓬勃发展。2013 年 11 月 1 日,去哪儿网在美国纳斯达克正式上市,上市当天报收 28.4 美元,比 15 美元的上市发行价高了 89.33%,市值达 32 亿美元,这也标志着去哪儿网进入新一轮的快速发展阶段。截至 2013 年 12 月 31 日,去哪儿网 2013 年财年总营业收入为 8.51 亿元,较上年同期增长 69.6%。

作为一个垂直搜索引擎平台,去哪儿网通过网站及移动客户端的全平台覆盖,随时随地为旅行者提供国内外机票、酒店、度假、旅游团购及旅行信息的深度搜索,帮助旅行者找到性价比最高的产品和最全面的信息,帮助消费者聪明地安排旅行。去哪儿网凭借其便捷、先进的智能搜索技术对互联网上的旅行信息进行整合,通过提供实时、可靠、全面的旅游产品查询和信息比较服务满足消费者的需求。

然而,别人眼中的去哪儿网尽管通过搜索技术,在线旅游在许多细分行业中突围成功并处于领先。但庄辰超深知,随着竞争环境与竞争格局的不断变化,如何应对新的竞争并不断优化自己的商业模式是去哪儿网面临的新的挑战。

1.1.4 找准方向——去哪儿网的产业链定位

去哪儿网在整个产业链条中的定位是在线分销的环节(图 1 – 3),通过实时动态的搜索技术为在线旅游用户提供全网比价服务,并为旅行产品的供应商及渠道商(以下统称为去哪儿网的供应商)提供接触终端消费者的平台。因此,去哪儿网的成长壮大使其必须与平台两侧的在线旅游消费者及供应商建立起良好的伙伴关系。

1. 与在线旅游消费者的关系

作为一个以消费者需求为导向的实时搜索平台,去哪儿网从成立之初就确定了 "消费者第一、合作伙伴第二、去哪儿第三" 的企业经营理念。基于此,去哪儿网摒弃 "用户" 这个比较含混的说法,而把它细化为 "消费者" 和 "商户",并将 "消费者第一" 的文化理念实践为对产品质量的提升和产品属性的优化,借以增加消费者对去哪儿网的信任和依赖。与此同时，去哪儿网的消费群体也已经由早期的尝鲜群体扩展到主流群体。

对于平台初期运营过程中出现的消费者投诉现象，去哪儿网设立了专门处理投诉的呼叫中心，这些投诉也为去哪儿网的发展指明了方向。此外，去哪儿网站还增设"我的旅图""攻略论坛"等板块与旅行者进行线上互动，增加用户体验度的同时也实现对消费者关系的维系和强化。

2. 与供应商的关系

去哪儿网与供应商的关系对于其自身的扩张也是至关重要的。去哪儿网在设计多种产品模式、实现价值创新的同时，也在努力处理与供应商群体的关系。为了能让基于实时搜索的商业模式获得成功，去哪儿网精心制定了与供应商之间的工作关系。

作为一个以消费者需求为导向的平台企业，去哪儿网认为供应商对于消费者的价值就是它们存在的理由。去哪儿网为 OTA、酒店、航空公司等供应商提供了一个公平竞争的平台，由消费者来选择最终的赢家。当交易过程中出现摩擦，去哪儿网始终会站在消费者的立场来处理问题，对于那些不符合消费者价值需求的供应商，去哪儿网也会与其终止合作。消费群体规模的增长，不仅使得去哪儿网越来越有实力与供应商展开谈判，庞大的消费群体也会在无形中增加商户离开平台的转换成本，如通过点评系统而获得的荣誉与等级积累等。

庄辰超也深知，"你赢我输"的旧模式早已无法适应未来价值链的发展及分工的要求，与供应商形成长期共赢的合作伙伴关系才是发展的方向。目前，去哪儿网可以搜索超过 700 家机票和酒店供应商信息。对于那些单体酒店、客栈小型企业及小型 OTA，它们往往不具备建设自身官方网站的技术实力，也无法承担网站建设和运营所消耗的成本，去哪儿网推出的 TTS（详见 1.1.5）系统就可以解决这些问题；对于那些不愿意入驻 TTS 平台的企业，在保证消费者体验的前提下，去哪儿网一如既往地与它们展开合作。

3. 与竞争对手间的竞争关系

有报告显示，在线旅游市场是中国传统行业向互联网渗透最为成熟的一个细分市场。携程、艺龙多年前的上市和去哪儿、淘宝旅行等企业的快速成长，是当时中国旅游电子商务市场发展的一个缩影。携程与艺龙均成立于 1999 年，而且分别在 2003 年、2004 年成功上市，去哪儿网、淘宝旅行等企业的成长也标志着中国在线旅游行业新模式的出现。

在众多的在线旅游服务提供商中，携程凭借其多年在旅游行业的积累，长期占据着"霸主"地位，而淘宝旅行却依托淘宝在中国电子商务市场的最高知名度快速成长，这两家企业被去哪儿网视为最大的竞争对手。作为一个技术型企业，去哪儿网通过 PC 端和移动端的平台覆盖，借助先进的实时搜索技术，为消费者提供全网范围内的旅游产品信息查询和比价服务，满足消费者的需求。随着中国在线旅游业市场的不断发展，去哪儿网也不断分析着市场环境来调整着自己对竞争对手的定位与认知。

（1）携程

携程初期的定位是 B2B（Business to Business），提供旅游信息，通过广告赚钱，并在完成最主要的酒店和机票网络建设之后，形成现在闻名于业界的"水泥＋鼠标"模式："鼠标"是指通过 2 个呼叫中心大量的客服人员，为客户在网上实现酒店和机票的预订，"水泥"是指公司于各大城市负责线下销售、商旅管理等业务的团队。携程主要得益于企业高效的呼叫中心，牢牢抓住一群对价格不敏感、互联网感知一般、热爱 24 小时随意呼叫的中高端人士。当时中国网民数量已达到 6.18 亿，手机网民达到 5 亿，线上销售的市场环境已经成熟，加上线上支付变得更加快捷，携程也正在积极应对：2012 年下半年起，为增加来自互联网的订单比重，携程开始投入重金购买百度关键字、360 网址导航；2013 年年初，有着技术背景的梁建章正式重掌携程并宣布从 OTA 转型为 MTA（Mobile Travel Agent，移动旅游服务商），加大开放平台投入并把移动端业务作为携程重点发力的方向。截至 2013 年 6 月，携程提供覆盖 172 个国家、超过 28 万家国内外酒店，提供日韩、东南亚、欧洲、美洲等境外 100 多个旅游目的地，不同种类、不同行程的旅游线路总量达数千条。其与去哪儿网的业务规模对比见表 1 - 1。

表 1 - 1 2013 年去哪儿网与携程业务规模对比

业务模式	去哪儿网	携程
主营业务	机票、酒店、展示广告	酒店、机票、度假、商旅管理
机票覆盖	17 家本部航空，11 家国际航空；12.5 万条国内航线，410 条国际航线	100 多个境外旅游目的地，数千条不同种类、行程的旅游路线
酒店覆盖	8.4 万家直销酒店，19.6 万家国际酒店	172 个国家超过 28 万个国内外酒店
移动化程度	移动营收 4960 万元人民币，占总营收比例 19.8%。截至 2014 年 4 月，App（去哪儿旅行）下载量 9271.9 万次	高峰期约 50% 的酒店和 30% 的机票交易来自手机预订。截至 2014 年 4 月，App（携程旅行）下载量 8304.1 万次

（2）淘宝旅行

淘宝旅行是阿里巴巴旗下的综合性旅游出行服务平台，它可以整合数千家机票代理商、航空公司、旅行社、旅行代理商资源，为旅游者提供一站式解决方案，并有支付宝担保交易。此外，淘宝旅行通过与阿里巴巴旗下的口碑网的配合，让消费者进行相关消费时，不仅可以得到专业的导游服务，还可以获得口碑网根据消费者选择而进行自动化的匹配服务，列出消费者目的城市的各个风景点、特色饭馆、商铺及网友评价。同去哪儿网类似，淘宝旅行的模式也是平台，它能够根据消费者的搜索指令，搜索入驻到平台上的企业所提供的全部的旅游产品信息。由于酒店、航空公司等企业可以在淘宝建立旗舰店进行直销，从而使淘宝旅行获得一般 OTA 无法得到的低价优势。淘宝网的支持及平台的构建，使得淘宝旅行拥有了属于自己的竞争优势。

劲旅咨询发布的《2013 年 Q1 中国在线机票预订市场研究报告》中对 2013 年 1 月去哪儿网和淘宝旅行两个平台的月度机票出票量的数据监测显示，去哪儿网 1 月日均出票量约为 13 万张，比淘宝旅行的 4.5 万张高出 189%（图 1-6），然而在价格方面，淘宝旅行与去哪儿网却不分伯仲（图 1-7）。2013 年，淘宝旅行首次参加天猫"双 11"购物狂欢节的活动，单日访问量超过 1000 万次，单日旅游成交量 17 万笔，酒店预售超 9 万间，手机客户端成交 2 万笔。此外，借助阿里巴巴这一强大后盾，淘宝旅行拥有更多有旅行需求的消费者，并吸引了不少的航空公司和大型旅游产品代理商的入驻合作，为消费者提供具有竞争力的旅游产品，提升了在消费者心中的知名度和品牌形象。

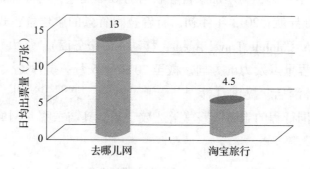

图 1-6 2013 年 1 月去哪儿网和淘宝旅行机票出票量

资料来源：劲旅智库。

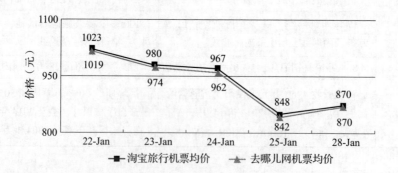

图 1-7 2013 年 1 月去哪儿网和淘宝旅行国内机票价格

资料来源：劲旅智库。

1.1.5 成功基石——去哪儿网的运营模式

去哪儿网依靠价值创新下的平台战略来实现企业的成功，该模式注重以实时搜索技术的核心竞争力为基础，以提升消费者体验为引导，创造并保持公司的市场份额稳步增长。尽管如此，去哪儿网在庄辰超的带领下仍然在努力寻求更好地满足消费者需求的路径。公司的目标是通过基于实时搜索技术的商业模式创新,来满足用户搜索比对旅游产品的需求。这种经营模式一直在创造着正面的效应,然而,为了保持这股增长动力绝非易事,去哪儿网需要不断改进企业的价值主张、优化企业的业务模式、改善企业的运营状况并关注企业的财务状况。

1. 去哪儿网的价值主张

去哪儿网的价值就是帮助旅行者找到性价比最高的产品和最全面的信息,聪明地安排旅行。

消费者在选择在线旅游网站时一般会考虑价格、支付的安全性、信息的全面性等方面的因素(图1-8)。而对去哪儿网价值定位最好的描述莫过于它的 "聪明你的旅行" 的标语,这一表述完美体现了企业对于消费者需求的重视及其面对消费者所倡导的价值主张。具体来讲,去哪儿网旨在为消费者提供信息全面、价格最低、可预订、服务质量稳定以及支付安全的旅游服务。

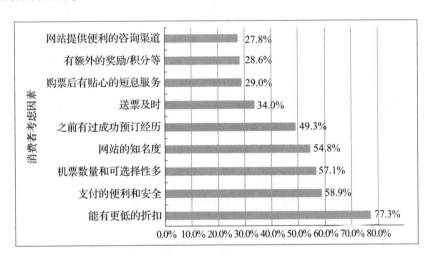

图1-8 互联网用户选择旅游网站时考虑的因素

资料来源:艾瑞咨询。

全面的信息:为了确保消费者能够得到最全面的信息,去哪儿网拥有专业的IT团队、精确的实时搜索技术,这使得它能够根据消费者的搜索指令获取尽可能多的旅游产品信息。其次,对于携程、艺龙等OTA没有兴趣覆盖的酒店,去哪儿网就自己去签,因为消费者可能会需要。

最低价格的产品和服务:去哪儿网掌握了实现 "全网比价" 的实时搜索技术。该技术能够聚合国内更多的供应商资源,从而帮助消费者在最短的时间内获得最佳的出行资讯。作为新的在线旅游的入口,去哪儿网这一模式的出现不仅为消费者提供了价格低廉的旅游服务,而且还打破了原有行业内大型OTA们对于资源和价格的垄断与寻租,符合互联网时代下的 "痛点思维" 和 "极致思维"。此外,"全网比价" 的模式又是难以复制的,从实现角度上来讲，对机票、酒店这种数以百万计且随时都在发生变化的数据进行即时搜索、分析和排序的技术，具有极高的进入壁垒，即使是同行业中的其他巨头，对此也多数望尘莫及。此外，在酒店业务领域，去哪儿网还会直签一些酒店。众所周知，产品从供应商到消费者转移的过程中，经历的中间环节越少，那么消费者在购买到产品的价格也就越低，因为每一个中间环节的商家都要从中提取利润。去哪儿网的酒店直签就跳过了 OTA 这个中间环节，在很多情况下可以提供 OTA 所达不到的低价。

价格准确且可预订：随着公司的发展以及用户的口碑传播，去哪儿网的用户群体逐渐由原来的那些敢于冒险、尝鲜的年轻用户群体逐渐扩大到主流群体。这个时候，用户的投诉也就自然随之增多。初期去哪儿网的消费者常会遇到这样的问题：去哪儿网上看到的酒店套房价格是 500 元，但是跳转到 OTA 的网站上之后的价格是 800 元。随着问题的出现，去哪儿网开始加大信息的监控力度，保证信息的准确性，保证消费者能够以在去哪儿网上看到的价格在 OTA 的网站上预订自己想要的产品。

服务质量的稳定性：服务质量包括服务水平的高低与稳定性，好的服务质量不一定是最高水平，稳定性也是服务质量的基本要求之一，也是最难管理的服务质量问题之一。作为一个以技术为依托的基于实时搜索的平台企业，去哪儿网致力于为顾客提供质量稳定的服务，确保消费者对企业形成一个稳定的心理预期。这也是研发推出 TTS 系统的原因之一。TTS 是去哪儿网自主研发的平台，它其实是一套集合了产品信息展示、交易信息留存、支付等在内的销售系统解决方案。有了 TTS 系统以后，用户可以在去哪儿的网站上完成预订，用户预订完之后也会在去哪儿网的系统里留存一份预订信息。这样，不但用户预订过程中的体验好了，支付的安全有保障了，之后的客服环节去哪儿网也可以更有针对性地与商家交涉相关问题。2010 年 7 月，去哪儿网的机票在线交易平台 TTS（后改称 SaaS）推出，目前机票 OTA 以及海南航空、四川航空、首都航空等航空公司均已使用此系统。2012 年 3 月，去哪儿网在酒店频道推出 TTS 并陆续引入了锦江之星、速 8 等连锁酒店集团，以及单体酒店和几百家 OTA。

支付的安全性：支付的安全性关系到用户的体验，根据去哪儿网 2010 年进行的 6—8 月全网用户调查数据表明，目前网上购买机票投诉的 80% 主要集中在黑代理、无资质代理、山寨网站、钓鱼网站和假冒网站。而且调查数据显示，在线订票用户遇到的常见问题中，加价出票、退款到款不及时、电话无法接通等是用户最为关心的问题（图 1-9）。在没有 TTS 之前，用户在去哪儿网站找到某个产品后都是需要跳转到 OTA 的网站去完成预订的，一些小的网站速度很慢，就会导致用户体验很不好；甚至出现一些用户与 OTA 之间的纠纷，也很难判定是不是通过去哪儿网的渠道出去的。因此，去哪儿网便推出了 TTS 系统来解决这些问题。TTS 不但能够保障用户交易资金安全，保护用户信息和隐私，而且也提供了丰富多样的产品，实现了交易安全与用户体验的统一。

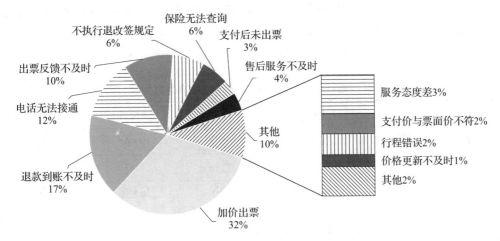

图 1 - 9　旅游网站机票投诉原因分析图

资料来源：2010 年去哪儿网全网用户调查数据。

2. 去哪儿网的收入来源

去哪儿网的运营收入主要来自三个方面：第一类是按效果付费收入，即按照旅游服务提供商通过去哪儿网而实际成交的金额（CPS）或者通过去哪儿网带来的点击（CPC）来收取一定比例的费用。CPC 模式不涉及交易，不仅能对交易过程很好地进行权责划分，还能够使得去哪儿网集中于技术开发。第二类是网页广告收入。第三类是其他收入，包括团购旅游产品的代理销售收入及第三方支付服务提供商的佣金收入。

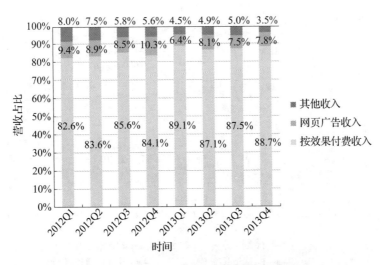

图 1 - 10　2012 ~ 2013 年去哪儿网营收结构

资料来源：方正证券研究报告

图 1 - 10 显示，2012 ~ 2013 年去哪儿网营收结构中，按效果付费收入占据着主要的比重，占比均达到 82% 以上，是企业主要的收入来源。公司的服务收入可以分为在线服务收

入和移动端服务收入。网页广告收入2011年达到2.16亿元，同比增长107.09%；2012年达到3.96亿元，同比增长83.4%；2013年上半年收入为2.65亿元，同比增长59.86%（表1-2）。

表1-2　去哪儿网PC端服务收入拆分

时间	2010年	2011年	2012年	2013年上半年
机票查询服务收入（千元）	77826	170577	300013	214981
网上酒店查询（千条）	69532	107533	178852	90205
酒店查询服务收入（千元）	26524	45530	96536	50307
网页广告收入（千元）	104350	216107	396549	265288

资料来源：方正证券研究报告。

相对于以前，消费者出行的计划性在弱化，这给在线旅游无线市场带来了商机。因此，去哪儿网越来越重视移动端的生态建设和用户培养。2010年7月，去哪儿网推出了移动端应用，并于2012年6月开始收费；2013年10—12月，去哪儿网移动端月度覆盖人数同比增长率均超过PC端；截至2013年12月31日，去哪儿网移动端用户达1500.7万人，移动端增长率为29.9%，远高于PC端19.8%的增长率（图1-11）。移动端用户的增加也带来了收入的增加，从2012年三季度以来移动端服务收入增长强劲，2012年实现1737.5万元，2013年上半年实现4251万元（表1-3）。

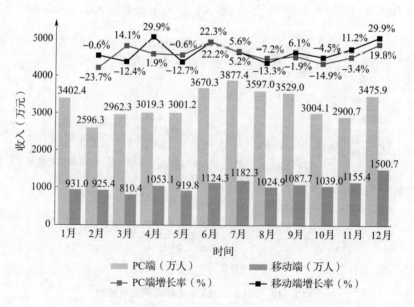

图1-11　去哪儿网2013年PC端和移动端月度覆盖人数对比

资料来源：艾瑞网。

表 1 – 3　去哪儿网移动端服务收入拆分

时间	2012 年第 3 季度	2012 年第 4 季度	2013 年第 1 季度	2013 年第 2 季度
移动端机票查询（千条）	34699	55805	98547	134450
移动端机票服务收入（千元）	2511	4895	10833	12760
每千条机票查询收入（元）	72.4	87.7	109.9	94.9
移动端酒店查询（千条）	19713	22040	32024	48638
移动端酒店服务收入（千元）	4754	5215	9277	9280
每千条酒店查询收入（元）	241.1	236.6	289.7	190.8

资料来源：方正证券研究报告。

3. 去哪儿网的运营支出

作为一家实时搜索的平台企业，去哪儿网的关键业务都与平台或网络有关，包括平台管理、服务提供和平台推广。这也就带来了在产品开发、市场营销以及管理费用方面的费用支出。

产品开发费用主要包括发展和改进网站所需的人工支出以及产品开发部门的办公租金和其他相关支出。去哪儿网作为一家技术型企业在产品研发上的投入快速增加，产品经理和研发人员从 2010 年年底的 126 人增至 2013 年 6 月的 800 人（307 个产品经理和 493 个开发工程师，其中有 159 人专门负责移动产品的设计和研发），占全体员工数 1700 人的将近一半比例。因此，去哪儿网的产品开发费用的增长也很快，2011 年和 2012 年的增速都超过 100%，2013 年上半年增速也有 50%。

市场营销费用也是去哪儿网很大的一笔支出，2010 年到 2012 年占营收的一半，2013 年上半年有所下降但也高达 39%，不过增速从 2011 年的 115% 下降到 2013 年上半年的 27%。市场营销费用包括三个方面：①购买搜索引擎、导航页流量等支出；②营销广告支出；③销售人员、酒店拓展人员工资。

管理费用则包括人工支出和管理相关费用、第三方专业服务提供机构的费用支出以及办公租金等。

图 1 – 12 给出了 2010 年到 2013 年上半年去哪儿网的运营支出结构。可以看出，公司运营支出的 50% 左右是营销费用，40% 左右是产品研发支出，另外的 10% 左右是管理费用；并且数据显示，营销费用支出的占比有所下降，产品研发费用的占比在上升，管理费用支出的占比相对稳定。

14

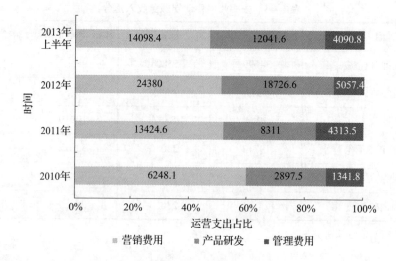

图 1-12 去哪儿网运营支出结构（单位：万元）

资料来源：方正证券研究报告。

1.1.6 展望未来——持续价值创新保持领先地位

实时搜索技术、以消费者需求为导向的价值主张、牢固的客户关系、与供应商的合作与竞争、合理的成本结构、优越的盈利模式，这些都是去哪儿网获得成功的基础。去哪儿网旨在做中国旅游行业的 CTO/CIO（首席技术官/首席信息官），也就是说要做中国旅游行业的技术平台、信息平台。去哪儿网始终坚持把消费者的需求放在第一位的理念，正如 logo 下面的"聪明你的旅行"这句标语，去哪儿网就是要给旅游者提供最全面的旅游信息，让消费者能够迅速做出选择。

虽然去哪儿网在商业模式上一直坚持打造旅游产品供应商和消费者之间的零距离沟通的平台，但在实践的过程中，商业模式在巨大的需求、高速发展的市场和技术驱动下也会发生改变，尤其是消费者的改变会让整个行业依据消费者价值进行重组。去哪儿网始终关注着消费者价值重组的机会，并根据对未来蓝图的描述而对商业模式持续创新。

面对在线旅游市场呈现的市场渗透率低、业务多样化、预订移动化等的特点及发展趋势，去哪儿网也正在加紧步伐。去哪儿网一方面加大了酒店的促销力度，使其在酒店预订市场占有率显著增长（图 1-13）；同时也在旅游度假产品和景区门票等增加了产品搜索服务来强化旅游产业链布局（图 1-14）；此外，随着移动应用的不断普及，去哪儿网凭借自己的创新技术，已经将移动应用做到了行业领先的地位（表 1-4）。

表 1-4 2014 年 4 月国内预订类旅游应用 (App) 下载量 TOP10 (安卓系统)

排名	App 名称	下载量 (万次)
1	去哪儿旅行	9271.6
2	携程旅行	8304.1
3	艺龙旅行	2632.0
4	快捷酒店管家	2329.8
5	同程旅游	1844.8
6	114 商旅	1505.8
7	7 天连锁酒店	770.7
8	住哪儿订酒店	753.8
9	铁友火车票	693.1
10	酷讯机票	540.5

注：以上各 App 下载量由安卓市场、91 助手、豌豆荚、木蚂蚁、应用宝、MM 商场、机锋市场、应用汇、安智市场、360 助手、百度手机助手等 11 个国内主流安卓应用汇总得出。

资料来源：劲旅智库。

从创立公司到公司上市，庄辰超依靠自己的远见卓识和未雨绸缪，带领着去哪儿网一步一个脚印、脚踏实地地前行。在去哪儿网蓬勃发展的今天，他依然清楚地明白，持续价值创新才是公司持续发展的前提。但是，庄辰超仍会记得上市时他对公司未来发展的思索，时至今日，他早已由最初的短暂迷茫，变得越来越有信心：因为在保持自己搜索定位、技术优势的前提下，去哪儿网完全有能力在互联网的浪潮中通过持续的价值创新来调整、优化自己的商业模式，保持自己在行业中的领先地位。

1.1.7 附录

附录 1 2005~2014 年去哪儿网发展中的大事记 (表 1-5)

表 1-5 2005~2014 年去哪儿网发展中的大事记

时间	重大事记
2013 年 11 月	在美国纳斯达克上市
2013 年 4 月	荣获 iResearch Awards 金瑞奖 "2012—2013 年度中国移动互联网旅行应用——最佳创新力奖"
2012 年 10 月	根据中国互联网络信息中心 (CNNIC) 发布的《2012 年中国网民在线旅行预订行为调查报告》，去哪儿旅行是手机旅行信息查询用户安装最多且使用最多的移动客户端
2011 年 11 月	美国知名研究机构 Experian Hitwise 发布的中国月度访问率数据显示，去哪儿网以占旅游类网站 42% 的访问率继续保持中国旅游网站第一的排名

（续）

时间	重大事记
2011 年 6 月	获得百度战略投资 3.06 亿美元，百度成为去哪儿网第一大机构股东
2010 年 4 月	谷歌 DoubleClick AdPlanner 发布网络统计数据，在全球最受欢迎旅行网站中，去哪儿网是前十名的两家中文旅行网站之一。而其他九家网站均为上市企业
2009 年 11 月	11 月 12 日，去哪儿网在北京宣布完成第三轮 1500 万美元的融资。由 GGV Capital 领投，Mayfield Fund、GSR Ventures 和 Tenaya Capital 共同参与
2009 年 10 月	艾瑞咨询发布的数据显示，在中国旅游网站机票业务的季度总访问次数统计中，去哪儿网以 33.7% 的市场份额排名第一
2007 年 9 月	Mayfield 和 GSR Ventures 及 Tenaya Capital 完成对去哪儿网的第二轮投资
2006 年 7 月	著名风险投资商 Mayfield 和 GSR Ventures 完成对去哪儿网的第一轮投资
2005 年 2 月	道格拉斯、戴福瑞和庄辰超共同创立去哪儿网。去哪儿网作为中国第一个旅游搜索引擎，使中国旅行者第一次可以在线比较国内航班和酒店的价格和服务

附录 2　中国主要酒店预订网站月度覆盖人数

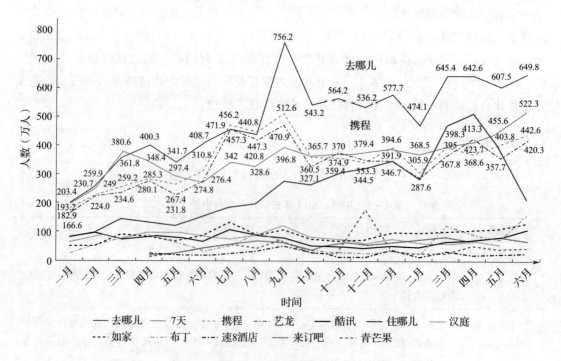

图 1-13　中国主要酒店预订网站月度覆盖人数（2012.1~2013.6）

资料来源：iUserTracker. 家庭办公版 2013.7。

附录3 去哪儿旅行客户端景点门票搜索首页

图1-14 去哪儿旅行客户端景点门票搜索首页

1.2 案例使用说明

1.2.1 教学目的与用途

1）适用课程。本案例为描述性案例，适用于战略管理、战略营销、商业模式创新等课程有关蓝海战略、价值创新、商业模式创新等相关章节的案例讨论。

2）适用对象。本案例主要为 MBA 和 EMBA 开发，适合有一定工作经验的学生和管理者学习。本案例还可以用于工商管理国际学生深度了解中国企业商业模式的特点。

3）教学目的。本案例的教学目标是要求学生掌握：①企业价值主张以及价值主张在企业战略及商业模式创新中的核心地位；②如何基于价值创新的理念，开创企业的蓝海战略；③基于平台战略的相关理论与方法，明确基于多边平台商业模式的运维特点；④基于互联网的企业平台机制设计中的关键点；⑤如何利用商业模式画布这一有效的工具来描述、分析和设计商业模式。

1.2.2 启发思考题

1）去哪儿网的主要竞争对手有哪些？相对于竞争对手，去哪儿网是如何进行价值创新并开创新的市场空间的？请基于蓝海战略的核心分析工具及框架，勾画出去哪儿网及其竞争对手的价值曲线图（即战略布局图），并予以解释。

2）去哪儿网服务的客户群体有哪些？又是如何处理与客户的关系的？去哪儿网向客户传递什么样的价值主张？

3）去哪儿网是典型的双边平台式的商业模式，其在平台搭建初期是如何吸引不同的客户群体入驻平台的？后期又是如何赋予其客户以归属感并激发网络效应的？

4）去哪儿网商业模式运转中为其主营业务服务的关键运营活动有哪些？它是如何通过这些运营活动来实现企业盈利的？保证去哪儿网实现盈利模式的核心资源是什么？

5）请利用商业模式画布，从客户、产品及服务、基础设施和财务生存能力等方面描绘出去哪儿网的商业模式全景。

1.2.3 分析思路

教师可以根据自己的教学目的来灵活使用本案例。这里提供了本案例分析逻辑路径图，如图1-15所示，帮助教师引导案例课堂分析思路，仅供参考。

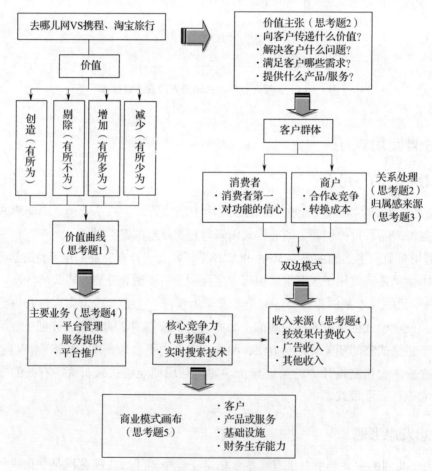

图1-15 案例分析逻辑路径图

以上逻辑路径中的5道思考题的具体分析思路如下。

思考题1的分析思路：首先引导学员根据案例材料总结和分析在线旅游市场的发展现状，以及市场中主要企业的发展模式和特点，从而明确去哪儿网的主要竞争对手及其发展特点。在与竞争对手的对比分析中,结合案例材料利用蓝海战略核心分析工具的四步动作框架分别总结相对于行业及竞争对手去哪儿网分别剔除、减少、增加和创造了哪些买方价值因素,从而画出去哪儿网及其竞争对手的价值曲线。

思考题2的分析思路:首先分析去哪儿网作为一个垂直搜索平台,它既需要给消费者创造价值又需要给其供应商创造一定的价值,这样供应商才愿意通过去哪儿网的平台向消费者提供产品和服务。其次,在思考题1价值曲线的基础上分析去哪儿网是如何给客户创造价值的,并进一步明确去哪儿网的价值主张,这有助于理解去哪儿网是如何处理与不同客户群体之间的关系,对这些关系处理的理解可以反过来印证去哪儿网的核心经营理念。

思考题3的分析思路:上述分析的结果表明,去哪儿网是一个典型的双边模式市场,在此基础上可以进一步结合平台战略的相关理论,对该双边模型的搭建过程以及网络效应的激发过程进行分析。

思考题4的分析思路:在明确去哪儿网商业模式的情形下,结合案例材料及平台战略运行的相关理论进一步分析去哪儿网为了确保商业模式可行,所必须要做的最重要的事情有哪些,确保企业商业模式有效运转的最终的因素有哪些。通过这两个问题的分析,进一步明确企业的主要收入来源和主要成本结构。

思考题5的分析思路:通过以上分析,我们对去哪儿网的客户、产品和服务、基础设施以及财务生存能力有了深入的了解,并能够进一步明确去哪儿网商业模式的9个核心构造块,即客户细分、价值主张、渠道通路、客户关系、收入来源、核心资源、关键业务、重要合作和成本结构,最终利用商业模式画布这一分析工具描绘出去哪儿网的商业模式框架。

1.2.4 理论依据及问题分析

1. 思考题1的理论依据及问题分析

(1) 思考题1的理论依据

1) 价值创新。价值创新是蓝海战略的基石,它帮助企业开辟一个全新、非竞争的市场空间。价值创新的重点既在于"价值",又在于"创新"。在没有创新的背景下,价值的焦点是规模扩张型的"价值创造",它提供了价值,但并不足以使企业超越市场。在缺乏价值的背景下,创新往往是技术拉动型、市场推广型的,或者是理想主义的,即忽略了客户是否愿意接受并支付相应的成本。客户价值与成本是价值创新的立足点,图1-16描述了价值创新中它们之间的动态关系。当企业行为对企业成本结构和客户价值同时带来正面影响时,价值创新就在中间这个交汇区域得以实现。

2) 四步动作框架。价值创新就需要通过发现价值元素中的

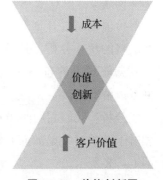

图1-16 价值创新图

哪些元素可以被剔除、减少、增加或是重新创造来实现。这就要借助"四步动作框架"这一分析工具，如图 1 – 17 所示。

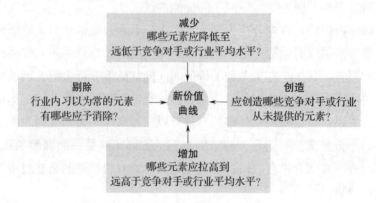

图 1 – 17　四步动作框架

3）价值曲线（即战略布局图）。价值曲线是一种帮助企业寻找新的价值空间的诊断框架和分析坐标，其横坐标是顾客的利益点或行业关注点，纵坐标代表顾客能够感受到的价值水平。利用价值曲线可以获取当前市场的竞争状况，了解竞争对手的客户价值关注方向及重点，并分析出顾客在相互竞争的商品选择中获得了哪些利益，如图 1 – 19 所示。

（2）思考题 1 的问题分析

问题 1：去哪儿网的主要竞争对手有哪些？

分析：根据案例所提供信息可分析出目前我国在线旅游市场竞争者主要包含三大类：酒店、航空公司等在线旅游服务提供商；以携程为代表的 OTA 以及以去哪儿网为代表的垂直搜索平台。作为一个以消费者为导向的实时搜索平台，去哪儿网提供用户搜索第三方在线旅游网站或者服务提供商的机票、酒店、旅行行程包或其他旅游产品，进行价格等系列排序以达到满足用户搜索比对旅游产品的需求。去哪儿网最主要的竞争对手是携程、淘宝旅行。

问题 2：相对于竞争对手，去哪儿网是如何进行价值创新并开创新的市场空间的？请基于蓝海战略的核心分析工具及框架，勾画出去哪儿网及其竞争对手的价值曲线图（即战略布局图），并予以解释。

分析：我们利用四步动作框架分析去哪儿网相对于竞争对手是如何开拓新的市场空间的，如图 1 – 18 所示。

与竞争对手相比，去哪儿网依托自己有竞争

剔除 电话预订	减少 人员服务
增加 最低的价格 最全面的旅游信息 功能完善的移动端 点评攻略社区 服务稳定性	创造 全网比价 TTS平台

图 1 – 18　去哪儿网的四步动作框架

力的搜索技术以及独创的 TTS 系统为消费者提供了最为全面、准确、低价的旅游产品信息，这也是去哪儿网的价值定位；去哪儿网设立了专门处理消费者投诉的呼叫中心来提高其服务质量，并为企业的发展方向提供依据；作为一个搜索平台，减少了对服务中心的投入，并且不提供电话订票业务，呼叫中心以受理消费者投诉为主；相对于携程等竞争对手，去哪儿网也是最早介入交易环节的，TTS 系统的推出增加了产品的丰富性、增强了用户体验，又在一定程度上保证了交易的安全。

通过与携程、淘宝旅行对比，并结合四步动作框架可以进一步得到去哪儿网的价值曲线，如图 1 – 19 所示，图中横坐标是按照行业或消费者关注要素的重要程度从左至右排序的（最右侧的全网比价和 TTS 两个点为去哪儿网所独创延长价值曲线的部分，并不表示其是消费者最不关注的）。

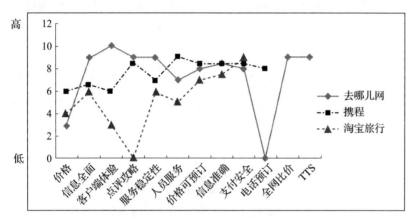

图 1 – 19　去哪儿网与携程、淘宝旅行的价值曲线对比

从图 1 – 19 可以看出，去哪儿网在消费者比较重视的要素，如价格、信息全面、客户端体验、服务稳定性等方面做得比竞争对手优秀从而改变了价值曲线的走势，更重要的是去哪儿网还通过全网比价和 TTS 平台的搭建延长了价值曲线，从而进一步开创了新的市场空间。总之，去哪儿网始终站在消费者的角度进行产品、服务的完善和提升，进而实现为消费者创造价值的目的。

2. 思考题 2 的理论依据及问题分析

（1）思考题 2 的理论依据

1）平台式的商业模式。平台企业的商业模式可以是双边模式或者是多边模式。"双边模式"是指平台企业连接了两个不同的群体，它也是最常见的平台模式，如图 1 – 20 所示。图中的圆形代表"平台"，象征交易服务的中心，一个能够包容双边市场的生态圈；梯形则代表某个特定的"边"，即使用者群体。使用者的使用情况呈现类似金字塔的梯形，因为多数情况下，高端使用者会有更强烈的支付意愿。最后再以实线连接它们，表示双边群体通过平台连接在一起。

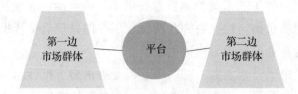

图 1 – 20　双边模式基本架构

2）价值主张。价值主张就是企业通过其产品或服务所能向消费者提供的价值。它描述了企业将提供什么样的价值给它的客户，对客户而言就是企业满足他们的哪些需求，帮助他们解决了哪一类问题，同时价值主张还说明了企业提供给细分客户群体哪些系列的产品和服务，是客户转向一个企业而非另一个企业的原因。有些价值主张是创新的，表现为一个全新的或破坏性的提供物（产品或服务）；而另一些可能与现存市场提供物类似，只是增加了功能和特色。

（2）思考题 2 的问题分析

问题 1 和 2：去哪儿网的客户群体有哪些？又是如何处理与客户的关系的？

分析：去哪儿网是一个典型的双边模式平台结构，它连接了在线旅行消费者和旅游产品供应商这两个市场群体，如图 1 – 21 所示。

图 1 – 21　去哪儿网的双边平台

对于在线旅行消费者，由思考题 1 得到的价值曲线我们可以看出，去哪儿网对消费者体验性的重视。对于 OTA 以及酒店、航空公司等旅游服务商，特别是 OTA，则采取竞争与合作并存的关系模式。对去哪儿网而言，缺少平台两侧的任何一方都无法实现平台商业模式的运转，因此去哪儿网必须能够根据不同市场群体的特点来同时满足它们的需求，借以提高用户的黏性，确保平台的正常运转。

问题 3：去哪儿网向客户传递什么样的价值主张？

分析：在上述问题分析基础上，我们结合案例中给出的信息可以得到去哪儿网的核心价值主张，见表 1 – 6。

表 1 – 6　去哪儿网的核心价值主张

价值主张	措施
向客户传递什么价值？	为消费者免费提供信息全面、价格最低、可预订、服务质量稳定以及支付安全的旅游服务

(续)

价值主张	措施
满足客户的哪些需求？	对信息的丰富性、低价的产品、准确的价格、服务质量的稳定以及支付安全性保证的需求
提供什么产品/服务？	实时搜索技术，TTS 平台，移动客户端

3. 思考题 3 的理论依据及问题分析

（1）思考题 3 的理论依据

1）平台战略中的网络效应激发理论。企业在平台搭建初期，往往需要精心策划许多配套机制来吸引目标群体入驻平台，这其中的成败关键就是如何运用网络效应。网络效应，即网络外部性，是通过使用者之间关系网络的建立，达到价值激增的目的。平台模式的网络效应包括两大类：同边网络效应和跨边网络效应。同边网络效应是指当某一边市场群体的用户规模增长时，将会影响同一边群体内的其他使用者所得到的效用；跨边网络效应是指一边用户规模的增长将会影响另外一边群体使用该平台所得到的效应。效用增加则称为"正向网络效应"，效用减少则称为"负向网络效应"。通常平台企业所设的机制都是为了激发网络效应的"正向循环"。

2）用户绑定策略理论。阻止用户脱离平台最有效的方法之一，就是让他们与平台或者其他用户建立起深厚的关系，从而提高用户黏性。其中"黏性"代表的是用户依赖平台企业产品的程度。用户黏性大致可以分为两种：一种是以提升转换成本为核心的绑定策略，另一种则是建立在用户对其功能或品牌的信心之上，例如以百度、谷歌为首的搜索引擎。而多数的平台企业的商业模式均需要这两种黏性策略同时进行才能达到价值最大化。

（2）思考题 3 的问题分析

问题 1：去哪儿网是典型的双边平台式的商业模式，其在平台搭建初期是如何吸引不同的客户群体入驻平台的？

分析：去哪儿网从创立之初就一直坚持以消费者的需求为导向，同时设立专门处理消费者投诉的呼叫中心，通过他们的投诉找到自己发展过程中遇到的问题来逐渐丰富自己的产品。去哪儿网首先不考虑盈利的问题，把提供给消费者的产品做到最有效，让消费者最满意，自然就会得到消费者的青睐；平台消费群体市场的壮大自然会吸引众多 OTA 以及在线旅游服务商的入驻，进而实现整个平台市场群体的完善，如图 1-22 所示。

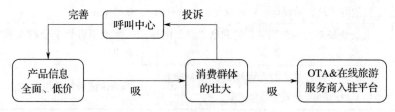

图 1-22 去哪儿网的平台搭建路径图

问题 2：后期又是如何赋予其客户以归属感并激发网络效应的？

分析：关于用户绑定策略从而激发网络效应，去哪儿网就是通过这两种绑定策略（即提高用户转换成本为核心的绑定策略，以及增强用户对其功能或品牌信心基础上的绑定策略）的综合运用在后期提高有关用户群体的黏性，使其无法轻易离开该企业。具体来讲，对于消费者，去哪儿网主要是通过做好自己的产品来提高消费者的体验度，增强对"去哪儿"品牌的信心，这在无形之中也就提高了消费者对"去哪儿"的依赖性。对于供应商（去哪儿网称之为商户）来说，去哪儿网首先通过自己强大的消费群来吸引供应商户们的入驻，使其通过该平台实现交易量的增加（如艺龙、同程），并通过点评系统为商户增加荣誉积累等手段，来提高商户的转换成本，最终增强了商户群体的平台黏性，降低了其脱离平台的可能性，具体策略归纳见表 1-7。

表 1-7　去哪儿网的用户绑定策略

客户群体	绑定策略	具体做法
OTA，酒店、航空公司等旅游服务提供商	提高用户转换成本	通过自己强大的消费群来吸引商户们的入驻，使其通过该平台实现交易量的增加（如艺龙、同程），并通过点评系统为商户增加荣誉积累等手段，来提高商户的转换成本，最终增强了商户群体的平台黏性，降低了其脱离平台的可能性
消费者	增强用户对其功能或品牌的信心	通过做好自己的产品来提高消费者的体验度，增强对"去哪儿"品牌的信心，这在无形之中也就提高了消费者对"去哪儿"的依赖性。

4．思考题 4 的理论依据及问题分析

（1）思考题 4 的理论依据

1）平台模式下的关键业务、核心资源及收入来源。关键业务是企业为了确保其商业模式可行所必须做的最重要的事情，这些业务是企业创造和提供价值主张、接触市场、维护客户关系并获取收入的基础。关键业务会因商业模式的不同而有所区别，具体来说，关键业务可以分为以下几类，见表 1-8。

表 1-8　关键业务的类型

类型	内涵	实例
制造产品	这类业务活动设计、生产一定数量或满足一定质量的产品，与设计、制造及发送产品有关	微软等软件制造商的关键业务包括软件开发
问题解决	这类业务是指为个别客户的问题提供新的解决方案	麦肯锡咨询企业的关键业务是问题解决
平台/网络	以平台为核心资源的商业模式，其关键业务都与平台或网络有关	eBay 需要持续发展和维护其平台

核心资源是保证企业的商业模式有效运转所必需的最重要因素。这些资源使得企业能够创造和提供价值主张、接触市场、与客户细分群体建立关系并赚取收入。不同的商业模式所需要的核心资源也有所不同，具体来说，核心资源的可以分为四类，见表 1-9。

表 1-9 核心资源的类型

类型	内涵	实例
实体资产	包括实体的资产，如生产设备、不动产、汽车、机器、系统、销售网点等	亚马逊的 IT 系统、仓库和物流体系
知识资产	包括品牌、专有知识、专利和版权、合作关系和客户数据库，它也日益成为强健商业模式中的重要组成部分	耐克的品牌，微软开发的软件及相关的知识产权
人力资源	任何一家企业都需要人力资源，在知识密集型产业和创意产业等商业模式中，人力资源更加重要	诺华等制药企业对科学家及销售队伍的依赖
金融资产	有些商业模式需要金融资源抑或财务担保，如现金、信贷额度或用来雇佣关键雇员的股票期权池	爱立信可以选择从银行和资本市场筹资，然后使用其中一部分为其设备用户提供卖方融资服务

收入来源是商业模式的动脉，它主要是用来描绘企业从每个客户群体中获取的现金收入，包括获取方式以及每个收入来源占总收入的比例。企业获取收入的方式包括资产销售、使用收费、订阅收费、租赁收费、授权收费、经纪收费、广告收费等。每种收入来源都可能有不同的定价机制，定价机制（主要有固定定价和动态定价两种）类型的选择就产生收入而言会有很大的差异。

2）核心竞争力分析模型。核心竞争力分析模型是一种分析企业有效竞争和成长的重要工具。企业的核心竞争力是建立在企业核心资源基础上的企业技术、产品、管理、文化等的综合优势在市场上的反映，企业核心竞争力的识别标准有四个：价值性、稀缺性、复制成本和替代性，我们通过对企业各项能力的得分进行加总，最终得到企业的核心竞争力，见表 1-10。

（2）思考题 4 的问题分析

问题 1： 去哪儿网商业模式运转中为其主营业务服务的关键运营活动有哪些？

分析： 去哪儿网的主营业务包括机票、酒店及广告业务等，作为一个基于实时搜索的平台企业，去哪儿网的为各项业务服务的关键运营活动都与平台或网络有关，具体来讲，包括平台管理、服务提供和平台推广。

问题 2： 它是如何通过这些运营活动来实现企业盈利的？

分析： 去哪儿网的运营收入的主要来自三个方面，第一类是按效果付费收入，按照旅游服务提供商通过去哪儿网而实际成交的金额（CPS）或者通过去哪儿网带来的点击

（CPC）来收取一定比例的费用；第二类是网页广告收入。第三类是其他类型的收入，包括团购旅游产品的代理销售收入及第三方支付服务提供商的佣金收入。其中第一类收入占据着主要的比重，是主要的收入来源。在第一类收入中，去哪儿网主要采用的仍然是传统的 CPC 模式。

问题 3：保证去哪儿网实现盈利模式的核心资源是什么？

通过案例的学习及价值曲线的分析，我们可以得出去哪儿网相对于竞争对手所具有的竞争优势，包括技术、渠道、服务质量、平台网络等资源，之后学员可根据案例中提供的信息对资源的价值性、稀缺性、复制成本及替代性进行打分并加总，得分最高的资源即为去哪儿网的核心竞争力。

在这里我们仅用"＊"的多少定性地表示得分高低，最终可以得到表 1 – 10。

表 1 – 10　去哪儿网核心资源及核心竞争力识别表

竞争优势	价值性	稀缺性	复制成本	替代性	核心竞争力（加总）
实时搜索技术	＊＊	＊＊＊＊	＊＊＊＊	＊＊＊＊	＊＊＊＊
服务	＊＊	＊＊	＊	＊	＊
渠道	＊＊	＊	＊	＊	＊
平台网络	＊＊＊＊	＊＊＊	＊＊＊	＊＊	＊＊＊

由表 1 – 10 我们可以得到，去哪儿网的核心竞争力是其实时搜索技术。

5. 思考题 5 的理论依据及问题分析

（1）思考题 5 的理论依据

商业模式画布：商业模式描述了企业如何创造价值、传递价值和获取价值的基本原理。而商业模式画布则是通过提供一种新的形式和方法，因其直观性和简单性，更有利于描述、分析和设计企业的商业模式。它包括了九个构造块：客户细分、价值主张、渠道通道、客户关系、收入来源、核心资源、关键业务、重要伙伴和成本结构。这九个构造块涵盖了商业的四个主要方面：客户、提供物（产品/服务）、基础设施和财务能力。这个框架作为一种语言，可以让企业方便地描述和使用商业模式，来构建新的战略性替代方案，如图 1 – 23 所示。

（2）思考题 5 的问题分析

问题：请利用商业模式画布，从客户、产品及服务、基础设施和财务生存能力等方面描绘出去哪儿网的商业模式全景。

分析：通过上述各问题的分析，结合案例所提供的信息，我们从客户、产品及服务、基础设施及财务生存能力等方面对去哪儿网的商业模式全景进行描绘，具体的商业模式画布如图 1 – 24 所示。

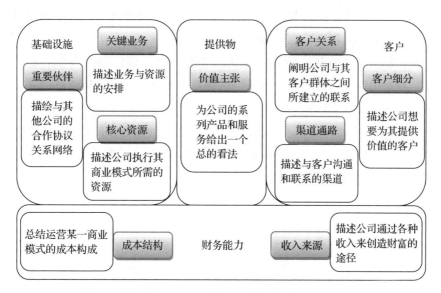

图 1-23 企业的商业模式画布

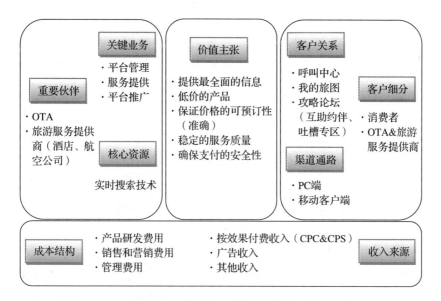

图 1-24 去哪儿网的商业模式画布

1.2.5 背景信息

在线旅游业的发展阶段介绍。

纵观在线旅游市场的演化过程，大致划分为四个阶段。

第一阶段：20世纪末到21世纪初是在线旅游消费者的培育期，携程、艺龙等早期的在线代理商诞生，此时主要是依赖机票预订、酒店预订的佣金模式来获得收益。

第二阶段：2004~2006年是在线旅游市场的成长期，芒果、同程等进入在线代理商市场并引入多元成熟的线下产品。与此同时，不同代理商报价差异大，提供比价服务的垂直搜索平台企业——去哪儿网——应运而生。

第三阶段：2006～2010年，随着度假需求的出现，驴妈妈、途牛等结合旅游景点和旅行线路设计，并提供在线预订的细分服务。消费者市场成熟，需求从预订延展到交流，旅游网站逐渐社交化，如分享攻略的马蜂窝。

第四个阶段：2010～2014年，QQ、淘宝和京东等大电商也开始加入在线旅游平台市场，提供比价并抽取佣金。此外航空公司和酒店也加大直销力度，自建官网或通过进驻垂直搜索等营销平台来直接面向用户。

1.2.6 关键要点

本案例的关键知识点和分析要点包括以下三个方面。

①在价值曲线分析中，首先应该充分理解横、纵坐标的含义，并能够准确地找到买方关注的价值点。其次，要掌握企业是如何通过四步动作框架这一分析工具来实现价值创新分析的，这也是理解去哪儿网开创新的市场空间开创蓝海的关键。

②平台企业市场模式的确定是进行企业分析的前提，因而需要在深入调查的基础上做出正确合理的判断，并通过平台企业的实际发展历程对市场模式进行验证。此外，在平台战略的分析过程中，对于企业是如何搭建双边平台，吸引双边客户并激发平台的网络效应的理解，不仅是理解企业盈利模式及成本结构的关键，也是准确分析企业商业模式的关键。

③商业模式描述和分析过程中，对于商业模式四大方面、九个构造块的理解一定要准确、全面。因为这九个构造块是描述、理解、分析和设计企业商业模式的核心要素，特别是价值主张。价值主张能够体现企业对客户需求的认知、对企业核心价值的剖析以及对核心业务的定位。正确地理解和传递客户的价值需求是一个商业模式成功的必要保障。

1.2.7 建议的课堂计划

本案例适用于战略管理、战略营销、商业模式创新等课程有关蓝海战略、价值创新、商业模式创新等相关章节的案例讨论。由于不同课程的理论要求点不同，也可以在不同课程上选择不同的思考题进行分析讨论。此外，本案例也可作为专门的案例讨论课来进行。

以下是笔者建议的课堂计划，仅供参考，见表1-11。

表1-11 建议的课堂计划

序号	内容	用具	教学活动	备注	时间
1	课前准备		发放教学案例和相关资料	课前小组讨论准备	

（续）

序号	内容	用具	教学活动	备注	时间
2	讨论前案例回顾		让学生课上再仔细回顾案例及相关资料，并独立思考讨论问题，要求学生独立给出问题讨论所涉及的营销理论		15 分钟
3	案例开场白		今天，数不清的商业模式创新正在涌现，全新商业模式的新兴产业正在成为传统产业的掘墓人。通过以下的案例我们将让大家对商业模式创新进行更加深入的思考		5 分钟
4	案例内容和进程展示	投影仪	教师通过提问或选取一组学生进行案例内容和进程的展示，目的是让所有学生能够熟悉案例的主体内容		15 分钟
5	小组讨论和汇报	投影仪	学生分为 4~6 人一组对案例问题进行讨论，并选取其中的一组对案例进行汇报	注意控制时间	25 分钟
6	案例汇报小结		就案例汇报过程中尚未关注到的知识点提出一些问题供学生思考		10 分钟
7	案例提问并讲解	白板	1. 价值创新是怎样开创新的市场空间的？如何绘制价值曲线？2. 怎样确定去哪儿网的价值主张？3. 网络效应的激发及用户归属感创造在案例中如何体现？4. 如何描绘本案例企业的商业模式全景？	记录学生对启发问题的回答	50 分钟
8	案例总结		对整个案例的知识要点再次进行描述和总结		15 分钟
9	课后总结		请学生分组就有关问题的讨论进行分析和总结，并写出书面报告，目的是巩固学生对案例知识要点的理解		

参 考 文 献

[1] 陈威如，余卓轩. 平台战略：正在席卷全球的商业模式革命 [M]. 北京：中信出版社，2013.

[2] 奥斯特瓦德，皮尼厄. 商业模式新生代 [M]. 王帅，毛心宇，严威，译. 北京：机械工业出版社，2011.

[3] 金，莫博涅. 蓝海战略 [M]. 吉宓，译. 北京：商务印书馆，2005.

[4] 凯琳，彼得森. 战略营销：教程与案例：11 版 [M]. 范秀成，译. 北京：中国人民大学出版社，2011.

[5] 高闯，关鑫. 企业商业模式创新的实现方式与演进机理：一种基于价值链创新的理论解释 [J]. 中国工业经济，2006（11）：83-90.

案例二

高端餐饮企业"御仙都"的涅槃重生——价值创新与体验营销[⊖]

随着商业环境的变化以及"中央八项规定"的出台，高端餐饮业的客源急剧减少，转型和回归似乎成为行业趋势。作为高端餐饮企业的御仙都应该如何利用价值创新理念和体验营销方式，结合外部市场发展趋势及企业自身特点，开发出新的顾客价值空间，从而实现企业运营转型呢？本案例对此进行了描述和分析。

2.1 案例正文

2.1.1 引言

岁月如梭，2015 年御仙都转型改造已有两年多。2013 年时，御仙都刚刚完成了战略转型的重新定位，由一家以企事业单位公务消费为主要客源的高端餐饮企业转型成为一家定位中高端、注重价值创新与顾客体验的餐饮企业。

自 2013 年 5 月 1 日御仙都转型改造开业以来，除了有很多北京市的高端顾客、企业客户前来消费，更是吸引了 大批追求个性化、重视餐饮体验的中端消费者。每逢周末和节假日，御仙都的多功能厅常常能够看到脸上洋溢着幸福和喜悦的新人在此举办婚宴，整个企业都是一派欣欣向荣的景象。由于成功的战略转型，使得御仙都顺利渡过了两年前高端餐饮行业的寒潮，企业经营业绩在遭遇了短暂低谷后，随着转型方案的逐步落实，经营利润也有了持续的提升，在北京当地树立了良好的品牌形象和顾客口碑。看着眼前繁忙的景象，总经理行秀娟心里顿生感慨，思绪不禁回到了 2012 年企业陷入经营困境的那个寒冬。2012 年 12 月，"中央八项规定"的出台，至少影响了御仙都 80% 的消费者，初步预计如果不做出改变，企业来年全年营业收入的 90% 将受到影响。原本车水马龙、人来人往的御仙都在短短不到一个月的时间骤然变得十分冷清。"应该如何走出困境？御仙都又该去往何处？"成了行秀娟当时心中最大的难题。

⊖ 本案例由北京理工大学管理与经济学院马宝龙、王逸仁、苏书园、权级慧撰写，感谢御仙都总经理行秀娟女士对本案例开发的支持。案例来源：中国管理案例共享中心，并经该中心同意授权引用。本案例被评为 2015 年全国百优案例。

2.1.2　客归仙都——御仙都的企业背景

御仙都原凯瑞豪门食府，隶属于北京凯瑞豪门餐饮投资控股集团，位于北京市海淀区西北四环 117 号。文天祥词曰"御仙花带瑞虹绕"，描述了一种锦衣玉食的状态；宋词云"皇都归客过仙都，厌看西湖看鼎湖"。2013 年据此取义，正式改名为御仙都，寓意为此处是传播皇家菜养生文化的一个好地方，是展现中华饮食优秀传统文化的一道靓丽风景。

中国皇家御膳制作技艺，是古代劳动人民共同创造的饮食文明结晶，但由于古代为御用技能，一向讳莫如深、非常神秘。随着中国最后一个封建王朝大清的覆灭，以及御用厨师的流失谢世，皇家御膳制作技艺延续下来的微乎其微，皇家御膳制作技艺已处于濒临断代失传的危境，亟待抢救、传承和保护。

凯瑞豪门餐饮集团，一直致力于皇家御膳制作技艺的传承保护工作，至今已有清末皇家御膳制作技艺三代传承人加入，第三代传承人崔宝龙，第四代传承人行红智，还有第五代传承人行斌。自 2000 年以来，御仙都成立了专门机构，外聘故宫苑洪琪研究员、香港"世界御厨"杨贯一大师、王仁兴教授、营养大师赵霖先生等知名专家，内组由行红智董事长挂帅、"亚太国际厨皇"高玉虎、中国烹饪大师李光耀和文向前、郭宝槐、李国良等 10 位厨艺高手参加的厨师队伍，内外结合搞研究抓开发。研究查阅了海量有关皇家御膳方面的史料文献，走遍全国乃至港澳的名家名店调研考察，反复烹制试验，恢复、开发出 200 余款皇家经典名菜面点；投资 500 多万元，按故宫展出餐具样式设计出系列皇家瓷餐具并获国家专利；深化传承工作经过十多年潜心总结整理、研究挖掘和创新开发，成功推出由 200 多款美味佳肴集成的皇家菜系列。2015 年年初又斥资 1.5 亿元建设了御仙都中国皇家菜博物馆，用更好的载体、更大的平台和更强的手段对御膳制作技艺加以传承和保护。

2012 年，凯瑞豪门餐饮集团"御膳制作技艺"已正式列入北京海淀区非物质文化遗产名录，并已申报北京市级非遗项目，下一步还将争取列入国家非遗名录，以期用这一途径和形式求得国人认可、政府支持和更好的传承保护。

2.1.3　寒潮来临——御仙都的经营困境

1. 宏观环境

2012 年 12 月 4 日，中共中央政治局召开会议，审议并通过并于改进工作作风，密切联系群众的八项规定，八项规定明确规定严控"三公"消费、严禁使用私人会所、严禁高端消费，这让一度火热的公务高端消费骤然进入寒冬，其中受冲击最为明显的是餐饮行业。国家统计局数据显示，2013 年全国餐饮收入为 25569 亿元，同比增长 9.0%，创 21 年来的增幅最低值，降至个位数，且比上年同期下降了 4.6 个百分点，降幅进一步扩大，如图 2-1 所示。高端餐饮严重受挫，限额以上餐饮收入近年来首次负增长，同比下降

1.8%。中国烹饪协会统计资料也表明，2011年餐饮业销售额同比增长16%，2012年是13.7%，2013年仅为10%，成为除2003年"非典"因素外新世纪以来的最低值。

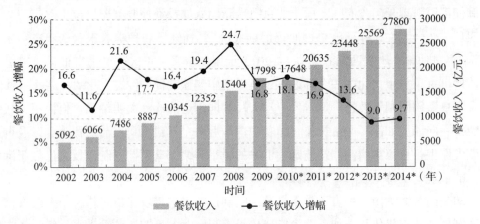

图2-1⊖ **中国餐饮业零售总额状况（2002~2014年）**

资料来源：国家统计局。

餐饮市场全年各月度的起伏走势与社会消费品零售市场几乎完全吻合，餐饮业将消费品市场乃至国民经济"晴雨表"的功能发挥得淋漓尽致，如图2-2所示。分月度来看（图2-3），餐饮市场一直处于不断尝试调整的过程中，波动贯穿全年。2014年伊始，餐饮市场收入增幅就以9.6%的增速高开，并不断上行，在5月至最高值11%，限额以上餐饮收入增幅也达到峰值6.2%。而之后却开始转为下行，8月滑至小低谷，限额以上餐饮收入更是再次跌为负增长。随后，整个餐饮市场运行呈现向好趋势，最后以收入增幅10.1%收官，限额以上餐饮收入也逐渐回升至正增长，并以3.8%的增幅结束全年。

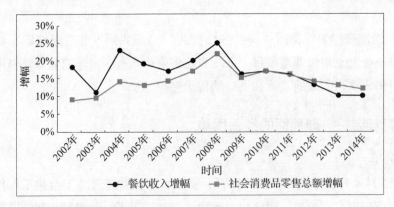

图2-2 全国社会消费品零售总额及餐饮收入增幅状况（2002~2014年）

资料来源：国家统计局。

⊖ 2010年起，国家统计局将统计口径由住宿餐饮业零售额调整为餐饮收入。

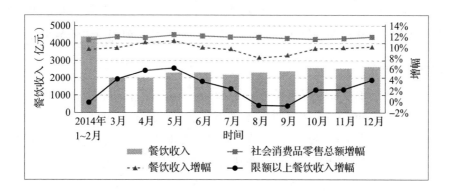

图 2 - 3[○]　**2014 年全国餐饮收入月度增幅状况**

资料来源：国家统计局。

《证券日报》记者通过 wind 数据统计显示，A 股餐饮上市公司全聚德、湘鄂情、西安饮食三家公司近 3 年的业绩在 2011 年收获丰收后，2012 年业绩开始同比下降。"中央八项规定"的出台改变了中国餐饮业发展环境，奢侈型消费得到有效遏制，从长期来看，提倡勤俭节约，反对铺张浪费，接近普通百姓的大众化的餐饮将成为行业发展的主要方向。全国人大代表、六盘水市委书记李再勇提醒，高档餐饮业应主动适应市场变化加快转型，徘徊观望以待"熬过风头"的心态不可取。同行业的高端企业也开始寻找出路，"洗牌"和"回归"被业内认为是正常和必要的趋势。在此情况下，凯瑞集团董事会就旗下各企业做出转型决议，御仙都总经理行秀娟也决定带领企业进行转型，回归理性、回归本质、回归餐饮服务质量。

2. 竞争环境

由于餐饮行业的准入门槛比较低，每年都会有大量企业涌入，餐饮行业的竞争日趋白热化。在北京的高端市场上，国家五星级餐饮企业金悦主打海鲜和新派粤菜，注重产品创新；湘鄂情主营中式餐饮、中式快餐和团膳业务，在中餐市场上具有很强的竞争力。御仙都与政府、军队等企事业单位虽然有着很好的合作关系，但是目前看来原有的客源无法为企业未来的发展提供有力的支撑。

而在御仙都临近区域的中端市场上，海底捞强调服务，重视顾客体验；永泰福朋喜来登酒店宜客乐餐厅主营西式自助餐，菜品种类多样，就餐环境优雅，目标顾客主要为商务

○　限额以上企业是一类有额度限制的企业。我国批发和零售业、住宿和餐饮业统计报表制度，对纳入定期统计报表范围的批发企业、零售企业以及住宿餐饮企业的销售（营业）额及从业人员标准做出了明确的规定，具体为①批发业（包括外贸企业），年商品销售总额在 2000 万元以上（包括 2000 万元，下同），同时年末从业人员在 20 人以上；②零售业，年商品销售总额在 500 万元以上，同时年末从业人员在 60 人以上；③住宿业，星级饭店或旅游饭店；④餐饮业，年营业总收入 200 万元以上，同时年末从业人员在 40 人以上。以上是 2014年的标准，现已取消对从业人员的限定。此外，住房业标准也调整为主营业务收入 200 万元以上。

人士、白领；新沸腾鱼乡以特色川菜为主，菜品口味正宗，受到年轻人和情侣的欢迎。加上"中央八项规定"对高端餐饮企业的巨大冲击，御仙都目前的竞争环境十分严峻。

3. 客源市场需求

除了原有的高端顾客希望在高端餐饮企业获得一流的产品和服务，以及追求身份、地位象征等社会利益之外，我国居民收入水平不断提高，追求品质生活的愿望也在不断增强，外出就餐更趋经常化和理性化，对消费质量的要求不断提高，更加追求品牌质量、品位特色、卫生安全、营养健康。顾客消费从以"理性消费"为主转向以"感性消费"为主，关注点也从产品的功能和特色逐渐转移到是否能带来情感上的满足。以宜家家居为代表的企业开启了顾客体验消费时代，能为顾客创造独特体验感受和深刻记忆的企业将得到消费者的青睐。

消费者需求的变化还表现为不再满足以往机械式的服务方式，对个性化服务的需求日益突显，更加重视餐饮过程中的消费体验，中端市场的顾客逐渐成为餐饮行业消费的主力群体。海底捞就是依靠为客户提供个性化的超预期服务吸引着源源不断的顾客。此外，利用互联网获得餐饮行业的信息成为一种大众习惯，微博、点评网站等平台备受市场追捧，逐渐成为行业新的营销平台。未来几年，随着网民规模的扩大，网上消费习惯的逐渐养成，网络购买和预订更加高效、便捷，以及互联网巨头的推动，中国餐饮O2O⊖线上用户规模将继续保持较快增长，预计到2015年行业规模将达到3.68万亿元（图2-4）。

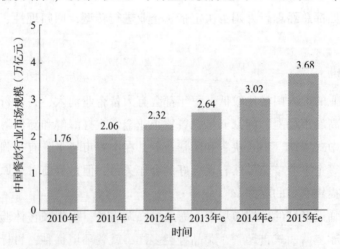

图2-4⊖　2010~2015年中国餐饮行业规模及线上渗透率

资料来源：国家统计局，根据行业访谈统计并预测。

⊖ O2O：online to offline（线上到线下），是指将线下的商务机会与互联网结合，让互联网成为线下交易的前台，这个概念最早来源于美国。O2O的概念非常广泛，只要产业链中既可涉及线上，又可涉及线下，就可通称为O2O。

4．内部环境

一方面，由于御仙都对提供的高端餐饮产品质量要求极为严格，虽然一直与几家原材料供应商保持着良好稳定的合作关系，但是现今仍然面临着原料价格上涨和采购等人工成本增加的压力。另一方面，国家的人口红利越来越少，御仙都属于劳动密集型企业。在这样背景下，员工工资水平不断提高，而且御仙都作为高端餐饮企业，员工的文化素质和业务水平也需要不断提高；租金上涨也是餐饮行业面临的共同问题，德勤发布的《中国零售力量2014》显示，2013年商业地产租金平均增长率为3%~5%，黄金商圈的租金年均增幅达到10%。这些都增加了公司的运营成本，使得公司利润空间就像一把不断合拢的剪刀。目前餐饮企业现有的税费多达46项，也给企业带来很大负担。

在行秀娟看来，尽管中央禁令重创全国餐饮业，但整个市场呈现的却是冰火两重天的景象。一方面受到治理餐桌上的腐败影响，众多高端餐饮企业应声倒下，另一方面在高端餐饮面临压力纷纷转型的同时，以中端消费和大众化家庭消费为市场定位的餐饮企业不仅没有受到影响，反而继续保持着较高的增长速度，因此她认为御仙都可以学习这些企业的成功之道。行秀娟深深体会到转型是摆在御仙都面前的唯一出路，她深知未来转型之路路途艰险，但仍然对御仙都的未来充满了信心。

2.1.4　寻求转型——御仙都何去何从？

1．顾客需求

转型的号角虽然吹响，但这只是万里长征第一步，真正的困难还在后面。关于御仙都如何转型，行秀娟和御仙都管理层多次开会也没能达成一致。根据御仙都的调研和分析，北京的餐饮市场基本可以氛围高、中、低端三个市场，每个市场根据消费者特点还可以进一步细分（见表2-1）。每个细分市场消费者的人均消费金额、价格敏感程度以及竞争激烈程度均存在一定的差异（具体见图2-5~图2-7）。他们预测，未来的餐饮行业必定会有新一轮的洗牌，整体会呈现"橄榄型"结构，即高端和低端餐饮规模缩小、大众餐饮大幅增长的态势，企业在经营高端的基础上转向中端消费市场，是行业发展的抉择。但长久以来，专注高端餐饮的御仙都疏于对中端市场的了解和开发。

表2-1　北京餐饮业细分市场

高端市场	中端市场	低端市场
高端散客	中端散客	低端散客
企业商务宴请	中端婚宴市场	快餐市场
高端国际旅行团	中端旅行团	—
高端婚宴市场	—	—

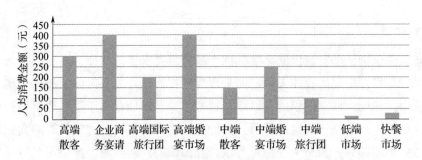

图 2 – 5   不同消费者群体的人均消费金额（单位：元）

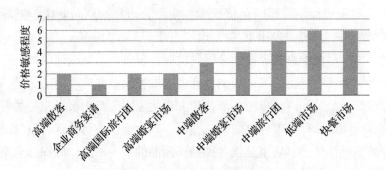

图 2 – 6   不同消费者群体的价格敏感程度

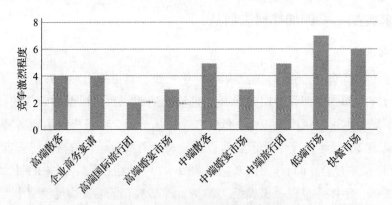

图 2 – 7   不同消费者群体竞争激烈程度

于是行秀娟让市场部进行了一项北京市餐饮消费者调查，以便了解消费者对于餐饮的需求。结果显示，高端顾客就餐过程中关注的要素排在前三的是：身份象征、文化、体验性；中端消费者关注的要素排在前三的是：菜品健康、服务、味道。文化要素成为中端、高端消费者都比较关注的新兴要素（图 2 – 8）。调查还表明高端和中端消费者的利益诉求也存在差异，高端消费群体注重社会地位和服务，希望通过就餐得到更多的文化价值；中端消费者注重情感和体验，他们希望在自己经济承受能力范围内得到优质的服务，并且追求时尚潮流中高端餐饮企业在菜品、服务和环境方面也存在着明显的不同特点，见表 2 – 2（图 2 – 6 ~ 图 2 – 9）。

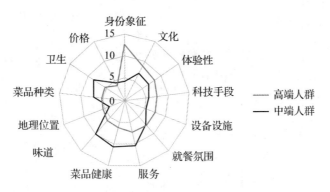

图2-8　影响中端、高端消费者就餐的因素

表2-2　中高端餐饮企业菜品、服务和环境对比

	菜品特色	菜品种类	菜品发展	服务	价位	就餐环境	传统饮食文化
高端餐饮企业	营养考究，注重养生	丰富多样，涉及较多珍贵稀有食材	与其他菜系结合，不断创新；注重四季时蔬与稀有珍馐的融合、传统与时尚的结合	高标准、一对一、定制化，体现身份、地位象征	人均约300元	高雅	继承、弘扬
中端餐饮企业	大众化口味，营养美味	品类丰富，菜式较多	善于吸收其他菜系优点	服务形式多样，服务周到，有特色	人均约150元	温馨整洁	—

2. 潜在竞争对手

御仙都市场调查人员还对御仙都附近10公里以内的中端、高端餐饮企业经营状况进行了市场调查（表2-2），其中高档餐饮以金悦和湘鄂情为例，中端餐饮选取了海底捞和永泰福朋喜来登酒店的宜客乐餐厅，其位置如图2-9所示。

金悦（E）：金悦为国家五钻级餐饮企业。金悦餐饮以海鲜和新派粤菜为特色，兼营湘菜、各地名菜及各式面点。金悦菜品精致考究、清新华美、品质上乘、营养美味，实现了传统粤菜与新派粤菜的完美结合，中式菜肴与西式美食的融会贯通。金悦餐饮坚持"体贴入微、人性化"的服务理念，具备坚实的硬件基础，以及一流的软件支持——独特的管理模式、高素质的员工队伍和先进的经营理念。金悦的企业目标是以鲜活海鲜和新派粤菜为特色，以独具魅力的管理模式、一丝不苟的质量保证、热情真诚的细微服务、豪华高雅的就餐环境，弘扬中华饮食文化，巩固提升"京城第一食府"的金品牌。

湘鄂情（H）：湘鄂情的主营业务为中式餐饮、中式快餐及团膳。在服务上，大力发展网络订餐、半成品餐和外卖快餐等餐饮服务模式，更好地满足大众消费者的日常生活。

37

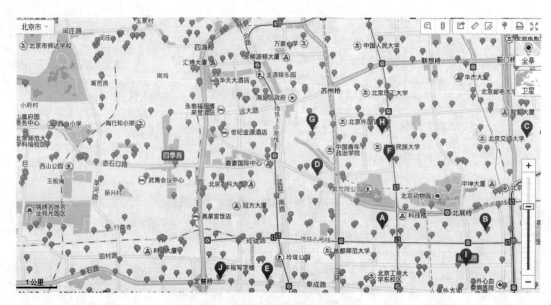

图 2-9 御仙都周边餐饮竞争地图

湘鄂情的独特品质和核心竞争力是具有"湘鄂情"特色的菜品，以湘、鄂菜为主并吸收鲁、川、淮扬等各大菜系精粹，并将四季时蔬与稀有珍馐相融合、传统与时尚相结合的"健康美食"餐饮理念贯穿其中，逐渐形成了具有荆楚美食风格又博采众长的湘鄂情个性化菜品体系，在人文情愫、营养、食疗方面独具新的特色。

海底捞（D）：海底捞是一家以经营川味火锅为主，融汇各地火锅特色于一体的大型直营连锁企业。公司始终秉承"服务至上、顾客至上"的理念，以创新为核心，改变传统的标准化、单一化的服务，提倡个性化的特色服务，致力于为顾客提供愉悦的用餐服务；在管理上，倡导双手改变命运的价值观，为员工创建公平公正的工作环境，实施人性化和亲情化的管理模式，提升员工价值。

宜客乐餐厅（G）：宜客乐是永泰福朋喜来登酒店的一家全日制餐厅，环境时尚典雅，服务周到快捷，并可欣赏到美丽迷人的花园景观。顾客可一边享用琳琅满目的自助大餐，一边观看现场烹饪站为其精心烹制可口佳肴。同时还提供零点菜单，满足不同顾客的消费需求。餐厅管理规范严格，重视员工培训，不断提高一线员工的整体素质和服务质量；从餐厅经理到一线员工会经常与顾客互动，收集顾客意见，提高顾客餐饮体验。

3. 御仙都转型方向

行秀娟和高层管理者在调查结果的基础上，经过周密的讨论，最终一致决定在坚持原来高端市场的基础上，开发中端的消费市场；综合中端和高端企业的优势，创新性提出"五星级理念，四星级标准，三星级价格"的转型方案。为了留住高端消费者、吸引中端消费者，御仙都下调价格向中端看齐，走平民路线。其他方面，御仙都保留和吸取了高端餐饮的标准，为顾客营造高雅温馨的就餐环境，提供细致周到、人性化的服务，在菜品的质量上，保证菜品的口感和养生。这打破了餐饮业长久以来以价格定级别的惯例，跨越了高端餐饮和中端餐饮的界限，成功开辟了餐饮业的蓝海空间。此外，御仙都还发掘客户的潜在需求，在转型中首次提出了文化体验、科技体验以及景点餐饮等创新点，为了更好地满足高端顾客追求文化品质和中端顾客追求时尚的餐饮消费需求，御仙都还创造性地打造皇家菜博物馆，把隐晦千年的皇家菜文化还之于民，成为中国第一个专注于传播和继承皇家菜的餐饮企业。御仙都转型方向如图 2－10 所示。

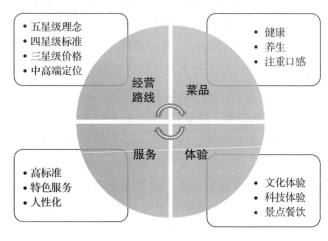

图 2－10　御仙都转型方向

2.1.5　开创"蓝海"——御仙都转型方案的实施

1. 御仙都的转型举措

转型方案在集团内部引起了轩然大波，经过反复科学的论证，董事会最终通过了御仙都的转型方案。2013 年 2 月 6 日~4 月 29 日，御仙都进行了发展历史上最大规模的改造。转型坚持"以民生需求为牵引，用文化与科技助力腾飞，创'文化餐饮'百年名店、世界名店"的思路，确定了"面向百姓、面向市场、面向世界"的发展方向，契合国家"民生""文化""生态"的发展要求，充分体现"亲民、惠民、为民"的主旨。

为了配合公司转型，实现健康餐饮、文化餐饮、科技餐饮、平民餐饮的目标，御仙都做出了很多调整，删除了顾客不需要的元素，如不收包间费，不设最低消费门槛，自带酒水不收费等；减少了某些元素的提供，裁减服务人员，降低了人均消费的水平；增设了多功能宴会厅，建设了卫生、低碳的中央厨房；御仙都还是中国第一个运用"博物馆在饭店，饭店在博物馆"的理念，在饭店内建造博物馆的餐饮企业，也是第一个把顾客就餐和文化、科技相结合，打造现代化特色的皇家宫廷就餐场所的企业，宣扬中国传统餐饮文化，御仙都申请了文化遗产保护，纳入"游故宫、登长城、吃皇家菜"的北京旅游景点线路，成为北京市 3A 级餐饮旅游景点。

2．顾客体验

为了加深顾客的印象，转型过程中还开发了以"文化和科技"为双驱的"皇家菜文化"主题体验活动。御仙都仿照宜家家居的做法，设置了顾客点。

1）皇家菜博物馆。以"企业转型升级"为核心，以"饮食与文化契合"为引擎，投资1.5亿元打造出御仙都中国皇家菜博物馆。御仙都皇家菜博物馆更是采用多维设计来展示五千年的中国皇家饮食文化，其中有着全透明的精品陈列柜、高仿真菜模、感应触发全息成像、双画面幻影成像，生动地向世人展现中华饮食优秀传统文化的风采魅力。博物馆导游采用"讲故事"的方式，以宴饮礼仪、食材食具、菜品菜色、饮食养生等知识线串起发展脉络讲述，精选历代帝王食事趣闻和名菜典故、名厨故事让消费者可以更好地领略中国源远流长、博大精深的饮食文化。

2）皇家菜。凯瑞豪门餐饮集团，自2000年以来一直致力于皇家御膳制作技艺的传承保护和研究。走遍全国乃至港澳的名家名店调研考察，反复烹制试验，恢复、开发出200余款皇家经典名菜面点。转型后御仙承诺非皇家菜不做，非健康饮食不做，并坚持无糖少盐不油腻。御仙都推出了满汉全席6套食谱、素膳4套食谱。同时御仙都配备了30名懂营养、会解说的"健康管家"，为就餐的消费者提供皇家菜养生常识宣传和指导，劝导消费者合理节俭选单点餐，让消费者从听觉上更好地了解养生健康文明饮食之道。

3）皇家氛围。御仙都的建筑设计风格独特，采用明亮色基调来彰显中国的皇家恢宏气派，色彩采用彰显皇家特色红、白、金、蓝，各厅堂都仿古代宫殿来命名，仿似现代版的皇宫。御仙都按故宫展出餐具样式设计出系列皇家瓷餐具，还从形象、服饰、举止、语言等方面精心打造出"格格团""门厅接待团""管家拜访团"，为宾客敬茶敬酒等赞礼使宾客享受到皇家"九五之尊"般的服务。

4）皇家宴请文化。御仙都每晚都有一场50桌满汉全席万寿宴，并同时伴有大型情景剧演艺，再现了乾隆皇帝寿宴的场景。其中有"皇上上朝""各国使臣晋见""皇上赐宴""格格上菜"和精彩纷呈的轻歌曼舞，消费者边吃边看边听，体验一场"文化夜宴"。还有皇上赐聪明伶俐果等互动活动，让消费者更好地身临其境，感同身受。

5）中央厨房。御仙都拆除了原来的四个厨房，建成了绿色环保、透明可见的中央大厨房。御仙都引进国内外先进厨房机械设备200余台，后厨的一切情景都可以通过直播呈现，在包厢内可观看直播，顾客可以边吃边看边学，也去除了以往"眼不见不净"的厨房诟病。如果顾客愿意，还可以穿上防护服走进厨房观摩。

这一系列体验环节推出以后，在餐饮市场上引起极大的反响。御仙都为顾客打造了一个能吃、能看、能玩、能学，提供真切的文化体验、科技体验的场所。以下是摘自大众点评网的消费者点评。

顾客一：走进博物馆，我可以从全新的视角了解到，皇家菜的精髓是"养生文化"，特色是中国元素的融合与展现。其发展过程中，受到历代政治、经济、文化及民风民俗的影响，被诗、书、画、文学、戏剧等传统艺术文化所滋润，色、香、味、形异彩纷呈，附典于肴，寓情于菜，以食见礼，深厚的文化底蕴，折射出当时社会现实生活。皇家菜见证了中国历代王朝的兴衰、文化艺术发展的进程和各地风土人情的变迁，是中华民族传统文化的一颗明珠。

顾客二：在御仙都中国皇家菜博物馆不仅可以吃到正宗的满汉全席，还能欣赏到以流光溢彩的宫廷夜宴场面为背景的情景剧演艺。晚饭时分，"皇帝"在皇后、宫女、小太监的簇拥下开始"上朝"，浩浩荡荡的队伍从桌前走过，台上台下不断互动，还有各个民族的歌舞展示，身着盛装的清代格格上菜，献礼送福。

顾客三：饭店后厨历来是个讳莫如深的地方。中国皇家菜博物馆致力创设开放透明、绿色环保、让人放心的现代厨房体系，使之成为博物馆的有机组成部分和观光亮点。整个厨房采用玻璃墙，每个灶间装有高清摄像头。观光者实地观摩一览无余，大众宾客能在餐桌上通过视频，实时观看自己菜品的制作，看着做、吃着看。普及智能化，采用节能灶，减少灶具烟道，达标排放，实现节能。御仙都提供科技体验，为顾客创造安全卫生的就餐保障。

顾客四：该馆设计风格独到，用明亮基调凸显中国皇家恢宏气派，用故事讲述和气氛渲染释放亲和力、冲击力，尤其是全透明精品陈列柜、高仿真菜模、感应触发全息成像、双画面幻影成像等新材质、新工艺、新手法，为博物馆增色不少。

2.1.6 展望未来——御仙都转型的持续深入

时光荏苒，两个多月的改造一晃而过，御仙都于 2013 年 5 月 1 日重新开始营业。基于对市场吸引能力和公司可行性的综合考量，御仙都对转型后的目标顾客做了很大的调整。从原来以军队和政府等公务消费群体为主要客源的单一顾客结构（图 2-11）转向以高端和中端消费群体为主的多层次的综合结构。在高端餐饮市场，转型后的御仙都主要服务于高端散客和婚宴市场，并与各大企业组织达成合作，长期提供商务宴请服务。中端的消费群体被细分成更多部分，拥有中端消费能力的散客、中端婚宴市场等都成为御仙都新的目标顾客。通过利用高级包间、多功能厅等服务区域

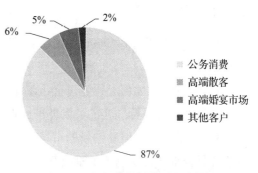

图 2-11 御仙都转型前顾客结构

的分割同时兼顾中高端顾客需求，御仙都在转型之后的经营状况一路向好。以满汉全席万寿宴为主题的促销活动，场场都爆满，出现了近十年来的客流高峰。

随着御仙都的经营重回正轨，依然有一个问题一直困扰着总经理行秀娟，转型后御仙都虽然很好地覆盖了北京市的中高端目标顾客，但是御仙都并没有吸引到大量的国际游客。众所周知，国际游客对中国的传统文化很感兴趣，尤其是跟传统封建王朝相关的宫廷

文化;御仙都以文化为本,着重宣传中国古代的皇家餐饮文化并建有皇家菜博物馆,这对外宾有很强的吸引力。此外,凯瑞集团曾提出"面向世界",弘扬"爱国、创新、包容、厚德"的北京精神,试图凭借首都得天独厚的地理、人文、旅游资源优势,用中国味道、中国风情、中国服务,促使皇家菜博物馆与皇家园林景点齐名配套,成为北京的品牌亮点,诚邀喜好与钟情中国传统文化的外国友人、海外华人及港澳台同胞,"游故宫、登长城、吃皇家菜"。可事实上御仙都并未达到预期的效果,国际游客将成为御仙都下一步的重点开发市场。

2.2 案例使用说明

2.2.1 教学目的与用途

1)适用课程。本案例适用于战略管理、营销管理等课程有关价值创新、蓝海战略等相关章节的案例讨论。

2)适用对象。本案例主要为 MBA 和 EMBA 开发,适合有一定工作经验的学生和管理者学习。本案例还可以用于工商管理国际学生深度了解中国企业运营的特点。

3)教学目的。案例正文描述了御仙都在面临经营困境之后,如何进行战略转型的整个过程,教学目标是要求学生掌握:①在中央出台八项规定后,高端餐饮企业面临的经营困境和新的行业竞争环境;②企业面对经营困境,如何基于价值创新的理念,开发行业"蓝海",实现战略转型;③基于四步动作框架,企业应该如何提升顾客价值,选择新的目标客户;④企业战略转型中应该如何提升顾客体验,实现价值创新。

2.2.2 启发思考题

1)请基于御仙都战略转型前的营销环境,分析御仙都高层制定出其战略转型方案的依据是什么。

2)御仙都是如何对顾客进行市场细分的?不同细分市场顾客的特点是什么?御仙都又是如何选择其目标顾客的?御仙都的选择是否合理?为什么?

3)御仙都是如何开创新的市场空间,从而实现成功转型的?请基于蓝海战略的核心分析工具及框架,绘制御仙都及其竞争对手的价值曲线图(即战略布局图),并予以解释。

4)御仙都是如何进行体验营销的,其实施了哪些具体策略?

2.2.3 分析思路

教师可以根据自己的教学目标来灵活使用本案例。这里提供了本案例分析逻辑路径图,如图 2-12 所示,帮助教师引导案例课堂分析思路,仅供参考。

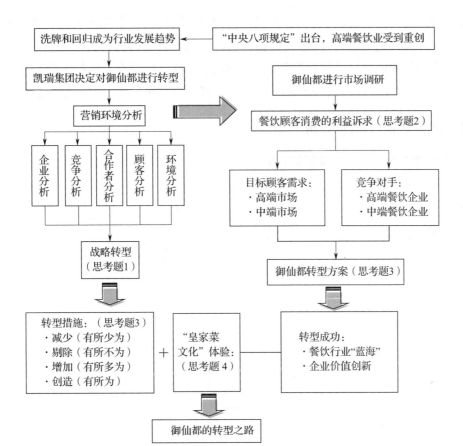

图 2-12 案例分析逻辑路径图

以上逻辑路径中的 5 道思考题的具体分析思路如下。

思考题 1 的分析思路:中共中央出台八项规定以后,高端餐饮行业受到重创。"回归"和"洗牌"是成为我国餐饮行业发展变革的必然趋势,由此引导学生利用营销环境分析的5C 模型,分别对御仙都的企业、竞争者、合作者、顾客和环境进行分析。并结合案例材料对御仙都经营环境的变化进行归纳,总结现有的经营困境,从而得到御仙都战略经营转型的依据。

思考题 2 的分析思路:首先在思考题 1 的基础上,结合御仙都自身经营资源和能力以及市场调研的案例材料,总结餐饮行业不同细分市场顾客的行为特点及其关注的利益点,确定御仙都转型后选择的主要目标顾客。然后引导学生利用细分市场评估矩阵,对细分市场吸引力和自身能力适应度进行评估,分析御仙都细分市场选择的合理性。

思考题 3 的分析思路:结合案例材料和思考题 2,利用蓝海战略核心分析工具的四步动作框架分别总结相对于行业及竞争对手,御仙都分别剔除、减少、增加和创造了哪些买方价值因素,从而画出御仙都及其竞争对手的价值曲线。

思考题 4 的分析思路:体验作为一种特殊的商品,是一种客观存在的内心需要。御仙都转型的措施之一是丰富顾客体验，给其留下深刻的回忆。首先要引导学生理解战略体验模块（SEMs）的五大模块，即感官体验、情感体验、思考体验、行动体验和关联体验。然后进一步分析御仙都为了提升顾客体验，增加了哪些体验要素；这些体验要素是如何增强顾客体验的。在此基础上结合体验营销的相关理论，对御仙都的体验营销进行评价。

2.2.4 理论依据及问题分析

1．思考题 1 的理论依据及问题分析

（1）思考题 1 的理论依据

营销环境分析 5C 模型。营销环境分析 5C 模型主要被应用于在企业市场营销和战略制定时的微观环境分析，包括企业（Corporation）、竞争者（Competition）、合作者（供应商和中间商，Cooperator）、顾客（Customer）、环境（Circumstance）五个方面，如图 2 - 13 所示。

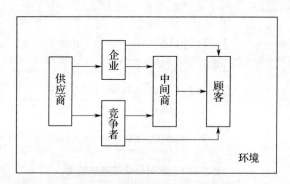

图 2 - 13 营销环境分析 5C 模型

企业分析。产品与企业的匹配程度非常重要，企业需要认真考虑自身的优劣势，客观地评价是否应该开发、营销一个产品。

竞争者分析。企业要识别现有的和潜在的竞争对手，在寻求产品差异化时一定要研究竞争对手的优劣势。为了预期和应对竞争对手的反应，企业要了解竞争对手的目标及战略。

合作者分析。供应商是上游合作者，企业需要了解其供应高质量产品的能力、需要提前多长时间订购、按时交货的能力。中间商（渠道）是下游合作者，企业需要了解其成本结构、对于毛利和任务分工的期望、对于支持和培训的要求、与其他竞争对手的关系。

顾客分析。企业需要了解顾客的真正需求，明确具体的决策单位（Decision Marketing Units，DMU）以及决策的全过程（Decision Making Process，DMP）。

环境分析。环境是制约营销战略的因素之一，由于环境是不断发展变化的，所以领先发现环境的变化会给企业带来竞争优势。企业需要主要考虑的环境因素包括技术、文化、政治、法律、社会环境。

（2）思考题 1 的问题分析

问题：请基于御仙都战略转型前的营销环境，分析御仙都高层制订其战略转型方案的依据是什么。

分析：我们利用营销环境分析 5C 模型分析在中央八条规定出台后御仙都的经营环境变化。

企业分析。当前御仙都主要定位于高端餐饮市场，主要是面向政府和军队等公务消费提供高端餐饮产品和服务。御仙都经营面积约 15000 平方米，具有一流的就餐环境和餐饮设施；服务人员的综合素质相对较高，服务水平达到高端标准；所属的凯瑞豪门集团实力雄厚，有很好的财务支撑；管理团队有较为丰富的管理经验，配合协调能力较强；企业管理制度完善，管理规范，有先进的企业文化；客户资源丰富，有很强的市场开拓能力。

竞争者分析：由于餐饮行业的进入门槛比较低，每年大量企业的涌入导致餐饮行业的竞争已经趋于白热化。在高端市场上，国家五星级餐饮企业金悦主打海鲜和新派粤菜，注重产品创新；湘鄂情主营中式餐饮、中式快餐和团膳业务，在中餐市场上具有很强的竞争力。但是在"中央八项规定"颁布之后，全国高端餐饮市场需求显著下降，它们同样面临着较大的冲击。

在中端市场上，海底捞强调服务，重视顾客体验；永泰福朋喜来登酒店宜客乐餐厅主营西式自助餐，菜品种类多样，就餐环境优雅，目标顾客主要为商务人士、白领；新沸腾鱼乡以特色川菜为主，菜品口味正宗，受到年轻人和情侣的欢迎。但是在中端餐饮行业，市场竞争十分激烈，各个中端细分市场基本都属于行业红海。御仙都在中端餐饮市场上有鲜明特色优势的竞争对手并不多。

合作者分析。御仙都对菜品质量要求非常严格，因此与原材料供应商有着稳定、良好的合作关系；经过长时期的公务市场的开发，在政府、军队和大型企业中有着非常丰富的客户资源和营销经验。因此，与原材料供应商和顾客之间建立的良好的合作关系，为之后的战略经营转型提供了有力的支撑。

顾客分析。在高端市场上，主要的顾客来源除了政府和军队等，还包括企业客户和企业商务宴请。这些高端顾客更加关注高档、相对私密的就餐环境，以及专项服务甚至一对一的服务，稀有的特色菜品以及地位象征等社会利益。御仙都目前能够很好地满足高端顾客的消费需求，但是受到政治因素的影响，高端顾客的数量越来越少。

在中端市场上，随着我国人均收入的增长，消费观念的改变，消费者对于生活品质的追求愿望也越来越强烈。因此消费者逐渐从"理性消费"为主向"感性消费"为主转变，更多地关注产品带来的情感上的满足。除了对于菜品质量的要求不断提高之外，同时也十分注重菜品的营养健康。并且消费者也不再满足于以往的机械式服务，更偏好独特的个性化服务，更加重视就餐过程中的消费体验。在新环境下，中端市场的顾客逐渐成为餐饮行业消费的主力群体。

环境分析。2012 年 12 月中共中央出台了八项规定，明令禁止"三公"消费，严禁高端消费，致使全国的高端公务消费骤然进入寒冬。2013年全国高端餐饮收入下降1.8%，全国餐饮销售额增长速度仅为10%，高端餐饮行业受到了猛烈的冲击，高端餐饮消费需求急剧下降。

2014年全国居民人均可支配收入20167元，比上年名义增长10.1%，扣除价格因素实际增长8.0%。随着社会经济发展和人民生活水平的不断提高，人们的餐饮消费观念逐步改变，外出就餐更趋经常化和理性化，对消费质量的要求不断提高，更加追求品牌质量、品位特色、卫生安全、营养健康。

基于营销环境分析的5C分析，可以看出在当前的环境下，御仙都企业综合实力很强，在高端餐饮行业有很强的竞争力；高端餐饮竞争者虽然不可小觑，但同样面临消费需求的大幅下降；中端餐饮竞争者数量较多，虽然各具特色，但是在餐饮文化、餐饮体验上却与御仙都有着很大的差距；御仙都与上游供应商和下游餐饮顾客都有着良好的合作关系；高端顾客虽然消费需求萎靡，但是中端顾客规模庞大，有着很强的消费需求，更加追求个性化服务和餐饮体验；外部政治环境受到不利因素的冲击，经济环境和社会文化环境的变化却为御仙都的战略运营转型提供了很好的契机。御仙都战略转型的营销环境分析如图2-14所示。

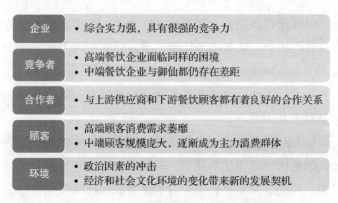

图2-14 御仙都战略转型的营销环境分析

2. 思考题2的理论依据及问题分析

（1）思考题2的理论依据

1）STP理论。企业在制定具体的营销方案之前必须进行市场细分（Segmentation）、确定目标市场（Targeting）和市场定位（Positioning），这是营销战略决策的STP过程，其过程如图2-15所示。

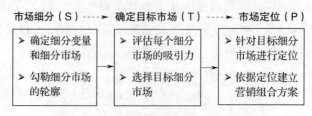

图2-15 营销战略决策的STP过程

2）细分市场评估矩阵。目标市场的选定必须经过评估细分市场和选择细分市场的过程，评估细分市场的过程必须要结合企业自身能力的可行性（适应度）和细分市场的吸引力（盈利能力）两个维度来进行评估。细分市场评估矩阵就是帮助决策者进行目标市场的选择，其本质上解决的问题是：细分市场与企业能力之间的匹配问题。"市场吸引力"是指细分市场对企业的吸引力，包含赢利能力、市场容量、增长能力等。而可行性是指企业满足细分市场的能力，包括渠道能力、品牌

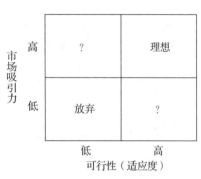

图 2 – 16　细分市场评估矩阵

能力、服务能力等（图 2 – 16）。当细分市场非常具有吸引力，而企业自身有很强的能力满足该细分市场的需求时，那么细分市场就是我们理想的目标市场。

（2）思考题 2 的问题分析

问题 1 和 2：御仙都是如何对顾客进行市场细分的？不同细分市场顾客的特点是什么？

分析：御仙都在经营战略转型前对北京市餐饮市场进行了科学有效的市场调研，根据顾客的利益需求、价格敏感度、竞争激烈程度等维度进行市场细分，明确了每一个细分市场的利益诉求，其分析结果见表 2 – 3。

表 2 – 3　北京餐饮业细分市场及其描述

顾客群体	利益需求	价格敏感程度	竞争激烈程度	人均消费金额	消费特点	习惯光顾时间
高端散客	高端的菜品、服务、餐饮设施和环境；餐饮的文化内涵和品质	低	高，如金悦、湘鄂情	300 元	自费	晚上
企业商务宴请	高端的菜品、餐饮设施和环境；专项服务；私密的就餐环境；身份、地位等社会利益	很低	较高，如金悦	400 元	公费	中午、晚上
高端国际旅行团	高端的菜品和服务；餐饮的文化内涵；独特的餐饮体验	低	较低	200 元	公费	中午、节假日
高端婚宴市场	高端的菜品、餐饮设施和环境；个性化的定制服务；身份、地位等社会利益	低	中等，如湘鄂情	400 元	自费	周末、节假日
中端散客	安全、营养、健康、特色的菜品；优质的服务；个性化的餐饮体验；情感诉求和情感满足	中等	较高，如海底捞、永泰福朋喜来登酒店宜客乐餐厅等	150 元	自费	晚上

47

（续）

顾客群体	利益需求	价格敏感程度	竞争激烈程度	人均消费金额	消费特点	习惯光顾时间
中端婚宴市场	优质的菜品和服务；身份、地位等社会利益；情感诉求	较高	高	20～100 元	自费	周末、节假日
中端旅行团	优质的菜品、服务和餐饮环境；较高的性价比	高	中等	100 元	自费	中午、节假日
快餐市场	干净卫生的菜品；就餐的便利性；较快的上餐速度	很高	很高，如肯德基、麦当劳、真功夫等	30 元	自费	工作日
低端散客	干净卫生、价格低廉的菜品	很高	很高，如各类小餐馆等	15 元	自费	工作日

问题 3、4 和 5：御仙都是如何选择其目标顾客的？御仙都的选择是否合理？为什么？

分析：根据案例正文材料，御仙都转型之前的目标顾客为以公务消费群体为主（图 2–17）。战略运营转型后的目标顾客主要包括：高端市场（高端散客、企业商务宴请、高端国际旅行团、高端婚宴市场）、中端市场（中端散客、中端婚宴市场），（如图 2–18 所示）。

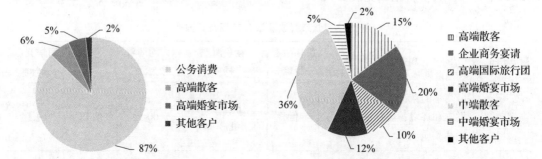

图 2–17　御仙都转型前客户结构　　　　图 2–18　御仙都转型后客户结构

御仙都转型后选择的目标市场，综合考虑了企业自身能力的可行性（适应度）和细分市场的吸引力（盈利能力），如图 2–19 所示。

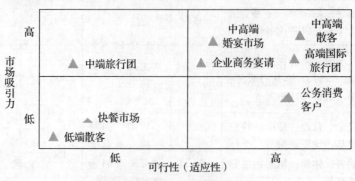

图 2–19　细分市场评估矩阵

高端市场：高端消费散客和企业商务宴请市场具有较高的市场吸引力和可行性，御仙都在二楼设有高级包间，服务经验丰富，能够很好地满足这两个细分市场的消费需求。

随着中国经济社会的迅猛发展，开放程度加深，越来越多的高端国际旅行团来到中国，高端国际旅行团的市场前景较好，市场吸引力也较高；他们对中国的传统文化很感兴趣，尤其是与传统封建王朝相关的皇家宫廷文化，而御仙都以文化为本，着重宣传中国古代的皇家餐饮文化并建有皇家菜博物馆，对外宾有很强的吸引力。因此，高端国际旅行团是御仙都的重点目标市场之一。

公务消费人员是御仙都转型前的主要目标顾客，受到国家政策的影响，这些顾客的消费需求下降，对企业的利润贡献率降低。但御仙都企业经营能力较强，各类资源丰富，因此这一细分市场的定位将移向第四象限，不再是御仙都的主要目标顾客。

中端市场：中端消费散客和中端婚宴市场的消费群体庞大，关注菜品的营养健康、个性化的服务以及餐饮体验，市场盈利能力较强，是未来餐饮行业消费的主力群体，成为御仙都战略转型后主要目标顾客。中端婚宴市场具有规模性，容易带来顾客忠诚和口碑传播，利于企业树立良好的品牌形象，所以是企业应着力重点开发的市场。

经过评估细分市场和选择细分市场的过程，御仙都调整了原有的目标，形成新的目标选择。同时，御仙都能够根据目标客户的特点进行接待服务，提高了企业的经营能力。一般而言，在时间上，御仙都选择午餐时间接待高端国际旅行团；中高端散客的就餐一般都安排在晚上；中高端婚宴市场接待时间主要集中在周末或者节假日。在空间上，高端散客和企业商务宴请往往安排在二层的高级包间，可以进行一对一的服务，提高服务质量，并且满足其对于安静、私密环境的要求；高端国际旅行团、中端散客通常会安排在一层的大厅就餐，能够降低服务成本和人均消费，并且顾客可以在就餐过程中欣赏皇家传统文化的表演，增强消费体验；中高端的婚宴安排在多功能厅，有利于提供个性化的服务。每段时间和空间都被交叉充分利用，使企业经营资源得到有效利用，大大提高了企业的盈利能力，见表2-4。

表2-4　御仙都经营资源利用

	中午	晚上	周末 & 节假日
大厅	高端国际旅行团	中端散客 高端散客	中端散客 高端国际旅行团
多功能厅	高端国际旅行团	其他客户	中高端婚宴
高级包间	企业商务宴请	高端散客 企业商务宴请	高端散客 （家庭 & 朋友聚餐）

3. 思考题3的理论依据及问题分析

（1）思考题3的理论依据

思考题3的理论依据是价值创新的相关理论，在1.2.4的部分已经有所阐述，此处不再详述。

（2）思考题 3 的问题分析

问题：御仙都是如何开创新的价值空间，从而实现成功转型的？请基于蓝海战略的核心分析工具及框架，绘制御仙都及其竞争对手的价值曲线图（即战略布局图），并予以解释。

分析：我们利用四步动作框架分析御仙都相对于竞争对手是如何开拓新的市场空间的，如图 2−20 所示。

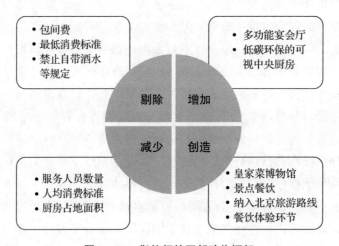

图 2−20　御仙都的四部动作框架

御仙都的此次转型，开辟了餐饮业的"蓝海"，延长了价值曲线。公司对原有的价值曲线进行变革，删除了顾客不需要的元素，例如取消包间费，不设最低消费标准，取消禁止自带酒水的规定（剔除）；减少服务人员数量，缩减厨房的占地面积，降低人均消费标准（减少）；设立多功能宴会厅，建造透明可见、绿色环保的中央厨房（增加）；创新性地提出文化体验、科技体验、景点餐饮的概念，打造出一个具有现代化特色的皇家宫廷就餐场所，申请文化遗产保护，打造 3A 级景点餐饮，纳入北京旅游路线，开发以皇家菜为主题的体验营销活动（创造）。

御仙都在"中央八项规定"颁布之后，原有的目标市场需求锐减，面临严峻的经营困境。通过科学的市场调研之后，结合自身资源状况、经营管理情况和集团支持，重新选择目标市场，定位中高端餐饮市场。与高端餐饮消费者不同的是，中端餐饮消费者更加重视餐饮体验和情感价值。御仙都通过剔除目标顾客不需要的元素，创造和丰富文化和科技体验环节，降低人均消费标准和经营服务的成本，对中高端消费散客、高端国际旅行团、企业商务宴请都产生了有效吸引，形成了新的客源市场。科学的市场定位及对目标顾客利益诉求和消费需求精确的把握，是御仙都价值创新的基石，也是其成功经营战略转型的保障。

通过与高端餐饮、中端餐饮对比，并结合四步动作框架可以进一步得到御仙都的价值曲线，如图 2−21 所示，图中横坐标是按照行业或消费者关注要素的重要程度从左至右排序的（最右侧的文化体验、科技体验和景点餐饮三个点为御仙都所独创延长价值曲线的部分，并不表示其是消费者最不关注的）。

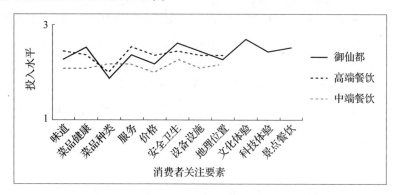

图 2 – 21　御仙都战略布局图

从图 2 – 21 可以看出，御仙都在消费者比较重视的如菜品健康、安全卫生等方面做得比竞争对手优秀从而改变了价值曲线的走势，更重要的是御仙都还通过文化体验、科技体验、景点餐饮的搭建延长了价值曲线，从而进一步开创了新的市场空间。总之，御仙都始终站在消费者的角度进行产品、服务的完善和提升，进而实现为消费者创造价值的目的。

4．思考题 4 的理论依据及问题分析

（1）思考题 4 的理论依据

战略体验模块（SEMs）。人类的体验十分复杂，具有多样性，但是可以分为不同的形式，每种形式又有其固有而又独特的过程。这些不同的体验形式由特定的体验媒介所创造，能有效实现体验营销的目标。体验形式一般可被分为两类：一类是消费者在其心理和生理上独自的体验，即个人体验，例如感官、情感、思考；另一类是必须有相关群体的互动才会产生的体验，即共享体验，例如行动、关联。伯德·施密特（Bernd H. Schmitt）

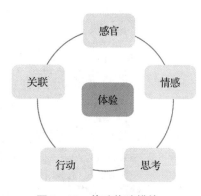

图 2 – 22　战略体验模块

将这些不同的体验形式划分为感官体验、情感体验、思考体验、行动体验和关联体验五个模块，称之为战略体验模块（Strategic Experiential Modules，SEMs），以此来形成体验式营销的构架，如图 2 – 22 所示，各体验模块的内涵见表 2 – 5。

表 2 – 5　战略体验模块的内涵

感官体验	感官体验营销是通过刺激消费者的感觉器官使其体验企业的产品和服务，从而引导消费者在感官上识别企业的产品和服务，并促使消费者产生购买行为的营销方式
情感体验	情感体验营销是通过心理的沟通和情感的交流，获得消费者的信任，从而扩大市场份额，实现竞争优势的营销方式

（续）

思考体验	思考体验营销是企业通过创新的方式吸引消费者的注意力，引发消费者对于产品和服务以及企业品牌的思考，促使其产生创造性思维的体验过程的营销方式
行动体验	行动体验营销是企业为消费者提供亲身参与和行动的机会与平台，是消费者与企业互动，进行生活方式的体验、行为模式的体验，改变消费者的生活形态，引导其进行思考和行动，激发其积极的购买行为，从而实现销售的营销方式
关联体验	关联体验营销综合了感官、情感、思考和行动体验，它超越了个人体验和个人情感，将个人的理想自我、他人和文化联系起来的营销方式

（2）思考题 4 的问题分析

问题：御仙都是如何进行体验营销的，其实施了哪些具体策略？

分析：御仙都为提升顾客体验实施的具体策略，如图 2-23 所示。

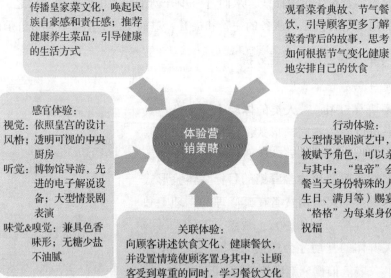

图 2-23　体验营销策略

2.2.5　关键要点

①市场细分的变量选择过程中一定要明确顾客价值（利益）、消费者行为、消费者与产品关系的变量是比较有效的市场细分变量，而描述性变量的细分能力比较差；如果按照

描述性标准细分市场，要验证不同细分市场的消费者的顾客价值特征、消费者行为特征等是否有差异，否则就是无效的细分；如果按照顾客价值特征、消费者行为特征或与产品的关系进行细分，可以再用描述性变量来描述各细分市场。

②"细分市场评估矩阵"是目标市场评估的有效工具及方法。理想的细分市场选择必然是企业自身适应力强且市场具有一定吸引力的市场，而这种非常理想的细分市场在实际操作过程中往往不存在，企业就必须退而求其次。那么在进一步的选择过程中就必须注意企业的竞争优势和适应力要比市场的吸引力更加重要，也就是说企业要优先选择企业具有竞争优势或更具适应力的目标市场。

③在制订战略布局图的时候，可以先对企业、行业的状况进行梳理，对企业现有的商业模式进行"加减乘除"的调整。价值创新要求企业不要只着眼于竞争，而是力图使客户和企业的价值出现飞跃。价值创新不仅表现为延长价值曲线，开辟全新的、非竞争性的市场空间，还可以对原有的价值结构进行调整。

④在价值曲线分析中，首先应该充分理解横、纵坐标的含义，并能够准确地找到买方关注的价值点。其次，要掌握企业是如何通过四步动作框架这一分析工具来实现价值创新分析的，这也是理解去御仙都开创新的市场空间开创蓝海的关键。

⑤体验作为一种商品，是客观存在的。它源于顾客内心，属于顾客的隐性需求。企业可以通过一系列体验要素的设计，增加消费者的体验价值，赢得消费者偏好。行业性质不同，影响顾客体验价值的关键体验要素也不尽相同。准确把握关键要素，对于顾客体验价值的提高事半功倍。由此企业可以根据行业性质和自身资源的状况，有针对性地开发体验要素，获得行业竞争优势。

2.2.6　建议的课堂计划

本案例适合于战略管理和营销管理课程的案例讨论。战略管理课程适合安排在战略布局图、商业模式和价值创新的相应章节；营销管理课程可考虑在 STP 理论后安排讨论。由于不同课程的理论要求点不同，也可以在不同课程上选择不同的思考题进行分析讨论。此外，本案例也可作为专门的案例讨论课来进行。

以下是笔者建议的课堂计划仅供参考，见表 2-6。

表 2-6　建议的课堂计划

序号	内容	用具	教学活动	备注	时间
1	课前准备		发放教学案例和相关资料	课前小组讨论准备	
2	讨论前案例回顾		让学生课上再仔细回顾案例及相关资料，并独立思考讨论问题，要求学生独立给出问题讨论所涉及的营销理论		15分钟

（续）

序号	内容	用具	教学活动	备注	时间
3	案例开场白		2012 年 12 月中共中央出台了八项规定，曾经"趾高气扬"的高端餐饮企业进入了寒冬。在新规持续发力、公务订单大量流失、高端餐饮业营收普遍下降的大背景下，御仙都成功进行了自我转型，实现营收增幅 6.7%。通过以下案例我们将对高端餐饮企业经营战略转型有更加深入的认识		5 分钟
4	案例内容和进程展示	投影仪	教师通过提问或选取一组学生进行案例内容和进程的展示，目的是让所有学生能够熟悉案例的主体内容		15 分钟
5	小组讨论和汇报	投影仪	学生分为 4~6 人一组对案例问题进行讨论，并选取其中的一组对案例进行汇报	注意控制时间	25 分钟
6	案例汇报小结		就案例汇报过程中尚未关注到的知识点提出一些问题供学生思考		10 分钟
7	案例提问并讲解	白板	1. 基于御仙都战略转型前的营销环境，分析御仙都高层制定其战略转型方案的依据是什么？2. 御仙都是如何对顾客进行市场细分的？不同细分市场顾客的特点是什么？御仙都又是如何选择其目标顾客的？御仙都的选择是否合理？为什么？3. 御仙都是如何开创新的市场空间，从而实现成功转型的？4. 御仙都是如何进行体验营销的，其实施了哪些具体策略？	记录学生对启发问题的回答	50 分钟
8	案例总结		对整个案例的知识要点再次进行描述和总结		15 分钟
9	课后总结		请学生分组就有关问题的讨论进行分析和总结并写出书面报告，目的是巩固学生对案例知识要点的理解		

参 考 文 献

[1] 胡利. 营销战略与竞争定位 [M]. 楼尊, 译. 北京：中国人民大学出版社, 2007.

[2] 科特勒, 莱恩. 营销管理：中国版 [M]. 卢泰宏, 高辉, 译. 北京：中国人民大学出版社, 2009.

[3] 希尔, 琼斯, 周长辉. 战略管理 [M]. 孙忠, 译. 北京：中国市场出版社, 2007.

[4] 金, 莫博涅. 蓝海战略 [M]. 吉宓, 译. 北京：商务印书馆, 2005.

[5] 派恩, 吉尔摩. 体验经济 [M]. 夏业良, 鲁炜, 等译. 北京：机械工业出版社, 2002.

[6] 施密特. 体验式营销 [M]. 周兆晴, 译. 南宁：广西民族出版社, 2003.

案例三

华为手机悄然"逆袭"的营销秘诀——整合营销传播^一

国产手机长期走低端产品路线，陷入低端产品竞争泥潭，国产手机品牌如何从低端品牌成功转型为中高端品牌？华为手机开了一个先河，从低端品牌向中高端品牌实现了华丽转身。本案例通过分析华为手机整体品牌营销传播策略，产品发布会前的准备期、预热期，产品开售前的"蓄水期"以及发售阶段的营销传播策略，来剖析华为手机重塑品牌形象、实现华丽转身的营销秘诀。

3.1 案例正文

3.1.1 引言

2016 年 4 月 6 日晚上 9 点整，夜幕为大不列颠蒙上了一层神秘的面纱。夜色中本该沉寂的伦敦巴特西公园却人声鼎沸，闪光灯闪烁不停如同天上的繁星，如此热闹的场面，让人不禁遐想是不是某位国际明星在举办演唱会。随着优美音乐的响起，主持人用她甜美的微笑和迷人的伦敦腔宣布：华为 P9 全球发布会正式开始。顿时台下掌声雷动，华为终端董事长余承东登上了舞台，向大家展示了这位特殊的"明星"——与德国徕卡合作推出的华为 P9 手机，出色的双摄像头设计、奢华的金属边框、麒麟 955 处理器、6.95mm 超薄机身无不彰显着国产手机的最高品质。从一开始亮相华为 P9 就得到了一致的好评，英国卫报对华为 P9 的评价是"一部能够直接与苹果 iPhone 以及三星 Galaxy 对决的手机""无疑是华为今年的一大力作，能够有底气地去冲击高端市场"。英国独立报也认为"P9 很有可能是华为打败苹果 iPhone 7 的一大撒手锏"。通过直播观看发布会的"花粉"也都赞叹不已，纷纷准备入手一部 P9 手机。听着这些不绝于耳的赞美感叹之词，余承东不禁感慨万千：五年前华为手机还苦苦挣扎在千元智能机的低端竞争泥潭之中，现在终于脱颖而出站在了世界的舞台上，成为华为的骄傲，更成为国产手机的骄傲。

一 本案例由北京理工大学管理与经济学院马宝龙、黄阅微、李晓飞、韩逍、王鸿撰写，感谢华为终端有限公司中国地区 Marketing 总部整合营销总监陈然女士在案例资料收集、撰写过程中给予的帮助。案例来源：中国管理案例共享中心，并经该中心同意授权引用。本案例被评为 2016 年全国百优案例。

尘封的记忆逐渐打开，余承东的思绪逐渐飘回了那段难以忘怀的转型之路。五年前，看似热热闹闹、繁花似锦的中国智能手机市场，其背后却是很多手机厂商"赔本赚吆喝"的辛酸。2012年的行业报告显示，智能手机行业中绝大部分的利润掌握在了诺基亚、三星、HTC、苹果这些"洋品牌"手里，国产手机大多陷入了千元智能机的混战中，通过低端产品竞争的方式来分食所剩无几的利润蛋糕。初涉智能手机领域的华为也同样选择了一条"寻常路"——与运营商渠道合作，主推千元智能机，凭借着运营商渠道的优势快速出货，结果却是销量增加了但净利润却持续低迷。后来，随着国产手机同质化的加剧，加之几乎无法获利的低价竞争，低端手机市场已经彻底沦为"绞肉机"，很多国产手机厂商难以继续生存。面对如此残酷的竞争形势，华为决定逃离低端手机市场这块充满血腥气味的红海区域，进军能够提供高附加价值的高端品牌市场。但这一品牌转型战略在高端手机市场上同样面临着巨大的压力——诺基亚、三星、HTC、苹果这样的业界巨擘占据了高端手机市场的绝大部分市场份额，咄咄逼人地注视着新进入者。这样的转型决策和处境让余承东陷入沉思：究竟该如何实现华为手机由低端品牌向高端品牌的转型呢？

3.1.2 血海之争——2012年的中国智能手机市场

1. 2012年中国智能手机行业发展状况

2012年，伴随着移动互联网的快速发展，全球智能手机呈现出爆发式增长的趋势，智能手机逐渐成为继电脑之后的重要终端产品。根据国际数据公司IDC（International Data Corporation）提供的数据显示，在这一年里全球智能手机的出货量超过了7亿台，预计在未来几年内的出货量将翻倍增长。与此同时，中国智能手机市场也表现出了空前的发展势头，截至2012年年底，中国已经有超过10亿的手机用户，他们对智能手机的需求与日俱增。艾瑞咨询研究数据显示，2012年中国智能手机市场出货量达到2.13亿部，同比2011年，增长了135.0%。如图3-1和图3-2所示，2012年中国智能手机的销售量及销售额较2011年相比增加了一倍左右，这些数据都显示着中国智能手机市场巨大的潜力。

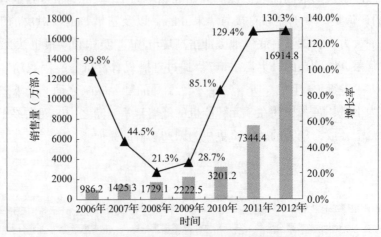

图3-1 2006~2012年中国智能手机市场销售量及变化情况

资料来源：互联网消费者调研中心。

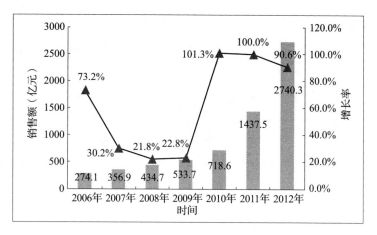

图3-2　2006~2012年中国智能手机市场销售额及变化情况

资料来源：互联网消费者调研中心。

面对中国智能手机市场这块巨大的利润蛋糕，全球各大手机厂商使出浑身解数来增加中国消费者对其手机产品的关注度，以此来攻占中国智能手机市场。与此同时，这一市场中的品牌格局也在2012年有了明显的改变，过去诺基亚一家独大的局面彻底改变，强者云集的智能手机市场显得战火格外激烈。从表3-1中可以看出，虽然中国智能手机行业重新洗牌，但是三星、诺基亚、摩托罗拉、苹果等"洋品牌"仍然占据了大半壁江山，少数上榜的国产手机（联想、华为、小米）均没有获得超过6%的市场关注度，相比之下，国产手机显得势单力薄。

表3-1　2011~2012年中国3G手机市场品牌关注比例对比

排名	2011年		2012年	
	品牌	关注比例	品牌	关注比例
1	诺基亚	29.50%	三星	21.60%
2	三星	14.40%	HTC	14.10%
3	HTC	13.90%	诺基亚	9.80%
4	摩托罗拉	11.80%	摩托罗拉	8.70%
5	苹果	8.50%	苹果	8.60%
6	索尼爱立信	5.50%	索尼移动	6.8%
7	黑莓	2.70%	联想	5.10%
8	魅族	2.30%	华为	3.90%
9	华为	2.00%	小米	3.20%
10	联想	1.50%	中兴	2.70%
—	其他	7.90%	其他	15.50%

资料来源：互联网消费者调研中心。

2. 低端品牌的厮杀——2012 年左右国产手机的困境

尽管中国智能手机市场商机无限，但全球各大知名手机厂商已经抢先一步占据先机，纷纷以强势的姿态抢占了高端手机市场。羽翼尚未丰满的国产智能手机无可奈何之下只好扎堆中低端手机市场，希望通过价格战的方式在中国智能手机市场上分一杯羹。在这样的思路下，那几年推出的国产手机都有着非常相似的关键词：联发科八核处理器、七八百元的价格、出众的硬件配置、主打电商的销售渠道，堪称"性价比神器"。但是这种在低端市场上的扎堆竞争，以低价互相中伤其他国产手机品牌，使得中国智能手机的市场平均价格持续走低（图 3 – 3）。"大家拼得太厉害了，这个价位段的产品利润空间已经被压至极低，做得实在没有意思。"一位国产手机厂商内部人士这样抱怨道。

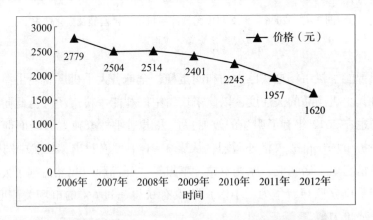

图 3 – 3　2006 ～ 2012 年中国智能手机市场平均价格变化情况

资料来源：互联网消费者调研中心。

国产智能手机厂商正陷入一个进退两难的"零"利润困局中。三星、HTC、诺基亚、摩托罗拉、苹果等知名品牌牢牢掌控全球高端智能手机市场，攫取着行业中绝大部分的巨额利润；相比之下，华为、中兴、联想等国产手机厂商只能在中低端智能手机市场激烈厮杀，只为跑过"盈利线"，瓜分所剩无几的市场空间。几乎微薄到"零"的利润，让很多智能手机厂商尤其是千元智能机厂商倍感煎熬：面对智能手机这个看似诱人的高增长市场，继续角逐意味着利润无几甚至亏损，好似慢性自杀；而停下来，就是宣告彻底失败，再也没有希望。继续前进还是停下脚步，默默承受还是主动突围？这成为无数国产手机厂商 CEO 心中的疑问。

3. 当年在困境中挣扎的华为手机

低端智能手机市场中的"零"利润困局同样让华为不知所措。2009 年，面对智能手机市场的不断发展，华为也决定开始涉足智能手机业务，与其他国产手机厂商一样，华为也主打千元智能机，力图回避高端手机市场中的业界"大佬"们的威势。华为最初的想法是制造"类 iPhone 体验的"千元智能手机，但由于技术上的不成熟，华为手机在客户体验上并没有达到"类似 iPhone"的程度,因此华为智能手机的销量也一直不佳,2009 年全年华为智能手机出货量仅达到百万级别,与诺基亚、三星、苹果等大牌手机销量差之千里。

后来,在技术的不断积累下,华为手机的质量逐步提高,产销量都得到了一定的提升,但是由于华为手机一直秉承批发的理念,生产出来的手机在销售方面也基本依靠与运营商合作定制,与话费、电话卡捆绑销售,甚至有的手机连华为的标识都没有,直接贴上运营商的牌子就进行销售。这导致华为手机的出货量逐渐攀高,实质上却没有赚到多少钱——大量的低端机,导致华为的毛利过低,品牌溢价无法显现。

3.1.3 "精品战略"指引华为手机成功"逆袭"

1. 打造精品——蓄势待发

为了从国产手机低端竞争的泥潭中挣脱出来,华为开始尝试在产品上进行差异化,将科技与时尚、文化、艺术、情感有机地融合起来,真正提升产品的品位、价值和消费者的认可度,通过实施"精品战略"抢占中高端市场。

华为一直强调品牌建设是由内而外的过程,最重要的是先把产品做好,因为产品最终是到用户手里的,只有用户认可产品,品牌的概念才会深入人心。因此,华为将更多的精力转移到了打造精品手机上,华为每年投在研发上的费用占整个销售额的 15% 以上(2015 年达 596 亿元),这与苹果、IBM 等国际性企业的投放水准不相上下。如此高额的研发投入,加上华为在芯片研发、专利、海外渠道与产品品质等方面的积累,使得华为打造精品手机产品成为可能。

在专注产品研发的同时,华为努力将新颖易用的创新元素融入其中,软硬兼施打造精品,为用户带来更加智能与人性化的使用体验。例如,独家研发的"智像"处理引擎可在弱光、微距、点光源等特殊环境下实现高清晰度成像;语音助手与华为云管端无缝对接,打造最适合中国用户的语音控制系统;独创的快速电力控制(Quick Power Control ,QPC)及自动非连续接听(Automated Discontinuous Reception ,ADRX)省电技术能够有效延长设备的续航时间,配合快速充电技术进一步优化效率。此外,深度定制并不断更新的情感化用户界面"Emotion UI"深受"花粉"们的喜爱,见证了华为在用户需求改进与体验升级方面的优质成果。

在华为"精品战略"布局之下,由 P6、Mate 及 D2 等领衔的智能终端阵营星光璀璨,以卓越的设计理念和技术实力奠定行业领先地位。其中,2013 年 6 月在伦敦发布的华为 P6 极具代表性,6.18 毫米机身在当时收获业界最薄智能手机的美誉,同样在发布之初,凭借出色的工业设计,被外媒授予了"最美智能手机"称号。曾被誉为最大手机的 Mate,拥有 6.1 英寸极致大屏,将用户的视觉体验拉升至新的高度,配合 4050mAh 超大容量电池,轻松获得最高等级的影音及阅读感受。这些精品手机为华为积累了巨大的能量,这让

59

华为进军高端智能手机市场蓄势待发。

2. 组合出击——攻占中高端市场

2012 年是华为手机转型的一年，正如余承东所说的那样，华为"现在才算真正在终端领域发力"。华为打造的全系列精品产品结构日臻完善，持续为业界注入创新活力。从满足需求到引领需求，华为的"精品战略"全面开花，推出了四种系列的手机产品，分别为 Mate 系列，P 系列，G 系列和畅享系列，见表 3–2。这四种系列有着不同的市场定位：Mate 系列定位于高端商务，主要针对具有高收入水平的商务人士，在彰显商务人士的身份与品位的同时，更加注重满足他们对超长续航（视频会议、长时间通话）的需求；P 系列定位兼顾高端和中端市场，主要针对 25～30 岁青年消费人群，产品着重满足这部分群体追求美观、时尚的需求；G 系列针对 25 岁左右中等收入的白领人士，兼顾性能、时尚与价格优势；畅享系列则属于入门机型，定位广泛，针对那些收入较低的消费群体。

表 3–2　华为手机系列

手机系列		目标人群		手机情况	
		年龄	收入	价格	产品设计
华为智能手机	Mate 系列	35 岁以上中年商务人士	高收入	3000～4500 元	大气外观，稳重奢华，安全流畅
	P 系列	25～30 岁的时尚人士	中高收入	3000～4500 元	奢华时尚外观，性能出色
	G 系列	25 岁左右白领人士	中等收入	2000 元左右	中端性能，时尚外观
	畅享系列	定位广泛	低收入	千元机	入门机型

在华为手机产品做得蒸蒸日上的时候，余承东却发现了这样一个软肋：对于广大的消费者，华为手机并没有多少和他们打交道的经验，对于他们的喜好并没有太多了解，营销方面的匮乏让华为吃尽了苦头。秉承着"他山之石，可以攻玉"的想法，华为聘请了前宝马设计总监、前西门子产品概念设计总监范文迪（Hagen Fendler）出任华为手机产品首席设计总监。范文迪不仅仅负责手机产品的外观设计，同时还带领了一个遍布全球的超 300 人的设计团队，在华为内部，这个团队被称为"终端消费者体验中心"。

邀请国际大腕加盟后，华为手机产品的设计果然越来越好，感受到了国际魅力的华为决定，将华为手机塑造成有"国际范儿"的一流手机品牌。范文迪团队国际化的思路改变了华为对消费者的认知，消费者并不只是看重产品，如何让产品走进消费者的眼睛和内心也是十分重要的，实际上"酒香也怕巷子深"。于是余承东决定，打出产品与营销结合的组合拳。

3.1.4 整合营销传播助力华为手机成功"逆袭"

纵观华为手机的"逆袭"之路，除了过硬的产品质量和精准的产品定位以外，整合营销传播同样功不可没。无论是在华为手机长期品牌形象的塑造与传递方面，还是在各系列单品的营销推广方面，整合营销传播都起到了关键的作用。因此，华为手机的整合营销传播又分为两个层面——整体品牌层面和产品品牌层面，前者的目的是塑造和传递"华为手机"宏观和共性的品牌联想，后者则要根据各产品上市的不同阶段，设定具体的营销传播目标，进而采取不同的营销传播手段。

除了整体品牌形象的塑造与推广以外，华为手机营销部门还会找出消费者对华为手机的所有接触点，在每个接触点上发力，确保在每个接触点上都传递一个一致且正面的形象。按照华为产品推出的过程整个营销可以划分成四个阶段，分别为产品发布会前的准备阶段，产品发布会前的预热阶段，产品发布会到产品上市前的蓄水阶段以及产品正式发售阶段（图3-4）。在不同的阶段华为制定了不同的目标与策略。

图3-4 华为新产品上市过程

1. 水滴石穿——华为手机长期品牌形象的塑造

产品和品牌之间的关系就好比树根与树叶的关系。唯有树根强大树木才能枝繁叶茂，而树叶的光合作用又能够进一步促进树木的成长。同样的道理，优质的产品质量和良好的产品体验能够使消费者对品牌产生美好且丰富的联想，而正面的品牌联想又能够促进产品的进一步销售。在手机品牌整体形象塑造和传播方面，华为综合运用了多种营销传播手段来提高华为手机的认知度、知名度和美誉度。逐渐在消费者心目中打下华为手机的烙印，使人们在提起华为时自然而然地就能想到华为智能手机。在长期品牌形象塑造的过程中，华为手机运用的主要传播策略包括品牌形象广告（如平面广告、户外广告、植入广告等）、事件营销和互动营销等。

（1）品牌形象广告

2012年2月，华为聘请了全球顶尖的广告公司百比赫（Bartle Bogle Hegarty，BBH）来为自己重新塑造形象，更拿出大笔经费支持，营销费用预算比2011年翻了一番。洋血统的BBH公司果然不同凡响，一改华为往日的风格，世界电子通信大会期间，从巴塞罗那机场到会展中心、皇宫下方音乐喷泉处，都矗立着一个耀眼的飞马雕塑——那是由3500部华为手机模具拼组而成的品牌创意，这也是华为首次将终端设备作为主要展示项目，标志着华为手机在华为终端产品中战略地位的提升。华为手机也因此一炮而红，2012年智能手机发货量达到了 3200 万台。

　　BBH 对华为的影响也是颇为深远的，自 2012 年华为将手机业务提升到战略层面以来，华为一直在努力塑造华为手机"梦想"与"坚持"的主题形象。从 2014 年华为在《人民日报》《中国青年报》等主流媒体推出的"向'布鞋院士'李小文先生学习"（图 3 – 5），到 2015 年华为推出的"芭蕾脚"（图 3 – 6），再到 2016 年"上帝的脚步"（图 3 – 7），都凸显华为在"精品"战略的指导下，不断地寻求突破与超越的坚持。华为始终在脚踏实地的诠释其在 2013 年巴塞罗那移动世界大会上"Make it possible"（以行践言）的品牌理念。

图 3 – 5　　"布鞋院士的脚"品牌形象广告

图 3 – 6　　"芭蕾脚"品牌形象广告

图 3 – 7　　"上帝的脚步"品牌形象广告

在 2015 年 3 月的 "2015 年世界移动通信大会"上，华为就推出了 "Next is here"（未来在这里）的宣传标语，恰好三星在大会上给出了 "What's next"（未来是什么）神秘问句，虽然其本意是为了引出即将推出的年度旗舰新机 Galaxy S6，结果却被华为一句肯定的回答搭了"顺风车"。更加巧妙的是，在苏丹首都喀土穆的机场路上，华为又与三星的户外品牌广告同框出镜（图 3 – 8）。据悉，这两句广告语引起了整个苏丹手机行业的热议，许多人都认为：Next is here，华为并不只是在简单地回应三星的 What is next，而是在暗示大家，下一个将是华为取代三星，华为手机已经成功"逆袭"成为世界智能手机三大品牌之一。

图 3 – 8　华为与三星的户外品牌广告

（2）植入广告与互动营销

《分手大师》作为一部喜剧电影，不仅实现了"每分钟一个笑点"，同时还是一部有内涵的电影，影片核心讲述了两个为梦想跌跌撞撞的年轻人，一路摸爬滚打走向了爱情和生活的真谛。无疑，华为在该影片中植入手机广告的选择是非常明智的（图 3 – 9），不单是因为《分手大师》取得了 7 亿元票房的骄人成绩，更关键在于从植入广告与电影情节的融合到受众的精准捕捉，从话题炒作再到线上、线下的互动传播。一切都自然而然地在提升华为手机知名度，同时进一步丰富了华为手机的品牌内涵，在延续其梦想与坚持的品牌形象的基础上，又赋予了其灵活、搞怪与潮流的品牌内涵。

（3）事件营销

2014 年 11 月 22 日，中国国家主席习近平在斐济楠迪分别会见了部分太平洋岛国领导人，就发展双边友好合作交换了意见。在此期间，习主席将华为 Mate7 作为国礼赠送给太平洋岛国领导人，包括：巴布亚新几内亚总理奥尼尔、斐济总理姆拜尼马拉马、汤加首相图伊瓦卡诺、纽埃总理塔拉吉、

图 3 – 9　华为手机《分手大师》
植入广告

密克罗尼西亚联邦总统莫里等。一时间,"美腿妻"(Mate 7)成国礼这一事件不仅成为国内外媒体关注的热点,华为官方也借势对华为"高大上"的品牌形象进行了塑造。

2. 排兵布阵——华为手机上市准备阶段

在推出任何一款手机之前,华为手机的营销部门都会为后续的营销活动排兵布阵。如图3-10所示,华为的营销部门可以划分为整合营销部、品牌创意部、品牌执行部、数字媒体部、公共关系部、市场沟通部和媒介部,这七个子部门分工明确,在功能上能够实现互补,达到整体联动的效果。华为的任何一款手机都有独特的价值主张,这由品牌创意部给出;品牌执行部根据品牌创意部的价值主张给出执行方案,并负责实施;数字媒体部负责运营华为手机的官方微博和官方微信,人们在微博和微信上看到的内容都是由其负责的;公共关系部负责新闻稿的撰写;市场沟通部与渠道电商进行沟通;媒介部主打品牌形象。在整个过程中,整合营销部将对这些部门的工作进行整体战略的谋篇布局。

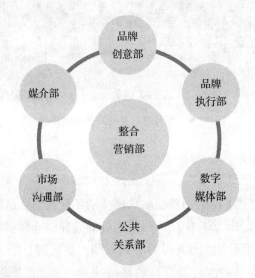

图 3-10 华为手机营销部门的职能构成

3. 半遮半掩——华为手机预热阶段

在产品预热阶段,华为手机主要的传播目标是将关注持续吸引过来,并逐步推高消费者的热情,使之能够在产品发布会时达到一个峰值。但如何吸引消费者的关注呢?在发布会之前,关于产品的信息是不能够过细描述的,所以没有官方产品图片,没有产品性能细节,华为手机的传播部门需要在不能使用传统的产品推广广告的情况下,让更多的消费者知道华为手机即将到来,这可以说是一个艰巨的任务,需要发挥华为营销各部门的创意。

既然不能在官方告知消费者产品,那么传播策略上华为的营销部门就不能再选择以传统的用广告来引导消费者的方式,因此华为手机选择了口碑营销、互动式营销等方式进行营销传播。

（1）口碑营销

2013 年，早在发布会前一个月，P6 手机就已经是手机界的大明星了，甚至热度有直逼苹果 iPhone6 的趋势。虽然还没有正式上市，心急的社交网络上就已曝光出多组华为 P6 清晰谍照，时尚清新的外形让不少用户感叹华为终端手机在外观设计上赶超国际范儿，在工艺上更是愈发精湛。这组谍照在网络上迅速流传，浏览量达到了百万次，华为 P6 即将发布的消息得到了广泛的传播。

（2）互动式营销

2013 年 5 月 22 日华为终端董事长余承东在微博中写道，"去年圣诞节前我去欧洲拜访客户，在德国杜赛尔多夫机场离境安检时，所带的 20 多个不同手机机模中，安检警察一把抓出其中一个手机不停地问：'Where to buy? Where to buy? ……（哪里才能买到?）'其他警察过来围观，他们都非常非常喜欢。这就是下个月将要发布的 P6 手机！到底怎样，大伙等等看哈!"

这段微博让粉丝无不对新手机 P6 的形象配置等信息产生了浓厚的兴趣，一款连见多识广的机场安检警察都喜欢的手机会是什么样子呢？华为终端也抓住了这个时机，在官微发布了一系列耐人寻味的微博，如"美，值得等待""期待 6·18"等，预告了产品的发布日期，却没有预告产品的真实外观，给粉丝留下了想象的空间，关注度不断上涨。在几日的微博搜索中，华为 P6 都在微博热门排行榜中排行前几位，热度达到了高峰。

为了继续吸引关注，华为手机的数字营销部门还在官方微博、微信公众号发布了一系列的有奖活动，如转发微博进行抽奖等，获得了大量的转发，华为手机还发布了大量与 P6 有关的微博话题，联系了比较知名的微博博主，参与话题的讨论，将社交网络上对 P6 的讨论推至高潮。华为官方微博抽奖活动如图 3-11 所示。

图 3-11 华为官方微博抽奖活动

在 P6 的预热阶段，除了官方媒体外，合作的渠道商也共同进行预热，为后面的产品发布会和销售打下基础。

4. 众星拱月——华为手机发布阶段

在产品发布阶段，华为手机的主要传播目标是继续聚拢人气，并使消费者对产品产生购买的欲望，用"饥饿"的方式不断让消费者化期待为占有欲，进入持币待购的状态，以期在产品开售后消费者能够引爆再一波高潮，达到更高的销量。因为在发布会上会公开产品的形象设计、性能、售价等信息，此时传播的手段就不需要再对产品进行遮掩，而是对产品的主要价值主张进行宣扬，此时华为选择了以产品推广广告、口碑营销和公关等主要手段进行营销传播。在整合营销的思路下，华为手机在传播策略上需要进行地空对接，将企业端与渠道端的营销传播整合在一起，相辅相成，共同为华为手机的销售进行造势。

（1）传统广告

2014 年 9 月 4 日晚，华为在柏林举办的发布会上，展示了一款新的手机，华为 Mate7。发布会前，媒体就对这款主打高端商务的 Mate7 手机给予了很高的关注度，来自全球各地的几百万人在网络上观看了这场盛大的发布会。华为 Mate7 也不负众望，让广大观众大饱眼福。拥有一系列高大上功能的 Mate7 采用全球首创的 JDIIPS – NEOTM 负向液晶屏，对比度典型值高达 1500:1，屏幕显示更细腻；华为还首次在手机中引入了指纹扫描功能，该指纹扫描功能非常灵敏，能支持手指 360 度角度的使用；同时 Mate7 手机搭载了最新的麒麟 Kirin925 超八核处理器，流畅度更高，功耗更低，全球领先支持 LTECat6 标准，数据下载速率峰值可高达 300Mbps，实现全球最快的网络连接速度，下载一部高清电影仅需短短 30 秒，安全性能和办公性能都十分优越，这些功能都是商务人士所看重的。华为为 Mate7 设计了"爵士人生"的产品创意，内容是一位商务男士持握手机、面带微笑地坐在海滩边，给人一种轻松执掌大局之感，为了推广自己的产品，华为在公交站、电视、杂志等传统媒介上都打出了自己的广告。

（2）口碑营销

由于传统产品推广广告的篇幅限制，华为并不能很好地突出自己产品的卖点，为了让更多消费者看到自己产品的价值主张，华为手机想到了利用社交网络。

在 Mate7 发布的几天后，知名博主@天才小熊猫发表了一条长微博，讲述了自己因为无意间把手机指纹密码设置成了猫的爪子，自己又因为睡过头上班迟到无法解锁手机，而不得不带着猫去上班的一段离奇经历，由于@天才小熊猫粉丝众多，加上微博风趣幽默的描述，很快就获得了大量的转发评论，文章对华为 Mate7 手机指纹识别的安全性和灵敏度进行了刻画，因此华为手机也得到了大量的关注。除此之外，华为还创建了大量的微博话题，吸引消费者的讨论。@天才小熊猫微博软文如图 3 – 12 所示。

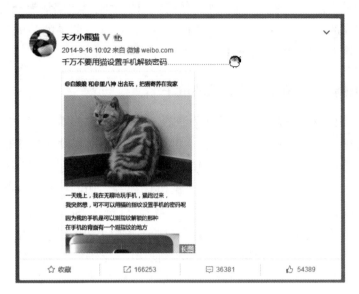

图 3 – 12　@天才小熊猫微博软文截图

除了在微博端进行的营销推广，一篇《别告诉我你不知道，大家买 iPhone6 前都在跟华为 Mate7 比》的微信文章也在大量的微信用户间转发。文章将华为 Mate7 与 iPhone6 就摄像、轻薄程度、售价等 iPhone6 比较劣势的地方进行了对比，从而得出华为 Mate7 优于苹果的结论，为华为 Mate7 赢得了良好的口碑，许多看到这篇文章的网友表示"已经准备好现金，就差购买了"。华为终端的官方微博和华为微信公众号利用 LBS 技术帮助消费者找到最近的门店，引导他们试用，也为后面的销售埋下了伏笔。

5. 厚积薄发——华为手机开售阶段

在产品销售阶段，华为手机的主要传播目标是继续激发消费者的购买欲，并将消费者的购买欲化为实际的购买行为。在前期的预热过程中，消费者已经产生了购买的欲望，接下来华为将通过促销手段，与渠道联合对产品销售进行推动。在这一阶段，华为手机的营销目标主要偏重于品牌形象的塑造，使产品能够为整个品牌加值。

2015 年，在进行 P8 产品推广时，华为手机动用了运营商、渠道商等资源。由于早期与运营商有很多合作，华为手机本身也特别重视与渠道的关系构建，因此华为与运营商、渠道商的关系比较好，这些都为华为的渠道策略打下了深厚的基础。苹果手机进入中国以来，在运营商方面一直只与中国联通合作，移动和电信都希望能够有一款高端合约手机来与苹果抗衡，因此华为便抓住了时机，与运营商、渠道商强强联合，想要重塑国产手机的高大形象。

但仅凭一腔热血与激情是无法让渠道商、运营商为华为手机付出更大的成本的，所以华为也对渠道给予了相当优厚的条件，例如给运营商更高的利润分成，给渠道商以更多的销售提成、支付更高的通道费，与之相交换的是运营商、渠道商给予华为更多的资源。

华为这样的做法让运营商、渠道商所有策略都向华为倾斜，使华为合约机能够获得最低的资费，最优先的推荐，华为 P8 的销量如虎添翼。在整合营销的整体营销思路和各方面资源的鼎力支持下，华为完美地实现了逆袭。

3.1.5 逆势上扬——问鼎国产手机销量王

2015 年，是中国智能手机市场竞争尤为激烈的一年，有 136 家国产手机厂商阵亡，而其他国产手机的领导品牌（像小米、联想）也均呈现出不同程度的销售疲软的现象。但是，与之形成鲜明对比的是，华为手机的销售业绩不断攀升。据悉，华为手机在 2015 年的销售收入超过 200 亿美元（约 1318 亿元人民币），同比 2014 年增长接近 70%，而智能手机产品的全年出货量达 1.08 亿台，同比增长 44%，相当于每秒钟卖出 3 台手机，成功问鼎国产手机销量王。这样的骄人业绩不得不归功于华为手机的成功转型。

五年前华为手机还是国产低端机中的一员，而 2015 年华为手机已然实现了华丽的转型，成为能够与苹果、三星相抗衡的世界知名的中高端手机品牌。在"精品战略"基础上，华为手机借助整合营销传播实现"逆袭之旅"，见表 3 - 3，在 2011 ~ 2015 年短短五年时间内，华为手机的关注度由 11.9% 飙升至 42.9%。关注度的不断提升带动了华为手机的销量。例如，2016 年推出的 P9 手机，预售量呈现出空前火爆的景象。上市开售后，外界对于该机的口碑和市场反响更是持续走高。其高端的配置、丰富的软硬件功能以及极具杀伤力的价格，让不少国内消费者对华为 P9 十分买账。此手机不仅在华为商城 Vmall、天猫、京东、亚马逊等各大电商平台上热销断货，线下各大华为官方体验店和合作渠道商也都迎来了大批排队体验、购买的消费者，不少店铺更是出现了一机难求的热销场景。

表 3 - 3　2011 ~ 2015 年国产手机关注度比较

	2011	关注比例	2012	关注比例	2013	关注比例	2014	关注比例	2015Q4	关注比例
1	联想	15.8%	联想	18.5%	联想	19.1%	华为	22.2%	华为	42.9%
2	魅族	12.2%	华为	14.4%	华为	13.6%	联想	11.6%	vivo	9.60%
3	华为	11.9%	小米	11.1%	小米	9.20%	酷派	11.3%	OPPO	7%
4	中兴	8.40%	中兴	9.70%	OPPO	9.00%	魅族	9.30%	乐视	5.30%
5	酷派	7.50%	魅族	8.60%	酷派	8.70%	vivo	8.50%	联想	4.30%
6	步步高	7.00%	酷派	8.30%	中兴	8.30%	OPPO	8.10%	中兴	4.20%
7	纽曼	6.30%	OPPO	6.50%	vivo	7.70%	中兴	6.20%	魅族	4.10%
8	OPPO	5.40%	步步高	5.80%	魅族	7.30%	金立	5.20%	酷派	4%
9	天语	4.80%	天语	3.70%	金立	3.50%	小米	3.30%	努比亚	2.70%
10	多普达	4.60%	金立	3.10%	天语	2.80%	努比亚	2.30%	金立	2.60%
—	其他	16.1%	其他	10.3%	其他	10.8%	其他	12.0%	其他	13.3%

资料来源：互联网消费者调研中心。

3.1.6 尾声

经历了由低端品牌向中高端品牌"蜕变"的华为手机，处处散发着新生的魅力，尤其是在 2016 年成功推出的 P9 手机，再度攻占高端手机市场的大好形势下，余承东信心十足地表示：华为将在两到三年内成为全球第二大智能手机生产商，用四到五年时间赶超苹果，成为全球第一大手机制造商。华为手机是否能够交出一份满意的答卷，这让无数竞争者及众多"花粉"拭目以待。

3.2 案例使用说明

3.2.1 教学目的与用途

1）适用课程。本案例为描述性案例，适用于营销管理、整合营销传播等课程有关营销传播、营销沟通等相关章节的案例讨论。

2）适用对象。本案例主要为 MBA 和 EMBA 开发，适合有一定工作经验的学生和管理者学习。本案例还可以用于工商管理国际学生深度了解中国企业营销活动的特点。

3）教学目的。本案例的教学目标是要求学生掌握：①企业营销沟通过程中的相关理论；②如何基于 AIDA 模型进行设定企业营销传播目标；③了解如何有效地使用整合营销传播中推拉结合的传播策略；④了解不同营销传播工具对消费者的不同决策阶段产生的影响；⑤如何使用社会化媒体营销手段。

3.2.2 启发思考题

1）结合 AIDA 模型阐述营销传播策略的目的通常有哪些。并结合案例说明华为都使用了哪些营销传播手段来实现这些目的。

2）华为在营销传播过程中是如何使用推拉结合的营销传播策略的？

3）结合消费者决策过程（Decision – Making Process，DMP），阐述华为是如何使用不同的营销传播工具来对消费者决策产生影响的。

4）社会化媒体营销传播手段通常有哪些？华为是如何利用社会化媒体进行营销传播的？

5）什么是整合营销传播？结合案例说明华为是如何整合其营销传播策略的。

3.2.3 分析思路

教师可以根据自己的教学目的来灵活使用本案例。这里提供了本案例分析逻辑路径图，如图 3 - 13 所示，帮助教师引导案例课堂分析思路，仅供参考。

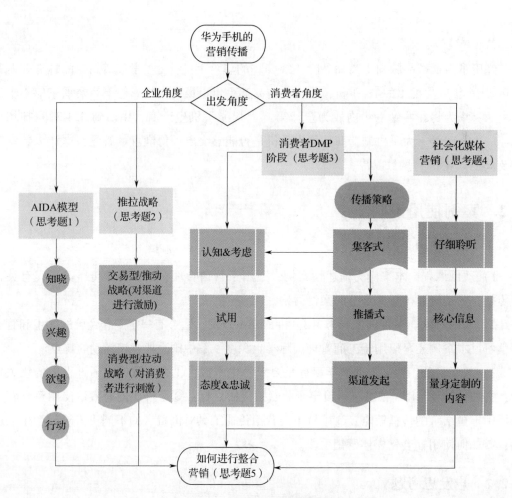

图 3-13 案例分析逻辑路径图

思考题 1 的分析思路：智能手机品牌间竞争激烈，华为手机实现"华丽转身"，除了其产品本身的竞争优势外，优秀的整合营销传播过程起到了非常重要的助力作用，由此引导学生了解营销传播中的 AIDA 模型，分别对消费者从接收信息到行动（产生购买行为）中间各个阶段的不同需求进行分析，从而明确不同阶段传播策略的不同目标设定，并结合案例材料对华为手机在不同时期使用的营销策略进行归纳总结，从而得到华为是如何整合其营销策略的。

思考题 2 的分析思路：首先在思考题 1 的基础上，结合案例材料，总结华为面向消费者和渠道商都使用了哪些不同的营销传播手段，带来了什么样的效果，从而确定华为是如何使用推动和拉动相结合的营销传播策略的。然后帮助学生明确推拉传播策略的目的，以及在消费者决策的购买行动阶段，华为的推拉策略都是怎样影响消费者的。

思考题 3 的分析思路：结合案例材料和思考题 2，根据消费者决策过程（DMP）的 5 个步骤，引导学生思考在消费者决策过程的不同阶段中，不同的信息传播发起人对消费者

DMP 阶段所带来的不同影响，并分析在消费者决策过程的不同阶段华为如何进行传播才最有效。教师可以引导学生对每个 DMP 阶段进行单独分析，探究华为在影响消费者决策过程中都做了哪些工作。

思考题 4 的分析思路：社会化媒体营销作为新型的营销手段，已成为一种重要的营销传播工具，其具有受众范围广、接触消费者简单、传播效率高等特点。首先要引导学员理解在社会化媒体中信息是如何进行传播的以及病毒式营销传播的特点。然后进一步结合案例分析华为在社会化媒体传播时，运用了哪些手段，产生了怎样的效果。在此基础上结合社会化媒体 3C 营销，对华为的营销过程进行梳理，总结华为是如何利用不同社会化媒体实现不同营销传播目的的。

思考题 5 的分析思路：综合思考题 1、2、3、4，了解整合营销的含义，教师应引导学生将文中的营销策略进行串联，使学生对华为营销战略的整体布局有一个完整的认知，从整合营销的思路出发，引发学生讨论为什么必须要进行营销传播策略的整合。

3.2.4　理论依据及问题分析

1. 思考题 1 的理论依据及问题分析

（1）思考题 1 的理论依据

AIDA 模型。AIDA 模型是基于消费者反应的营销传播过程模型，其描述了消费者从接触信息到完成消费行为的四个阶段，分别是注意（Attention）、兴趣（Interest）、欲望（Desire）和行动（Action），如图 3－14 所示。企业在引导消费者完成消费行为之前，首先应让自己的产品、服务或品牌引起消费者的注意，继而创造并引发消费者对产品、服务或品牌的兴趣，接着以满足某种真正或想象的需求为目的，塑造消费者购买产品或服务的欲望，最后通过必要的形式（如渠道激励、促销等）引导消费者行动，产生实际购买行为。

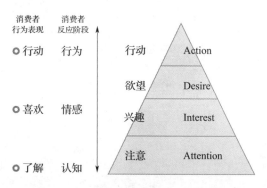

图 3－14　营销传播过程的 AIDA 模型

注意：消费者通过推广类的广告等手段接触到产品、服务或品牌信息，从而逐渐对产品、服务或品牌的信息产生了解。

兴趣：在消费者知晓了广告所传递的信息后，产生对产品、服务或品牌的兴趣，这种兴趣一般来源于广告主所传达的、能够提供某种改善生活的利益所致。

欲望：营销推广的利益如果引起消费者强烈的冲动，就会使消费者产生购买的要求，也就是拥有产品或服务的欲望。企业可以通过不断强化消费者的购买欲望使其产生行动。

行动：行动是指消费者产生的消费行为，是整个营销推广中最重要的一环，也是营销推广的最终目的。

（2）思考题 1 的问题分析

问题 1：结合 AIDA 模型阐述营销传播策略的目的通常有哪些。

分析：本问题主要结合 AIDA 模型帮助学生关注到消费者对不同传播策略的特定反应，从而帮助学生明确在制订营销传播手段之前，必须明确其所能实现的传播目的。结合 AIDA 模型营销传播的目的通常包括以下四点。

①引起消费者注意。

②激发消费者对产品及品牌的兴趣。

③强化消费者购买欲望。

④引导消费者产生购买行为。

问题 2：结合案例说明华为都使用了哪些营销传播手段来实现这些目的。

分析：基于 AIDA 模型，华为手机营销传播策略与其传播目的进行了有效结合。华为营销 AIDA 四阶段营销推广措施如图 3-15 所示。

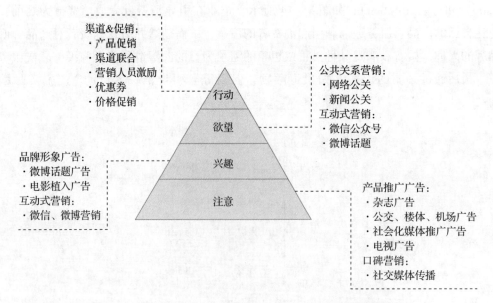

图 3-15 华为手机不同营销传播手段所对应的营销传播目的

在"注意"阶段，华为主要做的就是抓住顾客的目光，在选择传播策略时，主要的预期就是高曝光度，因此，主要的传播手段是产品推广广告和口碑营销。产品推广广告包括传统广告和数字广告，这些广告主要投放在大众媒体和数字媒体。大众媒体上，华为广告投放主要在电视、杂志，以及公交、楼体、机场广告上；数字媒体上，华为在社会化网络视频、App 的首页投放了大量推广类的广告。口碑营销主要是在非官方渠道发布产品信息和公关文章。

在"兴趣"阶段，华为主要做的工作就是让广告传递的信息更加具有吸引力，激发消费者对于华为手机的兴趣，因此，主要的传播手段就是品牌形象广告和互动式营销。品牌形象广告主要有微博话题广告和电影植入广告等形式。以 P7 为例，华为设计了"勇敢做自己""君子如兰"等系列的广告，广告画面精美，以溪流、山川、薄雾、森林等元素向观众传达了华为手机的美好，激发观众的兴趣。除了对于电视广告的设计，华为还将 P7 手机广告植入了电影《分手大师》，在影片中，P7 作为男女主角的配机，打破了国产电影的"苹果怪圈"，也引发了消费者的讨论，从而激发消费者对产品的兴趣。在互动式营销方面，华为手机借助《分手大师》的植入广告，通过与电影情节的融合形成相关话题，同时结合不同话题联系比较知名的微博博主，参与话题的讨论，将社会化网络上对新产品的讨论推至高潮，并根据话题热度随时引导线上、线下的互动传播，在提升华为手机知名度的同时进一步丰富了华为手机的品牌内涵，在延续其梦想与坚持的品牌形象的基础上，又赋予了其灵活、搞怪与潮流的品牌内涵，激发了消费者兴趣。

在"欲望"阶段，华为主要做的是塑造消费者的需求，并不断强化消费者的购买欲望，使之转化成行动，因此，主要的传播手段是公共关系营销和互动式营销。在这个阶段华为的广告主要投放在社会化媒体上，社会化广告具有双向性和交叉性的特点，除了企业与顾客间的交流，顾客间的交叉互动也会对企业营销传播产生有益的影响。在社会化媒体上，华为投放了一些软性广告，即并不直接介绍商品、服务，而是通过在网络上插入带有主观指导倾向性的文章。以 Mate7 为例，这款手机主打的功能是指纹识别，所以华为希望以突出产品本身的特质为重点的推广主体，如知名博主天才小熊猫就发表了关于"猫爪指纹识别"的文章，转发量达到了 16 万次，在社交媒体上同样流传着一篇文章《别告诉我你不知道，大家买 iPhone6 前都在跟华为 Mate7 比》，该文章以拍摄和指纹识别为主要描述对象，强化了消费者的欲望。

在"行动"阶段，华为需要将前几步所做的努力转化为消费者的购买。这时华为的工作重点放置在渠道激励以及促销上，一是对产品本身进行促销，如华为 P8 手机，在门店购买 P8 手机可以获赠手机壳、充电宝等礼品；二是渠道联合促销，在经销商处，华为购买了广告位，将 P8 手机的易拉宝广告放在显眼的过道位置，同时通过优惠券等方式开展联合促销；三是销售人员激励，如销售 P8 手机会获得更高的销售提成等，最终刺激消费者产生购买行为。

2. 思考题 2 的理论依据及问题分析

（1）思考题 2 的理论依据

整合营销传播的推拉结合策略。

营销传播的推动策略：指企业对渠道进行激励，使产品在经销、提高曝光度和降价方面获得渠道的支持。具有风险小、周期短、资金回收快等优点，但需要中间商的配合，具体如图 3 – 16 所示。

图 3 – 16　营销传播的推动策略

营销传播的拉动策略：指企业使用广告等方式，直接对消费者进行刺激，使消费者产生强烈的购买意愿，以吸引消费者在当下购买产品，形成需求，并"拉引"中间商纷纷要求经销这种产品，具体如图 3 – 17 所示。

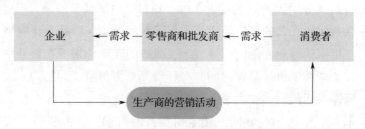

图 3 – 17　营销传播的拉动策略

推拉结合策略：企业不仅可以单独使用推动、拉动策略，还可以将推拉策略结合起来，在向中间商大力促销的同时，通过广告刺激市场需求，以便更灵活更有效地吸引更多的消费者。

（2）思考题 2 的问题分析

问题：华为在营销传播过程中是如何使用推拉结合的营销传播策略的？

分析：华为在营销过程中将推动策略与拉动策略巧妙组合，获得了很好的销售效果。华为的推拉结合策略要点总结如图 3 – 18 所示。

图 3 – 18　华为手机营销传播的推拉结合策略要点

1）华为的推动式策略要点

渠道合作：由于早期与运营商有很多合作，华为手机也特别重视与渠道的关系构建，因此华为与运营商、渠道商的关系较好；苹果手机进入中国以来，在运营商方面一直只与中国联通合作，移动和电信都希望能够有一款高端合约手机来与苹果抗衡。

渠道激励：华为对渠道给予了相当优厚的条件，例如给运营商更高的利润分成，给渠道商以更多的销售提成、支付更高的通道费，与之相交换的是运营商、渠道商给予华为更多的资源匹配与终端销售的推动促进。

终端促销：华为通过给运营商、渠道商优厚的条件，从而让运营商与渠道商在终端促销资源上给华为更多倾斜，使华为合约机能够获得最低的资费、最优先的推荐，华为手机的销量如虎添翼。华为还与三大运营商出品合作广告，如中国移动就在官网手机商城首页发布了华为 P8 移动 4G 版的销售广告，并在各营业网点的显眼位置也打出了华为手机的易拉宝广告。

华为手机还在线上向消费者直接发放手机的优惠券，如在华为商城通过发放优惠券等方式吸引消费者的购买，或在产品预订阶段给予消费者相应的折扣等。

2）华为的拉动式策略要点

传统广告：通过广告对消费者产生直接刺激，使消费者产生购买意愿，如在电视、公交站、报纸等媒体放置单向的传统广告，来吸引消费者的注意。

社会化媒体广告：华为手机除了在传统媒介上发布自己的广告外，也使用了社会化媒体营销的手段，例如在社交媒体发布一些以手机的卖点为题材的公关文章或热点话题，以此吸引消费者对产品的兴趣。

3）华为手机推拉结合策略要点

推拉结合策略的中心思想就是将推动策略与拉动策略相结合，渠道推动与广告拉动相结合，如图 3 – 19 所示。不同的促销组合工具的影响也会随着产品生命周期阶段而不同。在产品发布预热阶段，广告和公共关系对建立高认知度十分有效，产品价值主张宣传对消

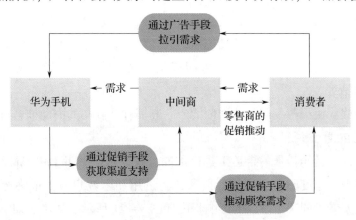

图 3 – 19　推拉结合策略

费者的欲望塑造颇为有利；而在产品正式上市销售开始交易时，人员销售则是必不可少的；在产品上市后一段时间，广告和公共关系仍然有着重要的影响，而促销则可以减少，因为在这个阶段需要的购买刺激降低了；在产品生命周期后期阶段，相对于广告而言，促销再次变得重要起来。

3．思考题 3 的理论依据及问题分析

（1）思考题 3 的理论依据

1）消费者决策过程（Decision - Making - Process，DMP）阶段

营销传播的终极目的是对消费者产生影响，促使他们与公司进行价值交换，手段包括对消费者进行告知和劝导。营销传播向消费者告知产品、服务和创意的存在和优点，同时劝导消费者改变对商品和服务的态度和行为。消费者决策过程阶段如图 3 - 20 所示。

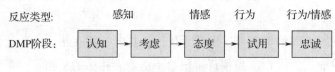

反应类型：　　　　感知　　　情感　　行为　　行为/情感

DMP阶段：　认知 → 考虑 → 态度 → 试用 → 忠诚

图 3 - 20　消费者决策过程阶段

虽然包括传播在内的所有营销活动一般都以交换为最终理想结果，但在此之前，消费者还要经历一系列具有代表性的步骤，主要包含：认知、考虑、态度、试用以及忠诚这五个步骤。这一系列步骤或阶段即消费者的决策过程（DMP），有效的传播策略可以促使消费者逐步经历 DMP 的各个阶段，帮助消费者从初期步骤开始一步步走下去。

2）消费者对传播刺激的反应

消费者接收和回应营销传播有两种截然不同的方式。对于广告和推广活动，他们或是被动接收或是主动寻找，根据消费者这种不同反应带来的差异，企业可以运用推播式、集客式以及鼓励渠道发起等不同的传播策略。但在消费者决策的不同阶段，不同的营销传播策略带来的效果也有所不同。

推播式策略：由公司发起的营销传播，一般由公司通过可控制的付费媒体实施。

集客式策略：由消费者发起的营销传播，大多数社会化媒体的传播策略属于集客式策略，大多数是由公司背后推动实施，也可能有免费媒体的身影，如搜索引擎自然搜索结果、在线推荐网站等。

渠道发起策略：由渠道发起的营销传播，一般都有企业在其中助推，可能在实体商店内进行，也可能在线上进行。

由于目的不同，营销传播的合适工具也不同，我们把消费者 DMP 阶段简单划分为三大阶段，即将考虑和态度归为"比较"阶段，将试用和忠诚归为"最终选择"阶段，不同传播工具对消费者不同决策阶段的影响程度如图 3 - 21 所示。初步认知阶段，公司发起的推播式营销能够达到最大的效果，因此企业在传播工具的选择上应该以产品推广广告为

主，通过推广式广告来对消费者的信息获取产生影响；在消费者中期的比较阶段，消费者会对自己的选择进行对比，此时集客式的营销传播会最大程度上影响消费者的选择，因为消费者更加相信来自消费者发起的信息，此时社会化媒体营销手段的使用更加重要；在消费者最终选择决策阶段，渠道发起的营销活动如促销和销售人员推荐，最能左右消费者的选择；最后在消费者最终选择阶段，也是消费行为和口碑行为产生的阶段，企业可以多使用品牌建设广告的方式进行营销传播，塑造品牌形象，减少消费者购后失调行为，鼓励消费者产生口碑推荐行为。

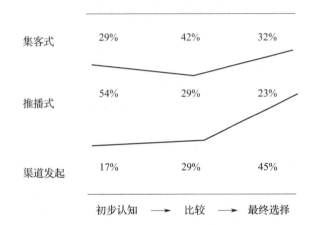

	初步认知	比较	最终选择
集客式	29%	42%	32%
推播式	54%	29%	23%
渠道发起	17%	29%	45%

图 3 - 21　不同传播工具在消费者不同决策阶段的影响程度

（2）思考题 3 的问题分析

问题 3：结合消费者决策过程（Decision-Making Process，DMP），阐述华为是如何使用不同的营销传播工具来对消费者决策产生影响的。

分析：根据消费者不同反应带来的差异，华为在运用推播式、集客式以及鼓励渠道发起等不同的传播策略方面主要采取了如图 3 - 22 所示的传播手段。

推播式	集客式	渠道发起
• 产品推广广告 • 互动式营销 • 搜索引擎营销	• 口碑营销 • 社会化媒体营销	• 渠道推广 • 终端促销

图 3 - 22　华为手机各类别的营销传播手段

在初步认知阶段：华为手机主要以推播式传播手段为主，以集客式和渠道发起的传播手段为辅。华为在这一阶段主要做的就是提高自身的曝光度，如在电视、网络、媒体上广泛宣传自己的产品，影响消费者对信息的收集。这时华为手机主要进行的是广告宣传、互动式营销以及搜索引擎营销等。

在考虑与态度阶段（即比较阶段）：华为手机以集客式传播手段为主，渠道发起和推播式手段为辅。因此，在消费者比较阶段，华为使用了大量的口碑营销、社会化媒体营销等手段，如在非官方渠道发布微博文章，发布具有争议性的话题等。同时华为手机以推播式传播手段为主，主要应用品牌建设广告提高自己的品牌形象。

在试用和忠诚阶段（即最终选择阶段）：华为手机以渠道发起的传播手段为主，传播工具主要使用店内推广的方法，如华为在实体店面进行手机试用、在实体店发布推广活动，在渠道中也会进行广告的设置。

同时，在此阶段华为手机以渠道发起的传播手段为主，推播式和集客式手段为辅。因此，在消费者的最终选择阶段，华为主要侧重于进行渠道合作，进行渠道推广和终端促销等。

消费者 DMP 阶段与传播手段的匹配如图 3 - 23 所示。

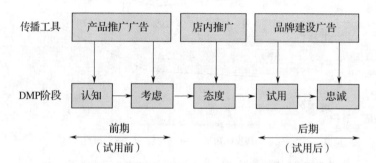

图 3 - 23　消费者 DMP 阶段与传播手段的匹配

4. 思考题 4 的理论依据及问题分析

（1）思考题 4 的理论依据

1）病毒营销传播原理

病毒营销（viral marketing），又称病毒式营销、病毒性营销、基因营销或核爆式营销，是一种常用的基于社会化媒体的营销传播方法。病毒式营销也可以视为口碑营销的一种，它是利用群体之间的传播，从而让人们建立起对服务和产品的了解，达到宣传的目的。因此，如果能设计出合适的内容，找到合适的人群，选择合适的媒介能够提升病毒传播的效率。

病毒营销传播的原理如图 3 - 24 所示，病毒营销首先需要设计出受众感兴趣的内容，通过高曝光率的手段，使得受众产生话题，从而实现短时间多次传播，最终达到受众狂热的阶段，以加快病毒营销的覆盖速度和覆盖面积。

2）社会化媒体营销传播 3C 框架

社会化媒体营销传播 3C 框架如图 3 - 25 所示，主要描述了企业在制订社会化媒体营销传播策略时所需要关注的核心流程及内容。

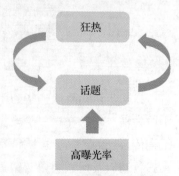

图 3 - 24　病毒营销传播过程

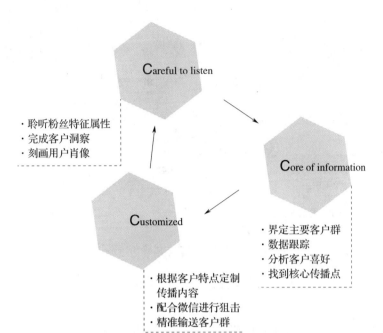

图 3 - 25　社会化媒体营销传播 3C 框架

Careful to listen——仔细地聆听

收集产品或服务目标用户的基本属性与特征属性,包括年龄、性别、学历、收入、家庭状况、兴趣爱好及对产品的认知,初步刻画用户群肖像,从而明确目标用户所喜欢使用的社会化媒体工具、感兴趣的话题类别、内容等,完成传播策略中的用户洞察工作。

Core of information——核心信息

以目标用户群聆听数据为基础,从中界定核心消费群,重点进行社会化媒体行为数据跟踪,了解用户群的品牌喜好、品牌需求以及使用场景,与竞品用户进行横向对比,得出品牌或产品在用户群中的品牌印象,与品牌传播目标进行匹配,得出核心传播点。

Customized——量身定制的内容设计

根据核心传播信息,针对目标用户群进行个性化内容设计,以增强传播内容的话题性和可传播性。

(2) 思考题 4 的问题分析

问题 1:社交媒体营销传播手段通常有哪些?

分析:华为在社会化媒体营销中有效地利用了微博、微信、视频网站等一系列的社会化媒体平台,具体传播的手段如图 3 - 26 所示。

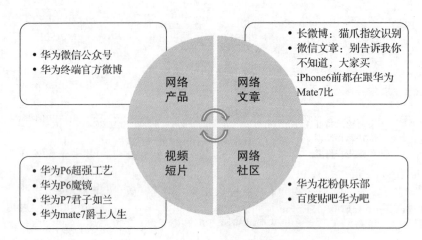

- 华为微信公众号
- 华为终端官方微博

网络产品

网络文章

- 长微博：猫爪指纹识别
- 微信文章：别告诉你不知道，大家买iPhone6前都在跟华为Mate7比

视频短片

网络社区

- 华为P6超强工艺
- 华为P6魔镜
- 华为P7君子如兰
- 华为mate7爵士人生

- 华为花粉俱乐部
- 百度贴吧华为吧

图3-26 华为手机的社会化媒体传播手段

问题2： 华为是如何利用社会化媒体进行营销传播的？

分析：

1）Careful to listen——仔细地聆听

华为对华为Mate7的关注者进行了重点的聆听，通过大数据得知，这些用户主要特征有：30岁左右的商务人士；拥有中高端收入；爱好摄影、旅行、运动；支持国货；更喜欢轻松愉快的生活方式等。这些特征为后面的营销传播策略提供基础性指导。

2）Core of information——核心信息

华为对这些粉丝喜好进行分析，解读他们的特征，发现这些客户对手机产品的主要要求是摄影效果好、安全性高、手机流畅度高等，而这些需求恰恰是华为mate7能够满足的，找到这些用户的核心信息后，得到核心传播点，也就是让客户对华为mate7的优点能有更深刻的理解。

3）Customized——量身定制的内容设计

最后根据这些用户的喜好，量身定制能够体现华为Mate7特点的传播内容，选择好的传播载体，对华为手机进行传播。

文中著名博主@天才小熊猫的猫爪指纹识别长微博就体现了华为手机的安全性特征，运用轻松幽默的描述，既达到了凸显手机特性的目的，其幽默的手法也使粉丝们会心一笑，让文章在社会化网络中产生讨论，得到了良好的传播效果。

在选择传播对象时，华为手机也瞄准了微信用户，由于目标客户是商务人士，他们大部分都有支持国货的态度，但无奈国产手机的产品性能并不如苹果，所以很多商务人士都选择了苹果手机。华为在微信传播时主要的目的就是让客户知道Mate7的性能并不次于苹果，甚至高于苹果。于是《别告诉我你不知道，大家买iPhone6前都在跟华为Mate7比》等文章获得了大量的传播。

5. 思考题 5 的理论依据及问题分析

（1）思考题 5 的理论依据

整合营销传播。整合营销传播是一个营销传播计划概念，要求充分认识用来制订综合计划时所使用的各种带来附加值的传播手段，如普通广告、直接反映广告、促销和公共关系，并将之巧妙结合，向消费者提供具有良好清晰度、连贯性的信息，从而使传播影响力最大化，如图 3－27 所示。

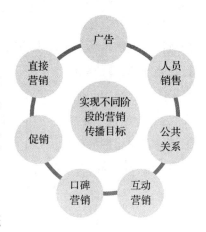

图 3－27　整合营销传播

很多公司都在使用整合营销传播的概念，在这个概念的指导下，公司会慎重整合和协调它的传播渠道，实现不同传播阶段不同目标的整体一致，对整体的营销思路进行整合。

（2）思考题 5 的问题分析

问题：什么是整合营销传播？结合案例说明华为是如何整合其营销传播策略的。

分析：以华为手机新产品上市的整个过程为例，华为在不同阶段具有侧重性地使用不同营销传播策略组合来实现整合营销传播的目的。

在华为手机的营销传播过程中，华为手机营销部门条理清晰的组织架构也为华为手机控制整体营销节奏，实现整合营销传播提供了支持。就华为手机单品上市的阶段，华为在不同阶段针对该阶段的主要传播目标设定了相应的整合传播方案，如图 3－28 所示。

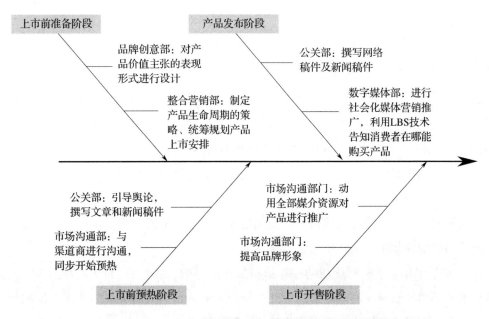

图 3－28　结合华为手机单品上市流程的整合营销传播方案

81

1）上市前准备阶段：在产品上市的前几个月，品牌创意部门会给出广告创意，品牌执行部门会制作产品生命周期的规划，整合营销部门则会对整个产品生命周期的每一周进行战略规划，统筹全年的营销节奏，让后期的营销计划能够有条不紊地进行。此时的营销目标是完成空中和地面策略的布局工作。

2）上市前预热阶段：在制定了营销节奏后，产品发布会的前一两个月华为手机营销部门会对产品进行预热，并由整合营销部门对各个部门进行安排。预热主要以内容和口碑来引发关注，这时公关部门会准备稿件，并由数字媒体部门进行发布。此时市场沟通部门会与电商、渠道商进行沟通，与它们联合进行预热，如在电商首页进行产品预告，运营商、渠道商处也打出华为手机产品的预热广告，为华为手机发布会造势，吸引更多的关注者。此时运用的空中手段较多，地面手段相对较少。

3）产品发布阶段：产品发布会前后一周，公关部门会密集发布稿件，持续推高热度，整合营销部会门对华为整体营销流程进行把控，以发布会为时点，发布会后华为手机并不会马上销售产品，而是会进行一周左右的蓄水期，让客户持币待购。此时数字媒体会在官方微博和微信公众账号利用 LBS 技术（Location Based Service，基于位置的服务）告知客户最近的购买地点，让客户能够更容易地找到在哪里购买，为产品的销售吸引更多的关注度，并开始向渠道发力，此时空中地面策略开始联合。

4）上市开售阶段：产品上市开售后，营销部门会动用所有媒介资源，此时有关产品的全部信息都可以披露，并且此阶段的主要目的是提高品牌形象，至此华为手机的营销战略告一段落。

3.2.5　背景信息

2008 年以来，随着智能手机的不断普及，国内智能手机市场蓬勃发展，手机生产商如雨后春笋般纷纷破土而出。但在国外手机领导品牌的压力下，国内手机一直在走低价竞争的路线，以 2013 年为例，国产智能手机均价在 1600 ~ 1700 元之间振荡，这样的价格竞争导致国产机普遍质量较差，而市面上国产手机品牌过多过繁又加剧了这种情况。由于专利技术等问题，国产手机厂商面临专利费用的掣肘，大量利润外流，高额的成本又压制了国产手机发展的步伐——没有钱搞研发，就无法提升质量，也就无法提高价格和利润。国产手机价格指数变化如图 3-29 所示。

2015 年下半年，手机行业新的一轮价格战再次打响，799 元、599 元甚至 399 元，如此挤压价格必然导致自身利润受损。对此，华为表示，利润虽然无法与苹果三星相比，但华为手机会一直坚持获得合理利润用于持续不断的研发投入。

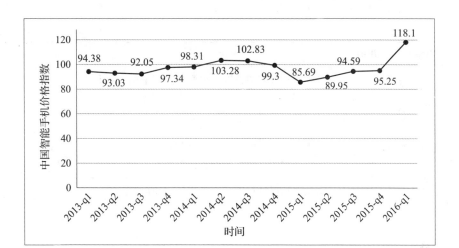

图 3-29 2013~2016 年中国智能手机价格指数变化

3.2.6 关键要点

①区分 AIDA 模型和 DMP 流程，视角不同，AIDA 模型是从企业宏观视角来进行营销传播的决策，DMP 是从消费者行为的微观角度对不同的策略进行分析。

②强调"整合"的概念，整合是案例的核心主线，对于传播策略不能割裂地看，要理解在不同时间段各个传播策略，以及同一时间段不同传播策略间的内在联系，对华为的整合营销传播思路进行梳理。

3.2.7 建议的课堂计划

本案例适用于适用于"营销管理""整合营销传播"等课程有关营销传播、营销沟通等相关章节的案例讨论。由于不同课程的理论要求点不同，也可以在不同课程上选择不同的思考题进行分析讨论。此外，本案例也可作为专门的案例讨论课来进行。

以下是按照时间进度提供的课堂计划建议，仅供参考，见表 3-4。

表 3-4 建议的课堂计划

序号	内容	用具	教学活动	备注	时间
1	课前准备		发放教学案例和相关资料	课前小组讨论准备	
2	讨论前案例回顾		让学生课上再仔细回顾案例及相关资料，并独立思考讨论问题，要求学生独立给出问题讨论所涉及的营销理论		15 分钟
3	案例开场白		现如今，以媒体为中心的传播理念已经逐渐被以消费者为导向的传播理念所取代。通过以下的案例我们将让大家对传统与非传统并存的现代营销传播进行更加深入的思考		5 分钟

（续）

序号	内容	用具	教学活动	备注	时间
4	案例内容和进程展示	投影仪	教师通过提问或选取一组学生进行案例内容和进程的展示，目的是让所有学生能够熟悉案例的主体内容		15 分钟
5	小组讨论和汇报	投影仪	学生分为 4~6 人一组对案例问题进行讨论，并选取其中的一组对案例进行汇报	注意控制时间	25 分钟
6	案例汇报小结		就案例汇报过程中尚未关注到的知识点提出一些问题供学生思考		10 分钟
7	案例提问并讲解	白板	针对各个思考题进行案例讨论小组的发言，结合学生发言教师需要提出该思考题的分析要点，并结合投影仪和白板等工具将使用说明中的关键图表含义展示出来	记录学生对启发问题的回答	50 分钟
8	案例总结		对整个案例的知识要点再次进行描述和总结		15 分钟
9	课后总结		请学员分组就有关问题的讨论进行分析和总结，并写出书面报告，目的是巩固学生对案例知识要点的理解		

参 考 文 献

[1] 胡利. 营销战略与竞争定位 [M]. 楼尊，译. 北京：中国人民大学出版社，2007.

[2] 克洛，巴克. 广告、促销与整合营销传播：5 版 [M]. 应斌，王虹，等译. 北京：清华大学出版社，2012.

[3] 阿克. 品牌大师：塑造成功品牌的20条法则 [M]. 陈倩，译. 北京：中信出版社，2015.

[4] 科特勒，凯勒. 营销管理：14 版 [M]. 王永贵，于洪彦，译. 上海：格致出版社，2012.

[5] 瓦雷. 营销传播：理论与实践 [M]. 范红，译. 北京：清华大学出版社，2011.

海信与欧洲杯的激情碰撞——事件营销开启国际化新征程[⊖]

我国企业想进一步提升品牌在国际市场上的知名度时，往往与国际热点事件联手，提升品牌在国际上的热度，实现品牌知名度和收益的双丰收。2015 年，海信集团在国际市场和国内市场均处于关键成长节点，迫切需要一个契机来提升其品牌知名度和认知度。恰逢此时，欧足联邀约海信加入 2016 欧洲杯顶级赞助商的行列。海信集团是如何做出赞助欧洲杯决策的？又是如何整合营销资源实现品牌传播收益最大化的？这些问题的解决展现了海信集团的管理智慧。

4.1 案例正文

4.1.1 引言

2016 年 7 月 11 日，随着埃德尔的一记绝杀，欧洲杯在葡萄牙人的欢呼声中落下帷幕。108 个进球，神奇的冰岛，疯狂的威尔士，沙奇里的"容声倒钩"，莫德里奇的"天外飞仙"，难以复制的德意大战……这些精彩瞬间成为全世界球迷难以忘却的记忆。在享受欧洲杯带来的精彩绝伦的赛事时，人们惊奇地发现，从法国的 9 座赛事举办城市中跑出了一匹来自中国的"黑马"——家电企业海信集团。作为 56 年来欧足联首个来自中国的顶级赞助商，海信在欧洲杯赛场上惊艳亮相，打出惊天广告：海信电视，中国第一（英文版为"Hisense, CHINA'S NO. 1 TV BRAND"）。此次赞助，海信更是交出了一份令所有海信人骄傲的成绩单：不仅收获了超过 5. 7 亿元常规直播的广告价值（不含补时、加时、点球、重播、新闻等品牌露出价值），还大幅提升了海信在全球范围的品牌知名度，此外，在中国本土知名度上升至 81%，品牌领先地位认知度提升至 34%。巨大的曝光和品牌认知提升直接刺激了产品销售，国内销量飙升，以 18. 74% 的市场份额创造了销售额新高，同时，在欧洲市场的销售量同比提升了 56%，环比增长了 65%，更是破纪录地拿下了法国、德国的单品销量冠军。

⊖ 本案例由北京理工大学管理与经济学院马宝龙、李晓飞、毕雯雯撰写，感谢海信集团品牌部长朱书琴女士在案例资料收集、撰写过程中给予的帮助。案例来源：中国管理案例共享中心，并经该中心同意授权引用。本案例被评为 2017 年全国百优案例。

看完手里的"海信赞助欧洲杯成绩总结"报告，海信集团品牌部部长朱书琴的脸上露出了满意的笑容。她放下报告，漫步到海信大厦附近的五四广场，试图放松在实施欧洲杯赞助活动中略显疲惫的身体。这时，迎面走过来几位年轻人，路人甲翻看着微博对朋友说："你们看到欧洲杯赛场上的海信了吗？冲出亚洲走向世界，国足没办到的，海信实现了！"他的朋友路人乙附和道："是啊，全场最抢眼的广告，没别的，就它！海信是我们中国企业的骄傲。""我在法国的一个朋友说，海信在法国火了，都卖断货了。我家正好要买新电视，我打算入手一台海信刚出的 ULED 曲面电视。"路人丙翻看着海信的官方网站说道。

听着这些不绝于耳的赞美感叹之词，朱书琴不禁感慨万千：一年前海信还在苦苦思索该如何突破性地提升品牌知名度和认知度以使海信进入新的成长阶段，现在却已经在世界舞台上脱颖而出，跃升为世界级品牌，更是成为全中国的骄傲。尘封的记忆逐渐打开，朱书琴的思绪逐渐飘回到了那难以忘怀的品牌突围之路……

4.1.2　寻求品牌突围的海信

1．走近海信

海信集团成立于 1969 年，是我国大型知名家电企业。它始终坚持"诚实、正直、务实、向上"的核心价值观和"技术立企、稳健经营"的发展战略，把坚持技术创新作为企业发展的根基，不断向家电产业的高端延伸，以及向其他高端产业拓展。经过多年的发展，海信已经形成了以家用电器为龙头，涵盖多媒体、通信、智能信息系统和现代地产与服务的产业格局。目前，海信集团拥有海信（Hisense）、科龙（Kelon）和容声（Ronshen）三个中国驰名商标，主导产品涵盖冰箱、空调、洗衣机、冷柜、生活电器等多个领域。

经过数十年的发展，海信已不满足于仅在国内市场发展。自 2006 年起，海信开始实施自主品牌国际化战略，进军国际市场。它采取了"先易后难"的战略，首先进入技术实力较弱、市场阻力较小的南非、北美、东南亚等地区发展中国家市场，形成领先优势，待产品在这些国际市场上打开知名度、获得消费者认可后，再逐渐向欧美发达国家渗透。目前，海信在全球布局已初具规模，拥有分布于美国、德国、加拿大等国的七大研发中心，涵盖了多媒体研发、电视芯片研发、手机研发、光通信研发等领域。生产布局上，在美洲，海信成功收购了夏普墨西哥电视工厂及其电视业务；在欧洲，海信捷克工厂顺利投产；在南非，海信南非工厂完成了扩建改造；在阿尔及利亚，海信兴建了电视生产基地。

2．新征程的起点：品牌传播

截至 2015 年，海信已经在国际市场取得了不错的成绩，但是这仍与三年内实现"大头在海外"（三年内实现海外销量大于国内）的发展目标存在差距。根据美国全球统计机构 IHS 公布的数据（图 4-1），2015 年前三季度海信电视全球出货量份额为 5.8%，仅比 TCL 高 0.1 个百分点，远落后于韩国的三星和 LG。究其原因，这是因为海信还没有在海外建立起很高的品牌知名度，导致海信在与国际渠道商谈判时往往处于劣势，消费者不了解甚至不知道海信的产品，从而限制了海信在海外的产品销量。根据《中国国家形象全球调查报告 2014》的数据显示（图 4-2），海信在海外消费者对中国品牌的熟悉程度中排名第 7，发达国家中的消费者对海信的熟悉度仅有 17 分（满分 100 分），发展中国家的消费者对海信的熟悉度为 31 分。

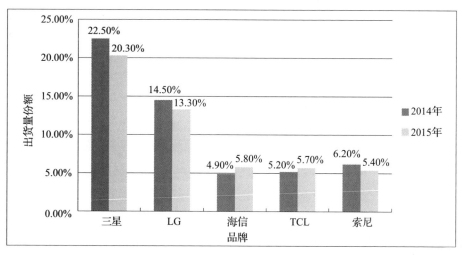

图 4-1　2014~2015 年全球电视品牌出货量份额

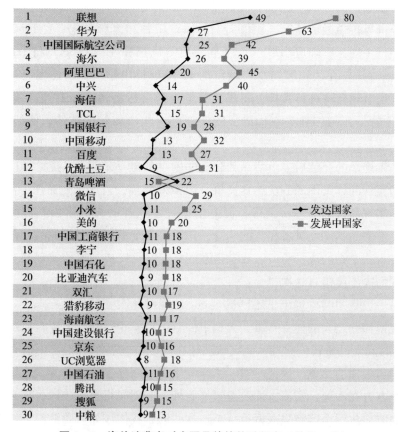

图 4-2　海外消费者对中国品牌的熟悉程度（单位：分）

另一方面，在国内市场，海信电视连续 13 年销量第一，连续 13 年品牌指数第一。如此优越的业绩表现，其背后却是消费者无法分辨出海信电视与 TCL、创维等品牌之间的差异，海信似乎也没有在消费者心智中形成统一的品牌认知。品牌认知度不高就像一颗定时炸弹，随时有可能危害海信在国内市场的表现。

海信要想在国内和国外开启新的发展征程必须在品牌上下功夫。在国内市场，海信需要继续提升品牌认知度形成消费者品牌偏好，从而扩展市场份额；在国际市场则急需提升品牌知名度，以拉动销售和促进渠道建设。

4.1.3 迎来机遇——当海信遇上欧洲杯

2015 年年底的一天下午，朱书琴急匆匆地走进品牌部，向大家宣布了一个爆炸性的消息："我们刚接到盛开体育（拥有欧足联赛事中国区市场开发权益）发来的消息，由于日本企业夏普退出了 2016 年法国欧洲杯顶级赞助商的序列，欧足联急需寻找新的赞助商加入，因此，盛开体育邀约我们来赞助此次赛事。我们需要迅速整理相关资料，递呈集团办公会，请示上级领导。"

很快，朱书琴整理的材料就递交到了集团办公会。海信集团高管团队紧急召开的办公会面临的决策问题很简单：赞助还是不赞助此次欧洲杯？办公会上，品牌管理部首先向大家展示了一些基础性的资料：欧洲杯全称为欧洲足球锦标赛，属于世界三大体育赛事之一，旨在向全世界传递激情活力、积极向上的体育精神和体育文化。自 1960 年开始，欧洲杯每四年举行一届，已经成功举办了 14 届。2016 欧洲杯（第 15 届）将于 6 月 10 日~7 月 10 日（法国时间）在法国境内 9 座城市的 12 座球场内举行，预计现场观众 1100 万，全球 167 个国家电视台将进行直播，每场比赛电视观众数量将达 1.47 亿，累计收看人数将达 66 亿。不管是在国内还是在国外，欧洲杯都有相当数量的球迷，他们很多都是 80后、90 后。

听完品牌管理部的介绍后，负责品牌管理的副总裁激动地说："我觉得这个机会太好了！这是我们实现品牌突围的一次绝佳良机。10~20 年前，许多企业抓住了营销成本较低的机遇，率先实现品牌的第一次突围，而海信错过了这样的发展阶段。目前，海信的技术、产品、渠道和品牌已经具备相当的实力，正需要一个契机将海信的品牌传播出去，这可以使海信进入一个新的成长阶段。我觉得欧洲杯正好可以成为海信实现第二次品牌突围的借力点，我们决不能错过这次机会！"

对此，另一位集团高管提出了不同的观点："我对此次赞助持保守态度。我们之前并没有赞助过规模如此之大的体育赛事，大型事件营销经验相对缺乏，况且离决赛只有短短 5 个月，准备时间太过短暂。而且，此次欧洲杯在法国举行，且不说与中国存在 6 个小时的时差，法国与中国的文化、风俗习惯、法律等很多方面存在诸多差异，这很容易造成我们与欧洲杯举办方在沟通、交流方面的差错。此外，据新闻报道，法国可能会爆发持续性的大罢工，届时，法国全国将陷入瘫痪状态。这些问题我们该如何面对？又该如何解决？"

此时，财务负责人站出来表示："此次赞助费用大约是 3.7 亿元，配合的营销费用以及一些支持性的费用总计大约需要 1 亿元，如果决定赞助，这将是海信历史上规模最大的一次赞助。我对财务方面有些担心。不知赞助的效果会怎么样？我们有必要冒这么大的财务风险吗？"

"海信作为顶级赞助商享有经典的场地边 LED 植入式广告，由于是欧足联统一提供直播信号，广告权益集中且有保障。海信的广告还会波及社交媒体、新闻讨论，这在促进海信品牌传播的同时也会提升海信的广告权益。"一直在认真记录的朱书琴闻言后说道，"体育赛事还会产生大量的热点话题，这不单是一个广告行为，到时候赛场上海信的广告、各种社交媒体、电视媒体、新闻媒体的转播和讨论都会提升海信的广告收益。而且，我们对比一下已经成长起来的许多知名品牌，如三星、麦当劳、阿迪达斯、飞利浦，它们都是在自己成长的关键节点上选择赞助了顶级赛事，实现品牌的跨越式发展。所以我认为这对现阶段海信品牌的发展而言是一次千载难逢的机会。"

另一位集团高管也发表了自己的看法："大型赛事赞助要看企业的发展阶段，早了不行，没有国际市场的积累，这种赞助基本上等于打水漂；晚了也没用，如果品牌建设已经非常成熟了，赞助欧洲杯效益也不大。对于海信来说，我们已经有了很丰厚的积累，在海外，市场分布在美洲、南非、阿尔及利亚等地。搭乘欧洲杯的列车，可以迅速打响海信在国际上的品牌知名度。而在国内，这也是提升国内消费者对海信品牌认知度的机会。所以，我觉得这是一个很好的契机。"

经过几番激烈的讨论后，集团办公会最终给出正式答复：同意！随后，海信专门设立了欧洲杯营销工作组，下设球迷广场搭建小组、票务组、产品规划开发等九个小组（分为国内和国外），由集团总裁、副总裁负责指挥协调。主要负责执行的品牌部则划分为 P2 公关组、新媒体组、视觉设计中心、公关接待几部分，来具体实施这项事件营销活动。

4.1.4 海信搭乘欧洲杯列车

作为世界三大体育赛事之一，欧洲杯可以帮助海信跨越其在国内市场和国外市场上的成长关键节点，提升其品牌知名度和认知度，使海信进入一个新的发展阶段。而海信也抓住了这一机遇，通过配套实施营销"组合拳"来实现"品牌突围"。

1. 欧洲杯预热阶段

在决定赞助欧洲杯后，海信便开始逐渐预热，希望让更多的消费者看到"海信 & 欧洲杯"的组合。

（1）轮番"轰炸"的发布会

从获取欧洲杯赞助权到欧洲杯比赛正式开始的期间内，海信发起了一波发布会"轰炸"。海信举办了欧足联战略合作发布会、海信欧洲杯"世界看我表现"品牌战略发布会、足球宝贝启动发布会、中国媒体体育营销暨欧洲杯报道研讨会、英文媒体海信行、地方媒体体育记者全国欧洲杯报道研讨会、足球宝贝决赛发布会、巴黎海信微博之夜发布会等，利用媒体记者的自传播属性，在微博、微信朋友圈等社交媒体上持续海量曝光海信赞助欧洲杯的相关内容。

（2）推出欧洲杯吉祥物

为造势欧洲杯，海信推出了带有海信特色的欧洲杯吉祥物哈利（Harley）和贝塔（Beta），并公布了以哈利和贝塔为主人公的"追求荣耀"视频，吸引全世界的目光。该视频讲述了10岁的哈利，对着家里的纸箱踢球，为迎战欧洲杯苦练球技，这时他偶然遇到了"小伙伴"——机器人贝塔。贝塔将海信电视、冰箱和洗衣机送给哈利，支持他准备比赛，由此逐步帮助哈利练习球技，最终实现了哈利的梦想——进入欧洲杯决赛。

为了配合吉祥物的宣传，海信鼓励球迷们参加在海信的足球社交媒体频道（Twitter 和 Facebook）与专门的"追求荣耀"微网站上举办比赛，球迷们有机会赢得关键小组赛、半决赛和决赛的门票，以及广受欢迎的海信产品。

在法国之外的国家也能够看到哈利和贝塔的身影。马来西亚的公交车和城市轻轨都换上了带有海信元素的哈利和贝塔的喷绘，西班牙广场上的电子屏幕上也在滚动播放海信吉祥物的宣传片。

（3）海信"足球宝贝"系列活动

2016年3月28日，海信正式启动海信欧洲杯足球宝贝全国选拔项目。此次活动将在全国范围内海选2016欧洲杯足球宝贝，海选地遍及北京、上海、广州、深圳、武汉、成都、青岛七大城市。经过层层选拔和专业培训，最终8强选手将前往法国，成为历史上首次亮相欧洲杯的中国足球宝贝。

在宣传足球宝贝活动时，海信制造了一系列话题营销，如"海信足球宝贝8强因调侃梅西被太太团围攻""海信足球宝贝赠患病皇马球迷贝尔签名球衣""她曾被熊黛林、张亮猛批，如今即将炫舞欧洲杯"等，借势明星曝光做初步的传播。海信还策划了形式内容新颖的《宝贝日记》节目、Babycall 叫醒服务等。

在法国，足球宝贝还参与开幕式音乐会及重点赛事现场专场表演，并在容纳数十万人的球迷广场上展现中国元素，足球宝贝们还在九个主办城市进行街拍和走秀，并与各国足球宝贝同台竞技。

（4）海信欧洲杯营销志愿者活动

为宣传海信赞助欧洲杯，海信集团于2016年6月8日发起了海信欧洲杯营销志愿者活动。海信冰箱公司的员工身着统一的黑色定制T恤亮相海边，开展了以"欧洲杯，我们来了！"为主题的大型宣传活动，向全世界的球迷展现中国的风采以及中国人对足球的热爱，提前为欧洲杯赛事加油助威，引发网络和社交媒体的关注和热议，让海信与欧洲杯闯入消费者的视线，为海信赞助欧洲杯制造话题和内容。

（5）携手滴滴发起欧洲杯"快去现场"活动

在欧洲杯开赛当天，海信携手滴滴快车打车软件，在全国发起了欧洲杯"快去现场"超人气重力感应游戏，用户进入活动页面后变身滴滴快车司机，在指定时间内将"乘客"送达欧洲杯"赛场"即可赢取大礼（欧洲杯决赛门票及主打"现场感"的ULED超画质电视）。作为欧洲杯顶级赞助商的海信，在与滴滴的本次活动当中，还拿出决赛门票、高端耳机和众多欧洲杯定制礼品等回馈网友。

（6）花式足球宣传片

海信联手欧洲五大重要市场（英国、法国、西班牙、德国和意大利）知名的花式足球运动员拍摄宣传片。每位球员代表各自的国家，将海信产品（包括电视和手机）加入视频中，同时展示自己标志性的足球技巧，包括射门技巧和抢球技巧。这些宣传片在德国的足球频道Freekickerz、英国体育娱乐频道Rule'm Sports等频道中播出。这些花式足球运动员还不断更新自己的视频博客，与粉丝分享视频的拍摄过程和视频背后的独家花絮。

2. 欧洲杯进行阶段

（1）引发争议的赛场广告

在欧洲杯赛场上滚动播放的海信广告分为中英文两种形式。海信电视的中文广告分为倒叙式三个阶段：分别为"海信电视·中国第一""海信电视·质量唯一""海信电视·销量第一"。英文广告同样分为三种："Hisense""CHINA'S NO1 TV BRAND""TURN ON ULED! #Feel everything"。海信认为广告必须起到"话题式"的效果，便于实现二次甚至多次传播，而"第一"的定位可以引起外界的热议，这样才会引起大家的关注与二次传播。

同时，海信还分析研究了欧洲杯51场比赛的时间和国内外收视预估，确定在开幕、淘汰赛第一场、半决赛第一场、北京时间晚上9：00的场次出现汉字广告。海信安排"容声"在"海信电视"视觉疲劳后高密度出现，仅出现在第37场比赛中，广告语为"容声冰箱""容声容声·质量保证"。除了赛场广告外，海信还在赛事举办的9个城市设立了的FANZONE球迷广场，广场上的大屏幕全部带有海信发光Logo。作为顶级赞助商，海信Logo还将出现在比赛发布会背板、观众物料、欧足联官方平台、全球电视直播比分弹窗上。

（2）社交媒体营销

一向给人"低调传统"感觉的海信，在这次赞助欧洲杯的营销活动中大胆采用了形式丰富多彩的社交媒体营销手段来带动这场欧洲杯狂欢Party。在国内，海信采取了如图4-3所示的社交媒体营销手段。在微博上，海信创新性地开发关键词触发式的微代言等多项互动营销，紧密结合每日赛事动态，利用海信评球狮运维的微博话题#海信微评球#，调动网友参与，实现用户深度互动，并令网友最终沉淀为海信粉丝。海信还引导行业点评、网红段子手、体坛名嘴等知名博主的点评信息层层铺开，营造舆论矩阵。海信在今日头条等移动端App上使用开机画面、欧洲杯专题冠名、频道冠名等形式，延伸海信品牌在不同媒体平台上的价值，放大赞助商权益。百度平台上，优化海信关键词搜索，同时独家运营欧洲杯及 24 支参赛球队球迷贴吧，让赞助商与球迷之间无缝对接。海信还将活动主题页放到了腾讯体育平台，将舆论主场放到了微博，将视频阵地放到了腾讯，将图片放到了新浪《新青年》专刊和搜狐娱乐。同时，在斗鱼和网易平台上的直播以及 Minisite 竞猜，形成了一个跟踪似的全程第三视角。

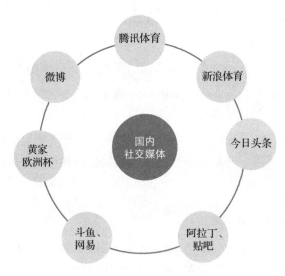

图 4-3　国内社交媒体

国外社交媒体的阵地主要集中在 Facebook、Twitter、Instagram、"追求荣耀"微网站。在欧洲杯举行期间，海信通过上述社交媒体实现与球迷的深度互动，鼓励球迷利用#HisenseQuest 话题上传图片、视频。"追求荣耀"微网站公布所有比赛信息，并将球迷们在推特、Instagram 和 Facebook 上传的内容评选出用户最佳奖项。

（3）新闻媒体

从 2016 年 1 月获取欧洲杯赞助权益开始，海信便连续通过一系列新闻发布会以及"海信电视·中国第一"的媒体争议来对此次事件营销活动推波助澜。海信还推动全国 80 多家地方纸媒、四大门户网站使用海信 Logo 露出的图片。重要的是，6 月 11 日晚、7 月 11 日晚央视新闻联播均报道了海信赞助欧洲杯，海信在其官方微博、微信上对此进行了转发。

（4）利用名人效应

在欧洲杯期间，海信联合新浪微博推出自制足球脱口秀《黄家欧洲杯》，共分为 24 期，贯穿欧洲杯全赛程，由知名足球评论员黄健翔为中国球迷带来最专业、最犀利、有趣的评球节目，为球迷们打造一场视听盛宴。赛事期间，董卿、崔永元、董路、贺卫方、田亮、叶一茜、水皮等社会名人通过微博及各类媒体对海信在欧洲杯的表现进行了点评。海信也适时抓住这些名人的点评，通过官方微博、微信转发扩散，利用名人效应扩大欧洲杯的影响范围。此外，海信还抓住沙奇里的霸气倒钩露出容声广告的瞬间，策划"容声倒钩"话题，引起全民热议。

（5）设立海信欧洲杯球迷酒吧

海信在上海、深圳、青岛、广州、长沙、南京、天津、沈阳、大连等12座城市设立了"海信欧洲杯球迷酒吧"，让广大球迷在享受欧洲杯精彩赛事的同时还能有机会获得海信科龙"世界看海信容声"的专属优惠，例如消费达到一定金额可获得现金抵扣券，据此购买海信冰箱和容声冰箱等产品可直接抵扣现金。此外，海信还向球迷赠送"2016欧洲足球锦标赛官方赞助商"纪念衫。

3. 借势欧洲杯实现销量飙升

（1）与法国知名家电卖场 Boulanger 合作

海信赞助欧洲杯的消息传出之后，法国知名家电卖场 Boulanger 主动伸出了橄榄枝，深度参与海信赞助的欧洲杯赛事。Boulanger 向280万固定用户群发5次邮件，将海信的促销行为告知消费者。凡是在欧洲杯期间购买海信电视，均有可能通过抽奖获得不同比赛的门票。这一促销方式促进了海信的销量迅猛增长。

（2）多品类配合促销

借助海信赞助欧洲杯的声势，海信冰箱、海信空调、科龙空调、容声冰箱、海信电视相互配合发动市场促销新战役，如图4-4所示。活动期间，海信设置了购海信产品享欧洲杯豪华版套餐，送法国欧洲杯决赛门票；购海信欧洲杯普惠版套餐，买四免一，四件家电中价格最低的一件直接免单；凡购买海信家电指定机型中任意两件产品（彩电、冰箱、空调、洗衣机、冷柜），第二件即可享受半价优惠等一系列营销"组合拳"来促进销量的增长。

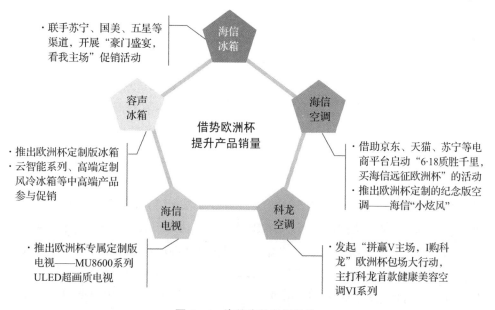

图4-4　海信产品促销活动

93

4.1.5 欧洲杯中的"黑马"神话

"2016 欧洲杯最大的冷门是巴西被淘汰，最大的黑马是海信的广告。"这个火遍网络的段子形象地表达了海信在欧洲杯中的出彩表现。在 2016 年 7 月 15 日举行的"欧洲杯营销总结媒体沟通会"中，海信公布了欧洲杯营销的相关数据，并直言"收益超过想象"。

1. 收益之"量"变

（1）赞助商权益收益

海信通过顶级赞助商的权益获得了极高的曝光量，见表 4-1。此外，还有球迷装备、印有海信 Logo 的观众物料提供、欧洲杯展示专列以及遍布法国的海信 Logo 展示，这些方式都在无形中提高了海信的曝光量。

表 4-1　海信赞助商权益收益

权益	曝光量
赛场广告	海信电视累计曝光 816 次，累计时长 408 分钟
	容声冰箱曝光 16 次，时长 8 分钟
比分弹窗	露出海信 Logo 累计 2142 秒
比赛发布会背板	500 场赛事发布会露出海信 Logo
欧足联的官方平台	累计浏览量为 8731 万
FANZONE 广场	到达球迷 331 万人次

（2）电视收视权益

在欧洲杯期间，全球 230 个电视台对赛事进行了直转播，累计 70 亿人次观看。在电视收视方面，国内和国外都取得了骄人的成绩。根据欧足联提供的数据，截至 2016 年 7 月 10 日，法国、德国、意大利等 5 个被统计的国家电视受众累计为 18.76 亿人，现场观众累计 182 万人。在中国，中央电视台直播累计覆盖 4.24 亿受众，全部 51 场赛事的平均收视率为 1.203%。虽然决赛在凌晨 3:00，但依然挡不住国内球迷的热情，平均每分钟有 714 万人观看，收视率高达 1.934%，这个数据超央视王牌栏目《新闻联播》，也超过了上一届奥运会。

（3）新闻媒体收益

新闻媒体传播方面，海信也给出了满意的答卷。截至 2016 年 7 月 4 日，路透社、雅虎新闻、BBC 商业新闻、法国电视台网站 BFM. TV、法媒 Le Parisien、法国回声网、德国经理人等海外媒体报道带有海信标识的赛事新闻累计 2000 篇。在国内方面，从 2016 年 1 月获取欧洲杯赞助权益开始，海信品牌部累计发布新闻 7591 篇次。海信还推动全国 80 多家地方纸媒使用海信露出图片超过 170 次，4 大门户等网站累计使用海信提供独家照片约 100 次，媒体被动使用海信 Logo 露出图片不计其数。与此同时，6 月 11 日晚、7 月 11 日晚央视新闻联播均报道了海信，这无形中扩大了海信在媒体新闻传播方面的收益。

（4）社交媒体

国内外社交媒体的巧妙运用放大了海信的品牌传播效果，各类社交媒体平台都带给海信极高的曝光量，为海信的品牌传播贡献了巨大的力量，见表4-2。

表4-2　海信赞助欧洲杯社交媒体宣传成绩汇总

社交媒体		成绩
国外社交媒体	Facebook	曝光量1050万次
	Twitter	曝光量690万次
	其他	#Feeleverything话题量达2050万个，相关内容引用9716次
国内社交媒体	腾讯体育	累计浏览量超过1.5亿次
	微博	#欧洲杯#话题阅读量达34.6亿次
		赛事话题页面曝光量达10亿次
		名人微代言曝光量达6.35亿次
		微博信息流触发彩蛋曝光量达1.44亿次
		微博私信品牌曝光量达3.01亿次
		微博开机曝光量达3238万次
	今日头条	曝光量达36.43亿次
	新浪体育	累计曝光量达1696万次，海信Logo露出超40亿次
	《黄家欧洲杯》	播放量超600万次
	Minisite 竞猜、Baby call活动	参与人数4.8万人次，累计曝光4.94亿次
	百度阿拉丁、贴吧	球迷互动量达13.4万次，曝光量为6.69亿次
	斗鱼、网易直播	直播25次，累计时长100.5小时，累计覆盖人数达3871万人次
	部落	粉丝达到84592人，互动量达17.7万次，曝光量达372万次

2．收益之"质"变

在英国权威营销机构 Marketing Week 发布的欧洲杯赛事期间十大赞助商推广活动成效评估排名中，海信排名第三，超越了可口可乐，见表4-3。在尼尔森发布的欧洲杯广告植入效果排名中，海信排名第二，如图4-5所示。

表4-3 2016欧洲杯赞助商推广效果排名

赞助企业	收视点（points）
法国电信（Orange）	167
现代（Hyundai）	138
海信（Hisense）	129
可口可乐（Coca-Cola）	126
嘉士伯（Carlsberg）	118
阿塞拜疆国家石油公司（Socar）	116
阿迪达斯（adidas）	111
土耳其航空公司（Turkish Airlines）	106
麦当劳（McDonald's）	84
马牌轮胎（Continental Tires）	83

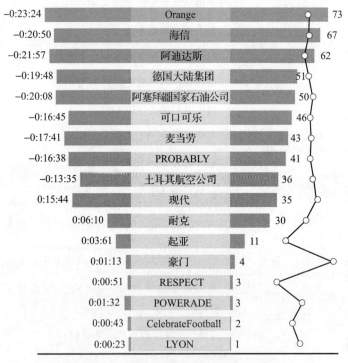

图4-5 2016欧洲杯广告植入效果排名

根据世界三大市场研究调查集团之一的益普索在全球11个国家的抽样调查显示：海信知名度在中国由80%提高到81%，在11个被调查的海外国家知名度由31%提高到37%。其中，英国、德国、法国、意大利、西班牙等欧洲五国海信认知度直接翻番。

巨大的曝光和品牌认知提升直接刺激了产品销售。在中国市场，海信销售额市场份额为18.74%，环比提高了1.87个百分点。在欧洲市场，海信电视2016年第二季度销量同比提高了 56%，环比增长了 65%；海信 43M3000 出货量为法国市场月度销量第一；德国 Amazon 网站，海信 65in 产品是 60~69in 单品销量第一名。

面对如此丰硕的成绩，法国最大的家电连锁电商平台 Darty 的 CEO 如此评价海信：凭借欧洲杯，海信跻身国际一流品牌，并在海外拉开了与中国同行的距离。

4.1.6　尾声——打造事件营销"套餐"

尝到了赞助欧洲杯的"甜头"之后，海信继续打造基于体育赛事赞助的事件营销"套餐"：作为国家体操队的合作伙伴，海信陪伴中国体操队员征战了里约奥运会；2016 年 7~9 月，海信成功赞助了第 11 届"斯里兰卡 VS 澳大利亚 2016 国家板球联赛"；欧洲杯结束后，海信再度打出足球攻势，赞助了埃塞俄比亚青年队、少年队夏季足球巡回赛。

2017 年 4 月 6 日海信高调宣布斥资近一亿美元赞助 2018 年俄罗斯世界杯，此次赞助刷新了海信赞助欧洲杯的纪录，成为其历史上最大手笔的一次事件营销活动。基于赞助欧洲杯的经验和教训，海信成立了专门的世界杯营销工作组来推动此次事件营销活动，广告的设计、营销活动的策划等方面将更具创新性，线上活动和线下活动的配合也将更加完善。海信方面表示，希望借此机会将海信在全球的知名度提高一倍，从而将海信塑造成世界级知名品牌。

看着海信渐成体系的体育事件营销活动，海信人都在憧憬着海信品牌的美好未来：在种类繁多、形式丰富的事件营销"套餐"的帮助下，海信将大大缩短在全球的"成长时间"，真正成为中国第一个跻身国际品牌榜的家电品牌……

4.2　案例使用说明

4.2.1　教学目的与用途

1）适用课程。本案例适用于整合营销传播、品牌管理。

2）适用对象。本案例主要为 MBA 和 EMBA 开发，适合有一定工作经验的学生和管理者学习。本案例还可以用于工商管理国际学员深度了解中国企业营销活动的特点。

3）教学目的。本案例的教学目标是要求学员掌握以下三点。

①如何分析、评估和决策一项事件营销。掌握事件营销的决策分析模型，能够基于事件营销的决策分析模型，提炼出事件营销的决策要素并做出决策。

②如何有效实施事件营销的整合营销传播。掌握整合营销传播的基本理论和方法，并运用到事件营销的整合营销传播中。

③如何评价体育事件营销的实施过程和效果。掌握评价体育事件营销的 RCIC 模型，能够基于该模型评价事件营销的实施过程与效果，以及如何对企业的后续事件营销活动进行改进和提升。

4.2.2 启发思考题

1）请结合案例分析海信集团赞助欧洲杯的核心目标是什么。

2）请分析欧洲杯这一事件具备哪些特点，赞助欧洲杯对海信有什么积极影响和潜在的消极影响。

3）如果你是海信的决策层，你将如何决策是否赞助欧洲杯？为什么？

4）请结合消费者认知过程，分析海信在赞助欧洲杯的事件营销中是如何开展整合营销传播的。

5）请根据体育事件营销中的 RCIC 模型，对海信赞助欧洲杯的事件营销进行评价。如果你是海信的决策层，你认为还有哪些方面应当改进？

4.2.3 分析思路

教师可以根据自己的教学目的灵活使用本案例。这里提供了本案例分析逻辑路径图，如图 4 -6 所示，帮助教师引导案例课堂分析思路，仅供参考。

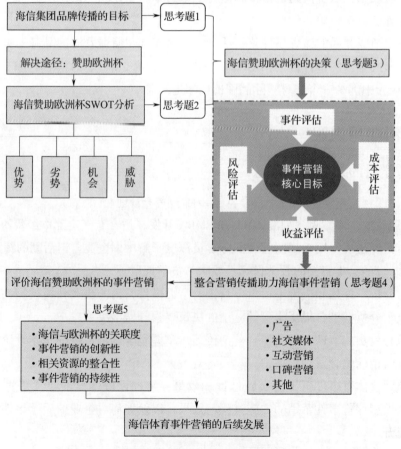

图 4 -6 案例分析逻辑路径图

以上逻辑路径中的 5 道思考题的具体分析思路如下。

思考题 1 的分析思路：结合案例材料，通过分析海信集团的发展现状及其品牌传播目标，总结提炼出海信决定赞助欧洲杯的核心传播目标。

思考题 2 的分析思路：在面临是否赞助欧洲杯的决策时，海信需要先明确赞助欧洲杯对海信有什么积极作用和潜在的消极作用。因此，教师首先引导学生结合案例材料归纳出欧洲杯这一事件具有什么特点，然后利用事件评估的 SWOT 分析方法，分析赞助欧洲杯的优势、劣势以及可能为海信带来的机会和威胁，从而明确赞助欧洲杯对海信发展的积极影响和潜在的消极影响。

思考题 3 的分析思路：在思考题 1 和 2 的基础上，结合案例材料，根据事件营销的决策分析模型，教师引导学生围绕海信事件营销的核心传播目标，从事件评估、风险评估、成本评估和收益评估四个方面建立赞助欧洲杯的决策分析模型，最终做出决策。

思考题 4 的分析思路：教师应帮助学生了解整合营销传播的含义，引导学生基于消费者认知过程将案例中的海信赞助欧洲杯的所有营销策略进行串联，使学生对海信的营销策略整体布局有一个完整的认知。从整合营销传播的思路出发，引发学生讨论为什么必须要进行营销传播策略的整合以及如何进行整合营销传播。

思考题 5 的分析思路：在思考题 4 的基础上，结合案例材料，基于体育事件营销中的 RCIC 模型，教师引导学生讨论海信赞助欧洲杯的关联度、创新性、整合性和持续性四个方面的内容，明确海信在这四个方面所取得的成绩以及不足，从而完成对海信赞助欧洲杯的评价以及确定哪些方面该如何改进。

4.2.4　理论依据及问题分析

1. 思考题 1 的问题分析

问题：请结合案例分析海信集团赞助欧洲杯的核心目标是什么。

分析：结合案例材料，海信希望继续提升其在全球范围的品牌知名度，从而实现三年内"大头在海外"的发展目标。此外，国内消费者对海信的品牌认知度不清晰，海信希望提升国内消费者的品牌认知度，继续拓展国内市场份额。基于以上两点，海信意在通过赞助欧洲杯提升海信在国际市场的品牌知名度，以及提升其在国内市场的品牌认知度，如图 4-7 所示。

图 4-7　海信赞助欧洲杯的核心营销传播目标

2. 思考题 2 的理论依据及问题分析

（1）思考题 2 的理论依据

事件评估的 SWOT 分析事件营销中事件评估的 SWOT 分析不同于传统企业内外部环境的 SWOT 分析，主要是对企业拟赞助事件的优势（Strengths）、劣势（Weaknesses）以及赞助该事件为企业带来的机会（Opportunities）和威胁（Threats）四个方面进行的分析（图 4-8）。通过事件评估的 SWOT 分析，可以帮助企业清晰地把握事件营销活动的全局，分析事件存在的优势与劣势，把握该事件带来的机会，防范可能存在的风险与威胁。

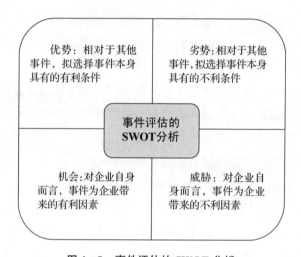

图 4-8　事件评估的 SWOT 分析

（2）思考题 2 的问题分析

问题 1：请分析欧洲杯这一事件具备哪些特点。

分析：教师首先引导学生明确，海信赞助欧洲杯是一项基于体育赛事赞助的事件营销活动。然后结合案例材料，分析欧洲杯具备的特点，要点如下。

①欧洲杯属于世界顶级体育赛事，预计现场观众 1100 万，全球 167 个国家电视台将进行直播，每场比赛电视观众为 1.47 亿人，累计收看人数将达 66 亿，影响力巨大且范围广泛。

②2016 年欧洲杯在法国举行，法国所隶属的欧洲地区拥有数量庞大的球迷。

③欧洲杯具有悠久的历史，自 1960 年开始举办，在 2016 欧洲杯之前已经成功举办了 14 届，观看欧洲杯已成为全世界的习惯。

④欧洲杯体育赛事倡导激情活力、积极向上。

问题 2：请分析赞助欧洲杯对海信有什么积极影响和潜在的消极影响。

分析：通过问题 1 的分析，学生明确了欧洲杯所具备的特点，然后引导学生结合这些特点利用事件营销的 SWOT 方法分析海信赞助欧洲杯的优势、劣势、机会和威胁（图 4-9），从而明确此次赞助对海信的积极影响和潜在的消极影响。

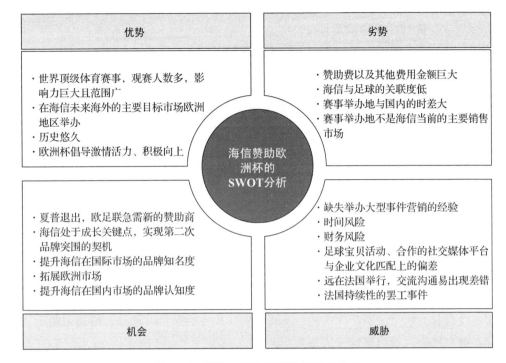

图 4 - 9　海信赞助欧洲杯的 SWOT 分析

　　通过事件评估的 SWOT 分析，我们可以得出赞助欧洲杯对海信的积极影响：不仅可以帮助海信快速提升国际知名度，打开欧洲市场，还能帮助海信提升和明晰国内消费者对海信的品牌认知度。这些积极的影响可以帮助海信进入一个新的成长阶段。除了上述积极的影响外，赞助欧洲杯也存在潜在的消极影响：巨额的赞助费用及营销费用为海信带来了财务压力；有限的时间、大型事件营销经验的不足、与承办国可能的沟通差错以及罢工事件也为此次赞助带来了严峻的考验。

3. 思考题 3 的理论依据及问题分析

（1）思考题 3 的理论依据

　　事件营销的决策分析模型。在决策一项事件营销时，企业需要对此营销活动进行全面的评估，可采用如图 4 - 10 所示的决策分析模型。

　　事件营销的核心目标：任何一项事件营销活动都有明确的核心目标，因此，决策事件营销的第一步就是要确定核心目标，后续的分析评估均围绕这一核心目标展开。

　　事件评估：事件评估是事件营销决策的基础。请参考思考题 2 中的事件评估的 SWOT 分析，主要分析事件性质及影响范围、事件受众、事件参与媒体和附加价值四个方面。

　　风险评估：事件营销是一把"双刃剑"，虽然它可以短时间内为企业带来巨大的关注度，但若操作不当，也会为企业带来非常致命的打击。因此，企业需要评估事件营销可能存在的风险，可从以下四个方面进行分析。

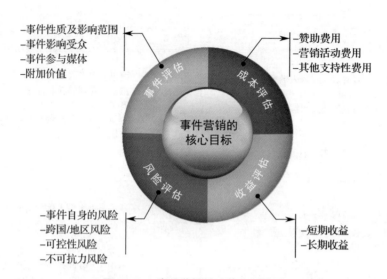

图 4 – 10   事件营销的决策分析模型

①事件自身的风险。事件的内涵、发展趋势以及传播媒介的选择、传播中的干扰因素等都存在潜在风险，威胁事件营销效果。

②跨国/地区风险。这种风险来自因文化、法律、风俗习惯等方面的差异，当事件不在本国/本地区举行时，企业尤其需要注意这种风险。

③不可控性风险。这种风险主要来自传播媒介的不可控制性和受众对传播内容的理解程度的不可控性。

④不可抗力风险。这种风险指不可预见的、无法避免的风险，包括某些自然现象（如地震、台风、洪水、海啸等）和某些社会现象（如罢工、战争等）。

成本评估：既包括赞助费用，也包括围绕事件营销活动进行其他营销沟通活动促进赞助效果的成本，以及其他可能的支持性费用。

收益评估：包括短期的市场、财务与品牌收益，例如品牌认知度和知名度的提升、市场份额、销售额、净利润的增长；也包括长期收益，例如塑造品牌形象、形成强势的品牌资产、提升品牌价值等。

（2）思考题 3 的问题分析

问题：如果你是海信的决策层，你将如何决策是否赞助欧洲杯？为什么？

分析：由于赞助欧洲杯是一项非常重要的决策，海信需要对其进行谨慎评估后做出决策。在决策时，海信既要考虑到事件本身的影响力以及潜在的风险，也要审慎评估成本与收益，建立事件营销决策分析模型（图 4 – 11），从而做出理性的事件营销决策。

基于以上决策分析模型，海信结合企业的发展目标，分析了赞助欧洲杯的事件评估和收益评估能在多大程度上达成核心目标，又权衡了企业能否应对可能的风险以及是否有能力承担赞助成本后，最终迅速决策赞助欧洲杯。

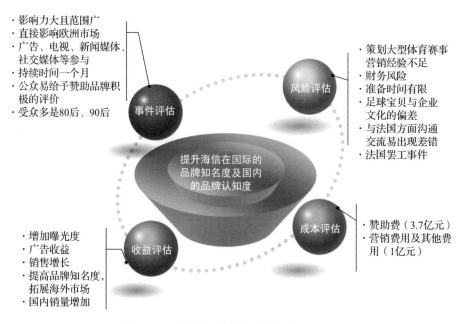

· 影响力大且范围广
· 直接影响欧洲市场
· 广告、电视、新闻媒体、社交媒体等参与
· 持续时间一个月
· 公众易给予赞助品牌积极的评价
· 受众多是80后、90后

事件评估

风险评估

· 策划大型体育赛事营销经验不足
· 财务风险
· 准备时间有限
· 足球宝贝与企业文化的偏差
· 与法国方面沟通交流易出现差错
· 法国罢工事件

提升海信在国际的品牌知名度及国内的品牌认知度

· 增加曝光度
· 广告收益
· 销售增长
· 提高品牌知名度，拓展海外市场
· 国内销量增加

收益评估

成本评估

· 赞助费（3.7亿元）
· 营销费用及其他费用（1亿元）

图 4 – 11　海信赞助欧洲杯的决策分析模型

4. 思考题 4 的理论依据及问题分析

（1）思考题 4 的理论依据

1）整合营销传播的相关理论已经在本书的 3.2.4 中的第 5 部分有所阐述，此处不再详述。

2）消费者决策过程的相关理论已经在本书的 3.2.4 中的第 3 部分有所阐述，此处不再详述。

（2）思考题 4 的问题分析

问题：请结合消费者认知过程，分析海信在赞助欧洲杯的事件营销中是如何开展整合营销传播的。

分析：海信按照消费者认知的各个阶段，有侧重点地使用不同品牌传播策略组合实现整合营销传播的目的。结合案例材料，海信为消费者认知、情感、行为三个阶段中的主要传播目标设定了相应的整合传播方案，如图 4 – 12 所示。

在消费者的认知阶段，海信通过告知性的策略，如举行发布会、发布吉祥物、花式足球宣传片等，提高消费者对海信赞助欧洲杯的知晓程度。为了让消费者从认知阶段过渡到情感阶段，海信通过定位"第一、最好"的赛场广告、社交媒体的运作、设立"海信欧洲杯球迷酒吧"等营销策略，促进消费者对海信产生积极的情感。在行为阶段，海信通过配合渠道推动性的策略，策划讨论性的话题来引导消费者转发评论，进而促进消费者购买海信的产品，并且传播海信的正面口碑。

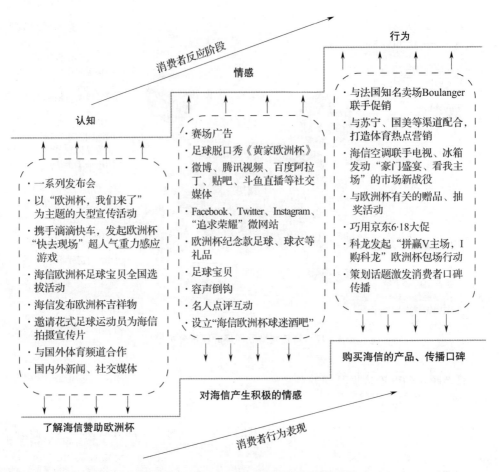

图 4 – 12　海信赞助欧洲杯的整合传播方案

5. 思考题 5 的理论依据及问题分析

（1）思考题 5 的理论依据

RCIC 模型。RCIC 是 Relevancy（关联度）、Creation（创新性）、Integration（整合性）、Consistency（持续性）四个单词的缩写。这四项要素是在总结体育营销成功案例的基础上提炼出来的四个关键维度。RCIC 模型从关联度、创新性、整合性、持续性四个相互连贯的逻辑层面出发，通过精准地找到企业与体育载体的关联点，运用创新模式和策略，借助整合实现资源利用率最大化，并持续跟进促进循环效应，促使企业的体育事件营销活动取得成功（图 4 – 13）。在一项体育事件营销活动结束后，企业通过评价关联度、创新性、整合性、持续性四个

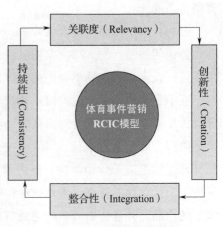

图 4 – 13　RCIC 模型

模块是否得以精确地落实来对其体育事件营销活动进行综合评价，从而积累经验与教训，以备后续进行不断的改进、提升。

①关联度：指企业的产品/品牌与企业所赞助的体育赛事之间的关联程度，这是企业做好体育事件营销的关键所在。成功的体育事件营销应该是将体育精神和企业的品牌文化深度融合的整合营销，而不是简单地将企业与体育赛事捆绑在一起。在评估关联度时，企业可以从企业产品、企业品牌、企业文化、体育载体选择性为切入点进行评估。

②创新性：指企业实施体育事件营销活动要从模式上推陈出新，力图让消费者眼前一亮，抓住其注意力。创新方面的评估可从体育载体的创新性分析（赛事选择）、体育载体资源运用方面的创新性分析、企业借助体育载体进行品牌推广策略的创新性分析等方面切入。

③整合性：整合是在创新性分析的基础上，通过体育事件营销实施情况将营销进程中涉及的资金、人力、媒体、社会活动等因素进行合理的配置，以达到资源的最有效利用。整合方面的评价对象包括资金、人力、媒体、社会活动等，以及体育载体和产品/品牌文化的整合，体育平台宣传和其他营销策略的整合，体育事件营销的前期、中期和后期不同阶段活动的整合。

④持续性：企业的体育事件营销是一项战略而非战术。体育事件营销的功效是通过长时间在体育领域的投入和经营来实现的，为此，企业应有长远的体育事件营销规划。体育事件营销活动的持续性包含两层含义：一是企业必须把体育事件营销作为一种长期性品牌战略来执行，在不同时期制定不同的具体策略；二是在某一体育赛事营销活动中企业必须持续跟进，如广告周期不断保持、继续保持对相关赛事的关注、组织后续的品牌推广活动等。

RCIC 四大模块之间存在内在的逻辑承接关系，是一个密不可分的整体，只有互相呼应紧密配合，才能促进企业的体育事件营销活动取得成功，如图 4-14 所示。在企业体育事件营销的前期阶段，企业应当找出企业和体育赛事之间的联系，找准营销定位；在体育事件营销的实施过程中，创新性的营销模式以及各项资源的整合利用保证体育事件营销活动的顺利展开；持续性体现了体育事件营销是企业的一项战略，需要将这一原则在企业全局中予以贯彻。

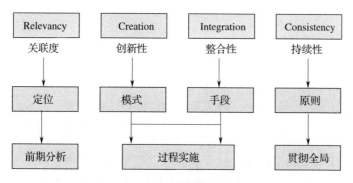

图 4-14 RCIC 模型四要素之间的关系

因此，企业在评价其体育事件营销活动时，可以按照 RCIC 四个模块之间的逻辑关系依次对每个模块进行评价：企业在前期分析有没有找到企业与体育载体间的最佳关联点，从而找准企业体育事件营销的定位？企业在体育事件营销活动的实施阶段有没有对企业及产品进行立体式的分析，找到最有效开展体育事件营销的突破口，运用创新的模式和强势的整合手段，全面开展体育事件营销过程实施，充分利用资源进行深度挖掘？企业有没有遵循持续性的原则，使整个体育事件营销过程实施效用循环不断扩大？

（2）思考题 5 的问题分析

问题 1：请根据体育事件营销中的 RCIC 模型，对海信赞助欧洲杯的事件营销进行评价。

分析：海信赞助欧洲杯是一项基于体育赛事赞助的事件营销活动，因此可以采用体育事件营销中的 RCIC 模型进行评估。结合案例材料，通过 RCIC 模型分析海信赞助欧洲杯这一体育事件营销活动在关联度、创新性、整合性、持续性四个方面的表现，如图 4－15 所示。

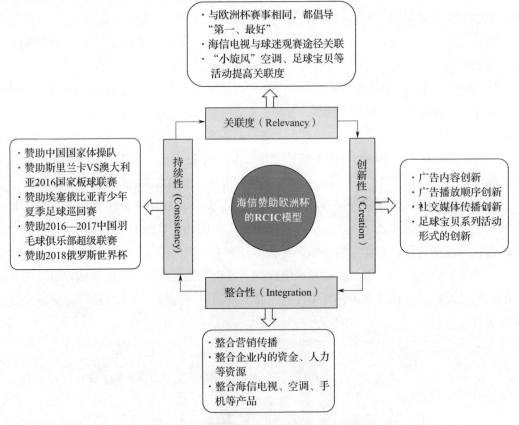

图 4－15 海信赞助欧洲杯的 RCIC 模型分析

海信在前期分析中通过"第一、最好"的定位找出了与欧洲杯的最佳关联点，并通过海信电视、"小旋风"空调、足球宝贝等提高与欧洲杯的关联度。在实施阶段，运用广告内容、广告播放顺序创新以及采用形式内容新颖的社交媒体营销策略、足球宝贝系列活动，在此过程中，整合了企业的各项资源保证此次赞助活动的顺利展开。在海信内部，已经把体育事件营销看作集团的一项战略活动，通过继续赞助体操、足球等体育团体和赛事，使整个体育事件营销过程实施效用循环不断扩大。因此，此次海信赞助欧洲杯的事件营销活动属于成功的典范。

问题 2：如果你是海信的决策层，你认为还有哪些方面应当改进？

分析：通过采用 RCIC 模型对海信赞助欧洲杯的体育事件营销活动进行了综合的分析评估之后，可以发现海信未来体育事件营销可以改进的地方。

①关联度方面：海信还需要继续寻找与体育赛事（如体操、羽毛球、足球等）的融合点，将企业文化、品牌文化更加完美地融入体育赛事所传达的精神和文化中。

②整合性方面：由于此次赞助准备时间短暂，所以集团内部的分工还有待细化；线下营销活动需要深入和加强，从而与线上营销活动相互配合。

③持续性方面：在欧洲杯结束后，海信还可以继续挑起欧洲杯的话题，来延续欧洲杯的热度。

4.2.5　背景信息

海信集团成立于 1969 年，始终坚持"诚实、正直、务实、向上"的核心价值观和"技术立企、稳健经营"的发展战略，把坚持技术创新作为企业发展的根基。经过多年的发展，海信电视、海信空调、海信冰箱、海信手机、科龙空调、容声冰箱全部当选中国名牌，海信变频空调市场占有率曾连续十三年位居全国第一，容声冰箱市场占有率曾十一年获得全国第一。2006 年，容声冰箱还获得由联合国开发计划署、全球环境基金、国家环保总局联合颁发的"节能明星大奖"，成为全球冰箱节能技术的领军品牌。

自 2006 年起，海信开始实施自主品牌国际化战略，进军国际市场。海信通过稳步运作，逐渐建设全球范围的市场网络，具体包括北美市场（以美国为中心）、西欧市场（以意大利为中心）、中欧市场（以俄罗斯为中心）、澳大利亚市场（以澳大利亚为中心）、拉美市场（以巴西为中心）、非洲市场（以南非为中心），从而建立一个国际化的海信。

4.2.6　关键要点

①企业在决策是否进行一项事件营销/体育营销时，需要围绕核心传播目标，综合考虑事件评估、风险评估、成本评估和收益评估四个方面因素，权衡之后做出决策。

②强调整合营销传播的概念，对于传播策略不能割裂地看，要理解在不同时间段的传播策略，以及同一时间段不同传播策略间的内在联系，对海信赞助欧洲杯的整合营销传播思路进行梳理。

③RCIC 模型是评估事件营销/体育营销的有效工具，企业可从关联度、创新性、整合性、持续性四个逻辑层面出发，反思和评价事件营销/体育营销的效果。

4.2.7　建议的课堂计划

本案例适用于"事件营销""体育营销""整合营销传播"等课程的案例讨论。由于不同课程的理论要求点不同，也可以在不同课程上选择不同的思考题进行分析讨论。此外，本案例也可作为专门的案例讨论课来进行。

我们建议将此案例用于 150 分钟的课堂讨论，图 4 – 16 是教学板书主要内容，表 4 – 4 是按照时间进度提供的课堂计划建议，仅供参考。

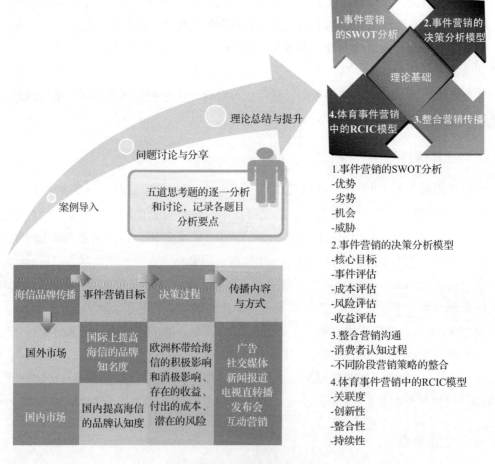

图 4 – 16　教学板书主要内容

表 4 – 4　建议的课堂计划

时间安排	主要内容	具体时间分配	具体活动
5 分钟	课前准备	（5 分钟）	发放教学案例和相关资料，完成小组分组
20 分钟	案例导入	（3 分钟）	教师开场语，介绍案例价值和案例教学特点
		（5 分钟）	播放视频"2016 欧洲杯中的海信剪影"
		（12 分钟）	学生自主阅读案例

（续）

时间安排	主要内容	具体时间分配	具体活动
95 分钟	案例问题研讨	（5 分钟）	学生对思考题 1 进行分组研讨
		（5 分钟）	学生对思考题 1 进行分组汇报。然后教师将学生观点列在黑板上，并就学生观点结合理论知识点进行讲解
		（5 分钟）	学生对思考题 2 进行分组研讨
		（5 分钟）	学生对思考题 2 进行分组汇报。然后教师将学生观点列在黑板上，抛出事件评估的 SWOT 分析方法，就学生观点结合理论进行讲解
		（10 分钟）	学生对思考题 3 进行分组研讨
		（15 分钟）	学生对思考题 3 进行分组汇报。然后教师将学生观点列在黑板上，抛出事件营销的决策分析框架，就学生观点结合理论知识点进行讲解
		（10 分钟）	学生对思考题 4 进行分组研讨
		（15 分钟）	学生对思考题 4 进行分组汇报，教师向学生讲解整合营销沟通和消费者认知过程的理论，将学生观点列在黑板上，就学生观点结合知识点进行讲解
		（10 分钟）	学生对思考题 5 进行分组研讨
		（15 分钟）	学生对思考题 5 进行分组汇报，教师使用体育事件营销中的 RCIC 模型的框架，将学生观点列在黑板上，就学生观点结合知识点进行讲解
25 分钟	案例总结	（25 分钟）	对案例的知识要点再次进行描述和总结
	课后总结		请学生分组就有关问题的讨论进行分析和总结，并写出书面报告，目的是巩固学生对案例知识要点的理解

参 考 文 献

［1］朱小明，张勇. 体育营销 ［M］. 北京：北京大学出版社，2006.

［2］普利司通. 事件营销 ［M］. 陈义家，郑晓蓉，译. 北京：电子工业出版社，2015.

［3］克洛，巴克. 广告、促销与整合营销传播：5 版 ［M］. 应斌，王虹，等译. 北京：清华大学出版社，2012.

［4］科特勒，凯勒. 营销管理：14 版 ［M］. 王永贵，于洪彦，译. 上海：格致出版社，2012.

［5］瓦雷. 营销传播：理论与实践 ［M］. 范红，译. 北京：清华大学出版社，2011.

种下自主品牌的种子——海信自主品牌国际化的战略决策[⊖]

一个品牌要成为真正意义上的国际化品牌，国际市场份额是一个重要的参考指标。海信集团在国际市场上发展自主品牌已经有 20 多年的历史，海信电视市场份额稳居中国第一、南非第一、澳大利亚第一、全球第三。本案例描述了海信集团从最初简单出口贸易发展成为南非知名品牌的整个过程，真实地揭示了海信自主品牌国际化的动因、品牌国际化战略制订及国际品牌运作的决策过程。该案例能够让读者学习到品牌国际化的决策思路和分析方法。

5.1 案例正文

5.1.1 引言

作为中国企业出海的典型代表，海信自主品牌的国际化运营成果显著。2017 年，海信集团海外收入 39 亿美元，同比增长 22.3%，其中自主品牌收入 19.8 亿美元，同比增长 19.63%。在市场开拓方面，海信取得了不凡的成绩：在南非市场海信冰箱和电视占据市场第一；在澳大利亚市场海信冰箱和电视市场占有率第一；在美国市场海信是唯一以自主品牌进入主流销售渠道的中国品牌；在欧洲市场海信电视销量进入前三，并呈现两位数高速增长态势；在日本市场也是日本本土品牌之外市场份额最大的品牌。在国际品牌建设方面，海信成功塑造了全球知名品牌：2015 年中央各大媒体集中针对海信依靠技术创新加快推进国际市场的"中国品牌故事"展开重点报道，焦点访谈的《创新创品牌》专题对海信的品牌国际化成果进行深度分析；2018 年，在中国外文局对外发布的《中国国家形象全球调查报告》中，海信连续三年成为海外民众最熟悉的排名前十位的中国品牌，连续两年位居 Brand 中国出海品牌十强，海信获评"成长最快的家电品牌"。韩国电子信息通信产业振兴会发布的《家电产业现状和展望报告书》显示，2017 年中国制造的家电占全球产量的比例约 56.2%，这体现了中国制造的实力，而让世界重新认识中国品牌，海信正在

⊖ 本案例由北京理工大学管理与经济学院马宝龙、胡智宸、王月辉、吴水龙、高昂撰写。案例来源：中国管理案例共享中心，并经该中心同意授权引用。本案例是 2018 年全国百优重点案例系列案例一。

扮演越来越大、越来越强的角色。

在中国家电企业于全球市场中全面崛起时，2013 年习近平总书记分别提出建设"新丝绸之路经济带"和"21 世纪海上丝绸之路"的倡议，2015 年国家发展改革委、外交部、商务部联合发布了《推动共建丝绸之路经济带和 21 世纪海上丝绸之路的愿景与行动》。"一带一路"倡议的提出，为中国家电企业的国际化运作带来巨大发展空间。与此同时，差异化的市场和竞争环境、多样化的风险使得企业在品牌国际化发展的道路中也面临诸多挑战。

早在 20 世纪 90 年代初期，海尔、海信、TCL、创维、长虹等一批优秀的中国家电企业对品牌国际化进行了积极的探索，而海信凭借其敏锐的市场嗅觉、缜密的环境分析、刻苦的探索精神、领先的技术优势和稳健的企业文化逐步走出了充满海信特色的品牌国际化之路。那么海信从发展中国家到发达国家的品牌国际化路径选择是如何做出的？想要发展自主品牌的企业应该如何选择最佳的品牌国际化时机？应该如何选择合适的国际区域市场？在各区域市场应该如何进行品牌运作？以及企业应该在何时开展全球性的品牌传播？这些问题是"一带一路"倡议的背景下中国企业国际化进程中需要重点思考和决策的问题，而海信的成功经验为其他企业提供了借鉴思路和决策依据。

5.1.2　海信——绽放在世界花园的中国品牌

1. 海信集团与海信品牌

海信集团有限公司成立于 1994 年 8 月 29 日，其前身是青岛电视机总厂，创立于 1969 年，原名青岛市无线电二厂。海信集团成立之初，就将集团发展目标定位为：依靠科技与人才，把海信建设成为世界知名的跨国公司。

目前，海信旗下拥有海信电器和科龙电器两家在沪、深、港三地上市的公司，拥有海信（Hisense）、科龙（Kelon）和容声（Ronshen）三个中国驰名商标，形成了以数字多媒体技术、智能信息系统技术、现代通信技术、绿色节能制冷技术、城市智能交通技术、光通信技术、医疗电子技术、激光显示技术为支撑，涵盖多媒体、家电、IT 智能信息系统的产业格局。此外，海信还是国家首批创新型企业，国家创新体系企业研发中心试点单位，中宣部、国务院国资委推举的全国十大国企典型，分别于 2001 年和 2010 年两次获得"全国质量奖"，2011 年荣获了"亚洲质量卓越奖"，2013 年获得"首届中国质量奖提名奖"，2016 年荣获国家质检总局 2016 中国品牌价值自主创新第一名；海信始终坚持"诚实、正直、务实、向上"的核心价值观和"技术立企、稳健经营"的发展战略，以优化产业结构为基础、技术创新为动力、资本运营为杠杆，持续健康发展。

从本土化经营、区域化生产，到设立海外研发机构，再到全球品牌建设，海信品牌国际化的步伐从未停止过，并不断加强渗透在全球范围内的品牌建设与传播。近年来，海信的全球国际化进程逐渐加速，继 2016 年以顶级赞助商身份赞助法国欧洲杯后，2018 年海

111

信又成为世界杯官方赞助商；2017 年 11 月，海信宣布收购东芝映像解决方案公司 95% 的股权，这是海信品牌国际化进程中的又一标志性事件。2017 年海信集团总销售收入达 1110.65 亿元，其中海外经营收入达 39 亿美元（折合人民币约 250 亿元），如图 5-1 所示。根据中怡康公司的统计数据，2004 年以来，海信电视的占有率在中国市场持续领先；根据国际调研机构 IHS 发布的 2017 年第二季度市场数据，海信的电视和空调产品出口额分别同比增长了 28.3% 和 34.4%，海信电视在全球 4K 电视、曲面电视等高端市场上表现突出，出货平均尺寸达到 47.4in，领跑全球大屏市场。

图 5-1 海信海外收入增长趋势图

资料来源：海信集团内部提供。

2. 海信品牌的全球布局

截至 2017 年海信已经形成了欧洲、南非、北美和澳大利亚四大核心区域市场的全球布局，在海外建有 18 个分公司实施本地化经营；在全球设有 12 个研发机构，在美国、日本、德国、加拿大、以色列等地设立了 7 处海外研发机构；在南非、墨西哥和捷克建立了海外生产基地实施区域化生产；海信海外分支机构覆盖北美、欧洲、澳大利亚、非洲、中东、东南亚等全球主要市场，主要产品已畅销全球 130 个国家和地区。

近年来，海信的国际化进程在不断加快。海信加大了全球体育营销力度，国际知名度迅速提升。IHS 数据显示，在全球电视总销量已经连续多季度下滑的背景下，海信却在海内外市场保持着逆势增长。2016 年 8 月，海信电视以 19% 的市场占比首次超过韩系品牌，在澳大利亚市场位列第一，成为有史以来第一个成功登顶澳大利亚电视市场的中国品牌。此后，海信电视连续拿下了南非、澳大利亚市场的销量第一，正式打破了日韩品牌长久的垄断局面。目前，海信电视市场份额排名中国第一，南非第一，澳大利亚第一，全球第三。

3. 海信品牌国际化的发展历程

海信作为中国首批"走出去"的企业之一，拓展国际市场以及品牌国际化一直是海信发展的重要战略。从 1994 年海信南非销售控股有限公司进入南非市场算起，海信的自主品牌国际化之路已经走了 20 余年，其品牌国际化历程可以分为四个阶段（图 5 - 2）。

①探索阶段：在 2001 年前，海信处于品牌国际化的探索阶段，海信主要专注于在国内市场上做大做强，同时有少量出口业务，主要出口方式是通过外贸公司代理出口产品。1996 年海信成立南非公司正式开始本地化品牌运作并取得成效，海信逐渐摸索并确立了建设国际化品牌的基本思路。

②发展阶段：2002～2007 年，海信将南非的品牌运作经验带到北美市场，并加大了国际自主品牌的建设力度，逐步开拓了澳大利亚和欧洲市场。

③巩固阶段：2008～2013 年，海信逐步实现在海外市场的本土化经营，开始在海外成立研发中心，加强渠道建设。在这一阶段海信集团高层进一步明确了要将海信品牌打造成为国际知名品牌的战略目标，并提出了海信未来发展大头在海外的全球化战略，将科龙的冰箱、空调等海外业务正式并入，成立了海信国际营销公司，构建了海外销售平台。

④腾飞阶段：2014 年之后，海信进入了品牌国际化的腾飞阶段，开始了大量的海外兼并与收购，通过赞助顶级体育赛事加强国际化品牌传播力度。

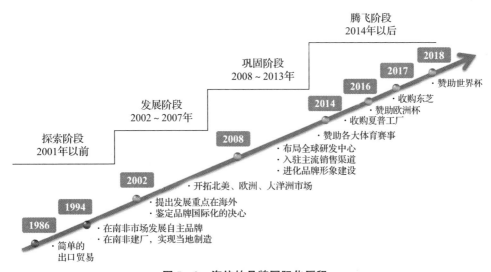

图 5 - 2　海信的品牌国际化历程

资料来源：作者根据海信集团内部资料及访谈数据整理。

海信的自主品牌国际化路径是首先进入中等发达的南非市场，而后进入北美、欧洲等发达国家市场。品牌国际化过程中，海信根据当地市场环境和自身能力在各区域市场选择了不同的品牌运作模式，在全球范围内既有原始设备制造（Original Equipment Manufacturing，OEM），也存在原始设计制造（Original Design Manufacturing，ODM）以及自主品牌业务（Original Brand Manufacturing，OBM）。在海信自主品牌国际化的不同阶段，海信根据不同的国际化区域市场特点和当时企业自身的能力选择了不同的品牌运作模式，走出了一条具有自身特色的自有品牌国际化之路。

5.1.3 海信走向国际市场的契机

海信集团在发展初期抱着首先在国内家电市场上做大做强的态度,将更多的资源和精力放在国内市场,1999年海信集团销售收入已突破100亿元。虽然在国际业务所分配资源相对较少,但海信已开始进行国际化的积极探索,并在各国际区域市场开展调研,不断积攒国际市场开拓和品牌运作经验。总体来说,海信自主品牌国际化的征程,是在海信积累了一定的出口经验,其资源与能力已经具备了进行国际化运作的基本条件,结合国际新兴市场展现出巨大潜力的背景下开始的。

1. 海信早期的出口贸易

在早期阶段海信主要采取两种出口贸易方式:一是由公司当时的进出口部直接联系国外客户进行自营出口方式,但进出口部只有两三个人,业务量很小;二是由其他外贸公司以代理方式进行出口,这也是当时主要的出口方式。此时由于自身的技术受限,海信的彩电发射信号还无法通过美国、德国、欧洲的音频发射一级标准;加上长期以来国际市场对中国产品的印象局限在食品、服装、工艺品上,对中国企业能否生产彩电等高科技产品持有怀疑态度。所以海信主要将产品出口到非洲、东南亚及中东等地,产品类型局限于黑白电视机,出口量也受专业外贸公司的控制。

1989年,海信的彩电在第一届首都国际博览会上获得金奖,也就是这一年,海信的14 in彩电出口到德国数万台。随后海信逐渐在广交会上拥有了自己的摊位,开始向国际客户展示自己的彩电产品。这一阶段是海信出口业务的开始,虽然年出口贸易额很小,但海信通过实践逐步积累了经验,并培养了海信第一批国际化运营的专业队伍。1994年海信集团成立后,海信开始通过山东省外贸公司代理出口产品,产品设计主要按照外商订单的要求来进行研制。海信早期的出口贸易收入如图5-3所示。

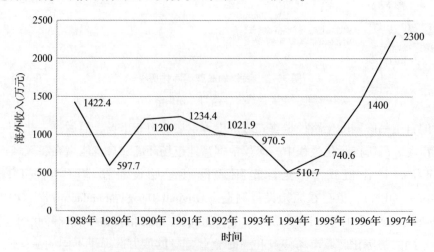

图5-3 海信早期的出口贸易收入(1988~1997年)

资料来源:作者根据海信内部资料整理。

这种出口模式一直延续到 1998 年，海信成立了进出口有限公司并统一管理出口业务。进出口公司成立后，海信逐步积累了一些国际客户。此时海信的主要客户来自印尼、南非、意大利等国家。通过初期的国际业务运营，海信发现国际市场虽然有风险，但是相对稳定与规范。于是，海信集团的管理者开始思考开发海外市场、在海外建厂进行本地化运营。

2. 海信国际化初期国内家电市场环境

20 世纪 90 年代中期，中国主要家电产品产量已经进入世界前列，不仅冰箱、洗衣机、电熨斗、电风扇、电饭锅等白电产品的产量居世界首位，电视机等黑电产品的产量也已进入世界前列[⊖]，并且彩电、冰箱、洗衣机、空调的年产量约占世界同类产品产量的五分之一。随着国内市场竞争的日益加剧，中国家电行业进入产业结构整合阶段，逐步从前期多而松散的企业结构向大型企业集团的方向迈进。到 1998 年，国内形成了以海尔、海信和 TCL 为代表的一批能够领导市场，具有一定品牌知名度和较高管理水平的家电企业，海信也在这一时期逐渐发展成为国内市场上的强势品牌，电视品牌认知度排名第一，见表 5 – 1 所示。至此中国家电行业已有 18 家企业销售收入超过 10 亿元，其中有 6 家企业出口超过 5000 万美元，中国家电产业总销售额实现了 1320 亿元，仅次于美、日两国，居世界第三位。据对中国 35 个城市百家大型商场家电产品销售情况的调查，在中国仅电视机就有 200 多个品牌，销量排名前十的都是国产品牌。

表 5 –1　海信国际化初期国内市场电视品牌认知率排名（1997 年）

序号	单位名称	猜中票数	认知率（%）
1	海信	12029	83.02
2	白象	11866	81.92
3	荣事达	11731	80.95
4	长虹	11482	79.23
5	康佳	11464	79.09
6	熊猫	11408	78.74
7	娃哈哈	11206	77.30
8	海尔	11134	76.88
9	小鸭	11000	75.91
10	美菱	10963	75.71

资料来源：1997 年 6 月 18 日《中国消费者报》举办的商标、徽标标识有奖竞猜活动结果。

⊖ 白电产品是指能减轻人们的劳动强度（如洗衣机）、改善生活环境、提高物质生活水平（如空调、电冰箱等）的电器；而黑电产品是指能带给人们娱乐、休闲的电器；也有人简单地认为"外壳是白色的电器就是白电，例如冰箱、洗衣机、冰柜等；而外壳是黑色的电器，应该就是黑电，如电视机等"。

此外，由于中国家电产业的生产效率以及生产成本已经具有国际领先水平，并且劳动力素质不断在提高，劳动力成本相对低廉，所以国际跨国家电企业纷纷将家电制造基地迁往中国，中国逐渐发展成为全球主要的家电制造基地。以日本的家电企业为例，三洋当时在中国有 38 个合资公司，松下有 41 个，日立有 64 个，东芝有 20 多个。同时，国内的家电企业相继度过高速成长期，进入平稳发展阶段，形成了供过于求的局面，品牌淘汰加快；加之原材料价格上涨等原因，大多数中国家电企业，特别是小企业的盈利能力出现不同程度的下降，国内家电市场趋近饱和。

3. 海信国际化初期国际家电市场环境

在 20 世纪 90 年代，世界范围内家电厂商呈现美、欧、日、韩四足鼎立的态势：美国的家电厂商主要立足于美国国内市场，同时通过直接出口、并购重组等方式开拓中南美市场；虽然欧洲本土的家电厂商实力较强，但也受到了中国小家电和韩国厨房用家电的较大冲击；日本本土家电厂商的竞争尤为激烈，其市场很难被国外厂商打开，并且日本家电厂商在亚洲主要扮演技术提供者的角色；鉴于日本家电企业主要占领相对高端的市场，韩国厂商则以低价策略向亚洲和欧洲市场开拓。这一时期中国家电市场的规模约为国际市场的 8%，国际家电市场销售额的年均增长率为 5%。中国家电产业的发展受国际家电发展趋势的影响较大，企业的出口量持续增加，许多海外新兴市场成为极具增长潜力的市场。

此时，中国制造的家电产品凭借高质量和低成本逐步在全球市场形成优势，中国本土企业将产品研发、销售的注意力开始转向利润较高的海外市场，俄罗斯、中东、非洲等国家和地区都是当时中国家电企业的重点拓展对象。虽然在海外的市场开发、产品生产等成本较高，但由于国内的进出口业务逐渐放开，中央及各地方政府相继出台了积极的对外贸易政策，对一些出口的家电企业实施补贴，加之海外市场大规模的订单需求进行成本摊销，中国家电企业在国际市场上产品生产销售的总成本低于国内，这也导致一些中国家电品牌开始在国际市场上进行激烈的价格竞争。在这一时期尽管海信已经具备了丰富的家电制造经验，许多家电产品和生产制造技术（特别是彩电和空调技术）已达到国际先进水平，并且通过原有的出口贸易，海信在南非、印尼等地具备一定的渠道和物流能力，但海信并没有盲目急于进行海外扩张，一方面在国内市场专心于本土品牌建设、积蓄竞争力量，另一方面海信在进行出口业务的同时密切关注海外市场动向，慎重谋划一个进入国际市场的最佳路径。

5.1.4 初探自主品牌国际化

1. 品牌国际化的首站：南非

1993 年，海信集团周厚健董事长和进出口部负责人一起出国进行了市场调研，在辗转考察了多个国家之后，周董对南非市场的印象最为深刻。

南非共和国位于非洲的最南端，国土面积约 122 万平方公里，是非洲最大的国家。与人们印象中贫穷的非洲国家相比，南非一点也不穷。作为整个非洲经济的领头羊，南非的市场空间广阔，具有较大的潜力，居民的消费水平较高，市场需求十分旺盛。由于是两代帝国主义殖民地（荷兰的开普殖民地、英国的开普殖民地、英国的南非殖民地），南非的基础设施十分完备，拥有非洲最好的交通网络以及排名世界前列的飞机场，其通信设施、金融体系等非常先进，与欧洲、北美等地国家相差无几。同时南非还是一个矿产资源大国，钻石和黄金产量均为世界第一，总体十分富裕。此外，南非是一个多元化的国家，除了当地居民，还有世界各国的人。

这次考察之后，海信进出口部开始了对南非市场的积极探索和开拓，并多次前往该市场进行调研，收集来的市场信息显示：海信之前出口的彩电产品基本符合南非市场的需求，且当地客户对彩电的需求量很大，与其他同类彩电产品相比，海信在性价比上具有一定的竞争力；同时由于海信的技术标准与发达国家相比仍然存在一定差距，海信也并没有在发达国家市场上积累充足的国际化运作经验和资源，所以海信集团内部将南非市场确立为实施品牌国际化战略的第一站，并希望借助于南非布局整个非洲市场。当年海信集团的战略规划报告中便提出："南非作为南部非洲的桥头堡，能够很好地将市场渗透到中部非洲甚至东部非洲，具有很强的辐射作用。另外，南非市场一旦形成，就可以与西非和北非市场遥相呼应，从而在整个非洲形成一个完整的市场网络。"

2. 在南非发展自主品牌

第一站进入南非市场的品牌国际化思路形成之后，海信马上开始了其开拓南非市场的实际行动。然而过程并非一帆风顺，在进入南非这个陌生市场时，由于语言不通、消费习惯以及文化理念的差异，海信在市场开拓时遇到了重重困难。为了战胜这些难题，海信南非公司的管理人员大约用 3 年时间，几乎走遍了约翰内斯堡的大小商店和连锁店，与普通的黑人售货员聊天，了解市场行情，并且宣传介绍了海信集团及海信产品，甚至邀请了南非一部分大连锁店的经理人员到海信的中国总部参观。这样，海信品牌逐渐获得了南非各连锁店及商场的信赖和认可，使得海信打开了南非市场。

1996 年，海信成立南非公司，成立之初，海信南非公司最需要解决的核心问题是：在南非市场应该如何发展品牌。与竞争激烈的美国、日本、欧洲等市场相比，当时南非知名的家电品牌较少，没有明显的行业领导者，只有一些日本品牌布局了高端市场，韩国家电企业的品牌竞争力也相对较弱。虽然当地市场的消费水平较高，但家电行业整体处于较不成熟的状态，其家电产品全部靠进口，家电产品价格较高，并且品牌可选择性小。由于南非市场规模较大，家电行业利润较高，行业内竞争程度较低，其他的一些中国家电企业在这一时期也开始在南非市场进行开拓。由于各种原因，这些中国企业并没有在南非发展自主品牌，而主要进行的是代工（OEM）业务。

而海信却认为虽然先做 OEM 业务能够在短期内迅速获得大量订单、实现利润、提升产量并站稳脚跟，但最终这些 OEM 业务形成规模之后，会与海信的自主品牌业务形成冲突。此外，在南非日本和韩国的家电企业实力较强，但存在价格差距，还有很大一部分的市场需求没有被满足，这给海信发展自主品牌留下了很大的发展空间；这些日本和韩国家电企业因为规模较大，海信在市场反应速度上具有明显的优势，凭借多年出口业务积累的经验，海信管理层确立了在南非发展自主品牌的战略。确定自主品牌战略后，海信在开普敦、德班两座城市设办事处，加强网点建设；公开高薪招聘当地的营销、管理人才，提高为海信服务的当地员工的层次，并且以 18in 电视产品作为主导产品，以避开当时竞争对手主推的 14in 和 21in 产品。

尽管印有海信品牌标识的电视源源不断地进入南非市场，但海信产品类型单一、彩电的供货量不足等限制了海信在南非市场的拓展速度。海信逐渐意识到只有在南非当地建立生产厂，制造并销售不同种类的家电产品，才能发展成为当地知名品牌，于是海信开始了在海外投资建厂的准备工作。1996 年，海信集团经过慎重的考虑和可行性分析，决定在南非投资组建电视机组装厂，并以此为基地进一步扩大海信空调、计算机等产品在当地的生产和销售，同时也带动了国内原材料和零部件的出口。1997 年，海信南非发展有限公司正式成立，其产品正式进入南非销售的主渠道和大型连锁店。此后，海信在南非的销量、销售收入和利润以平均每年 20%—30% 的速度增长，南非的各大连锁店都有海信的产品。

5.1.5 屹立在南非市场的中国品牌

1999 年，南非最有影响的《星报》登了一则消息，一向称雄南非市场的日本松下，韩国的三星、大宇电视的市场份额不断被一个名不见经传的海信彩电产品蚕食。市场人员对此评论为这是一个敢于跟白天鹅较劲的丑小鸭。2000 年，海信以较低的价格成功购买了韩国大宇在南非第一大城市约翰内斯堡高科技工业园区的工厂，并建立了一条现代化电视生产线，成为南非有史以来最大的现代化电视生产线。由于是中国企业在南非的第一次收购行为，海信引起了在南非投资的各国公司的广泛关注。2001 年 3 月，海信南非公司二期扩建工程顺利竣工，彼时中国驻南非大使王孝贤也亲往视察，海信产品在当地的生产能力大幅度提高，具有年产 30 万台以上彩电产品的生产能力。此后在南非市场上销售的海信电视品种在高、中、低三个档次上均大幅增加。

到 2001 年年底，海信电视在南非的市场占有率已经达到 10%，并且保持持续、良好的增长势头。海信品牌的 DVD、音响等在电视的带动下，成功进入南非几大全国性的连锁店，率先于中国的同类产品在国际上抢占了一席之地。至此，海信在南非真正实现了当地生产制造、当地运营销售，海信的产品也成功脱离"低价区"。

海信的家电业务在南非市场落地、生根、发芽之后，其品牌国际化发展进入到了一个新的高度。一方面，海信彩电出口形成规模，并相继开展了电视机以外其他家电产品的出口业务。这时的海信自营出口业务开始脱离了依托外贸公司的局面，出口地区拓展到欧洲、东南亚等地区（图 5-4），2004 年海信平板电视出货量仅欧洲市场就超过 6 万台；另一方面，海信南非公司一直坚持"近期为海信赚钱，远期为海信树立品牌"的经营方针，以彩电为主业，突出高端产品，不断扩大产品经营范围。海信南非公司多次被当地大型连锁店评为优秀供应商。海信南非公司的成功运作为海外投资建厂、属地化经营总结了经验，而作为海信品牌国际化的重要组成部分——海外投资建厂使海信的国际品牌运作变成了两条腿走路。

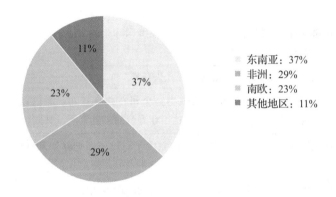

東南亚：37%
非洲：29%
南欧：23%
其他地区：11%

图 5-4　海信品牌国际化探索阶段对外出口地区分布（2000 年）
资料来源：作者根据海信集团内部资料整理。

　　伴随着南非公司的建立和本地化生产，海信开始以全新的面貌频繁出现在海外的展览会上。1997 年海信集团公司作为山东省 13 家重点企业之一在第二届亚太经合组织国际贸易博览会上展出了电视机、空调等产品。2001 年海信作为国内知名企业首次参加在美国拉斯维加斯举办的国际消费电子展（CES）。

5.1.6　尾声——开启品牌国际化新纪元

　　南非海信的成功，宛如为集团的品牌国际化战略注入了一剂强心剂，海信开始逐步谋划将南非的成功经验推广至欧美等地发达国家市场。由于历史的原因，中国制造的产品在海外还被人们理解为低质低价的代名词，而海信进行全球化扩张的根本动机就是重塑中国制造的国家品牌，海信将以高品质的形象家喻户晓，在世界各地成为知名品牌。周厚健董事长在 2004 年海信集团 35 周年庆典大会上指出，海信不能只满足于国内市场：一是绝大多数的跨国企业战略重点都在海外，海信要成为国际知名企业未来必定也是重点在海外；二是海信如果只满足于国内家电市场规模，那么只要日韩等家电巨头对中国市场实施一次垂直性打击，海信集团的发展将受到巨大威胁。这次讲话进一步坚定了海信品牌国际化的决心，自此开启了海信进军全球市场的品牌国际化新纪元……

5.1.7 附录：海信品牌国际化大事记（表5-2）

表5-2 海信品牌国际化大事记

时间	事件
1985 年	海信集团开始对外贸易业务
1996 年	海信在南非注册公司建厂生产
2000 年	收购韩国大宇在南非约翰内斯堡高科技工业园区的工厂
2002 年	海信与美国 Ligent International Inc. 签署合资合同，在美国特拉华州成立合资公司 Ligent Photonics Inc.
2003 年	海信举办首届全球客户大会，坚定了品牌国际化的决心。海信整合了所有海外市场和业务，正式开始了国际化征程
2004 年	董事长周厚健提出："海信的发展大头在外"
2004 年	海信与美国 FLEXTRONIC（伟创力）公司在北京宣布：海信以技术、品牌、设备支持，双方合作在匈牙利设立年产能达 100 万台的彩电工厂，共同合作开发欧洲市场
2004 年	海信同样以品牌、技术、设备支持完成了与巴基斯坦纺织和空调大王 AAA 公司的合作，产能 100 万台的彩电生产线在卡拉奇正式投入使用
2004 年	海信在匈牙利成立公司和生产工厂，实现生产本地化
2006 年	海信成立了海信意大利分公司、海信西班牙分公司、海信荷比卢公司，极大地促进了海信欧洲业务的发展，扩大了海信的国际化覆盖面
2006 年	2 月在澳大利亚墨尔本成立澳大利亚公司，5 月正式开展业务，销售电视、空调、冰箱等产品，销售区域覆盖整个大洋洲。
2006 年	海信电视居中国出口欧洲总量第一，海信成为法国最畅销的中国平板电视生产商
2006 年	成立海信国际营销总公司，确立海外"自主品牌"战略，确定将澳大利亚、中东、北美、非洲等地区作为自主品牌的先行市场。将科龙的冰箱、空调等海外业务正式并入，构建了实力强大的海外销售平台
2007 年	12 月海信被波士顿咨询集团评价为"最具经济发展潜力的全球挑战者"
2008 年	海信启动与白色家电第一品牌惠而浦建立合作公司，投资 9 亿元，各占 50% 的股权，生产海信和惠而浦两个品牌的产品，共同开发国际市场
2009 年	海信牵头制定 LED 背光国际标准；同年，海信被美国《Twice》杂志评为全球第五的电视品牌
2010 年	8 月，海信在澳大利亚被评为液晶电视领域"消费者最满意品牌"（根据澳大利亚权威调查机构 Canstar Blue 的消费者调研）
2010 年	"全球消费电子 50 强"和"全球电视品牌 20 强"颁奖典礼现场，海信再次荣登全球电视五强行列，成为最具国际影响力的中国消费电子品牌之一

（续）

时间	事件
2010 年	海信董事长周厚健在美国 CES 展上做主题演讲，他是 CES 举办 43 年来唯一一个受邀做主题演讲的中国企业家
2011 年	1 月，美国 CES 期间，海信被《Twice》杂志评为全球第五液晶电视品牌
2011 年	2 月 15 日，海信成为联合国环境署"绿色创新奖"未来三年的全球首家企业合作伙伴，这也是中国企业首次跻身联合国环境署绿色创新行列
2012 年	海信海外市场启用全新的 VI 形象
2012 年	海信在多伦多收购了新的研发团队，成立了加拿大公司——Jamdeo
2013 年	海信并购 2 家光芯片公司（Archcom 和 Multiplex），并于洛杉矶和新泽西成立了针对接入网和数通网市场的 DFB 芯片，以及针对传输网市场的 EML 研发和晶元生产基地
2014 年	海信赞助了美国的汽车赛事 Nascar 以及德国甲级联赛的沙尔克 04 队和世界最高水平的赛车比赛世界一级方程式锦标赛（简称 F1）
2015 年	海信赞助了 Red Bull（红牛）车队
2015 年	海信出资 2370 万美元收购夏普年产能 300 万台的墨西哥工厂的全部股权及资产，并获得夏普电视美洲地区（巴西除外）的品牌使用权
2015 年	海信凭借激光影院、新一代 ULED 等产品首次引领 CES 风向标
2016 年	海信激光影院荣获第十届全球领先品牌（Global Top Brands）大会颁发的"全球最具竞争力未来电视奖"
2016 年	海信以顶级赞助商身份赞助法国欧洲杯
2017 年	11 月，海信电器股份有限公司与东芝株式会社在东京联合宣布：东芝映像解决方案公司股权的 95% 正式转让海信
2018 年	海信成为世界杯官方赞助商

5.2 案例使用说明

5.2.1 教学目的与用途

本案例主要用于在相关课程中帮助学生理解并掌握企业品牌国际化发展环境分析、国际市场定位的决策等相关理论和运作要点。其可单独使用，也可与后面两个子案例结合使用，用于讲授整个品牌国际化相关内容，包括国际化动机、国际市场定位、国际市场进入路径选择，品牌国际化成长模式的决策及品牌国际化传播等。

1）适用课程。本案例为平台型案例，适用于国际市场营销、品牌管理等课程有关品牌国际化、国际品牌市场定位等相关章节的案例讨论。

2）适用对象。本案例主要为 MBA 和 EMBA 开发，适合有一定工作经验的学生和管理者使用学习。本案例还适用于工商管理专业学生深度了解中国企业进行品牌国际化的驱动因素和国际目标市场的选择。

3）教学目的。本案例的目的是让学生通过学习探讨理解并掌握企业品牌国际化发展过程中进行国际市场环境分析和制订品牌国际化战略的相关理论和运作要点。具体的教学目标是要求学生掌握以下四点。

①如何评估企业进行品牌国际化的合理性与必要性。分析企业开展品牌国际化运作前的国际市场宏微观环境，企业培育国际品牌的资源能力与环境支持，以及企业进行品牌国际化的动因和契机。

②国际市场环境的分析工具。学会分析企业在从事国际营销活动中难以控制也较难影响的营销大环境，即宏观环境；同时也要会分析企业在不同目标市场进行营销活动中所构建的处于不同国家和不同地域的分支机构的组织结构，以及与当地社会文化特征相结合的企业文化特征等环境，即微观环境。

③国际市场定位的理论模型及分析工具。学会评估各个目标国家的市场吸引力和潜在风险，选择最合适企业实施品牌国际化战略的国际目标市场。

④企业实施自主品牌国际化战略的基本思路与战略要点。通过学习本案例描述的海信自主品牌国际化探索阶段的动因、国际市场定位、国际品牌运作的整个战略决策和具体实施过程，理解海信在品牌国际化探索阶段战略制定与实施的基本思路和关键点。

5.2.2　启发思考题

1）海信在品牌国际化探索阶段的主要目标以及面临的主要问题是什么？采取的主要品牌国际化的策略有哪些？

2）请从市场、成本、竞争及政府四个方面分析有哪些因素驱动了海信的品牌国际化？

3）在发展过程中，企业应该如何评估自身是否处于进行自主品牌国际化的最佳时机？

4）海信首先选择了进入南非市场的自主品牌国际化战略，其依据是什么？

5）同为国内优秀的家电品牌海尔，首先选择了进入欧美等地发达国家市场。是什么因素导致了二者截然不同的市场选择？这一选择导致了二者品牌国际化进程的何种差异？

5.2.3　分析思路

教师可以根据自己的教学目的灵活使用本案例。这里提供了本案例分析逻辑路径图，如图 5 - 5 所示，帮助教师引导案例课堂分析思路，仅供参考。

对本案例的分析需紧密围绕着"海信品牌国际化动因——国际市场进入路径选择——区域市场的国际品牌运作——自主品牌国际化成果与经验"这一思路展开。为了全面系统分析海信品牌国际化的问题，在引导学生进行案例分析时，可以遵循以下思路。

思考题 1 的分析思路：结合案例材料归纳出海信在品牌国际化探索阶段的品牌目标、企业任务、面临问题和品牌策略，使学生对品牌国际化阶段理论，及海信在品牌国际化探

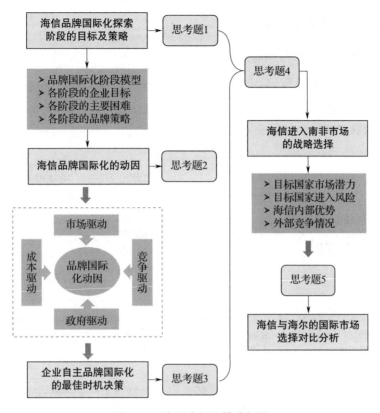

图 5-5　案例分析逻辑路径图

索阶段的内容形成一个初步的理解和认识。

思考题 2 的分析思路：教师可以引导学生通过分析国内家电市场情况、国际家电市场情况、海信集团的内部环境等，总结提炼出海信决定进行品牌国际化的动因，并对海信集团品牌国际化的科学性与合理性进行分析讨论。

思考题 3 的分析思路：以海信的品牌国际化动因分析为基础，教师引导学生对企业如何评估自身是否适合实施品牌国际化战略，以及是否处于自主品牌国际化的最佳时机进行思考。

思考题 4 的分析思路：在思考题 2 和思考题 3 的基础上，结合案例材料，根据国际市场进入的总体路线和国际市场定位方格，引导学生围绕各个国际区域市场的市场吸引力、相关风险、海信当时的品牌竞争力、当地市场竞争程度四个方面建立海信的市场定位方格，对海信首先进入南非市场的战略选择做出解释。

思考题 5 的分析思路：教师应帮助学生理解品牌国际化的三种市场进入模式。学生在思考题 4 的基础上，结合案例教学补充材料，对海信与海尔二者的品牌国际化市场选择进行对比分析，讨论造成二者品牌国际化战略差异的原因，从而对企业的品牌国际化战略制定、战略实施等形成一个完整的认知。

5.2.4 理论依据及问题分析

1. 思考题 1 的理论依据与问题分析

(1) 思考题 1 的理论依据

品牌国际化的阶段理论模型。品牌国际化可以分为四个基本阶段：探索阶段、发展阶段、巩固阶段和腾飞阶段，如图 5-6 所示。

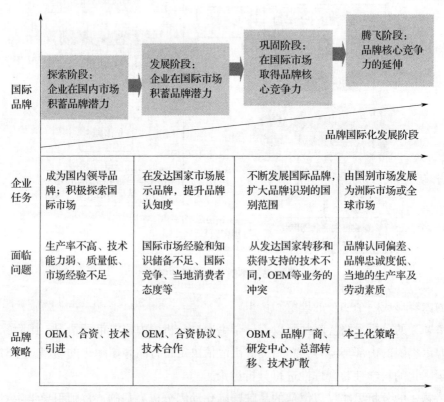

图 5-6 品牌国际化的阶段理论模型

企业在品牌国际化过程中，根据阶段的不同，所面临的问题不同，解决手段各异，其品牌路径选择也不尽相同。在品牌国际化的国内准备阶段，企业品牌要力争成为国内知名品牌，并积极探索国际市场，其主要手段是提升产品品质和质量标准，其路径是出口贸易或贴牌生产，以及采用与国际名牌进行合作。在品牌国际化发展阶段，企业要想在他国展示自身品牌并提高识别度，就需要提高产品的适应性，其路径可以采用经销商品牌和自创本土品牌。在品牌国际化巩固阶段，要求扩大品牌识别的国别范围，需要对产品进行适应性调整，继续采用自创本土品牌，外加自创国内品牌和自主收购品牌，逐步增添自有品牌成分。在品牌国际化腾飞阶段，需要淡化品牌国别市场成分，增加洲际成分，这就要求减少产品的多样性，增加一致性，品牌要以自创国内品牌和自创本土品牌为主，进而将产品拓展到全球市场，这需要企业具备创造全球统一品牌文化的能力，主要采用自创为主的多层次全球品牌。

（2）思考题 1 的问题分析

问题：海信在品牌国际化探索阶段的主要目标以及面临的主要问题是什么？采取的主要品牌国际化的策略有哪些？

分析：结合案例材料，海信的品牌国际化同样可以分为四个阶段：探索阶段、发展阶段、巩固阶段和腾飞阶段。2001 年之前海信处于品牌国际化探索阶段，从最初有少量的对外贸易业务，到在南非市场成立办事处正式运作并取得成效，海信逐渐摸索出了建设国际品牌一些门道。

在探索阶段，海信集团的品牌目标是在巩固国内知名品牌的基础上，在南非市场发展自主品牌，海信的企业任务是在南非市场上做大做强，见表 5 - 3。但也面临着初到南非市场的各种困难，如生产效率低下、缺乏渠道和客户、缺乏品牌知名度等，海信此时除了原有的出口贸易外，还在南非设立工厂保障出货量，并坚持在南非市场发展自主品牌。

表 5 - 3　海信品牌国际化探索阶段的主要目标、面临问题及应对策略

	具体内容
品牌目标	在南非市场上发展成为强势品牌
企业任务	在巩固国内知名品牌的基础上，在南非市场做大做强
面临问题	在南非市场的生产效率较低，缺乏国际渠道与客户，品牌知名度较低，OEM 业务与自由品牌业务的冲突
应对策略	出口贸易、合资协议，在南非市场建立工厂，发展自主品牌

2. 思考题 2 的理论依据及问题分析

（1）思考题 2 的理论依据

企业品牌国际化驱动因素模型。

企业的品牌国际化既受到外部环境的影响，也受到企业内部因素的影响，具体包含四方面的驱动因素：市场驱动因素、成本驱动因素、政府驱动因素以及竞争驱动因素，如图 5 - 7 所示。

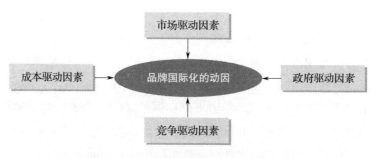

图 5 - 7　企业品牌国际化的驱动因素模型

125

其中市场驱动依赖消费者行为的性质和分销渠道的结构，包括消费者普遍需求、全球化的顾客和销售渠道、可转移的营销、牵头国家；成本驱动因素依赖具体行业的经济状态，包括规模经济和范围经济、纵深的经验曲线、全球采购的效率、适宜的物流、各国家的成本差异、高昂的产品开发成本以及日新月异的技术；政府驱动因素取决于政府制定的法规对全球战略决策应用的影响，包括有利的贸易政策、一致的技术标准、普遍的营销规则、政府所有的竞争者、政府所有的顾客；同时，竞争性驱动因素也能提升行业全球化潜力，包括大量的进出口、来自不同区域和国家的竞争者，相互依赖的国家，全球化的竞争对手。以上这些因素将共同作用，刺激企业必须在全球化战略层面上做出反应。

(2) 思考题 2 的问题分析

问题：请从市场、成本、竞争及政府四个方面分析有哪些因素驱动了海信的品牌国际化？

分析：结合案例材料，海信在市场、成本、竞争及政府四个方面因素基本达到品牌国际化要求，具体如图 5-8 所示（标注"√"的为海信已经满足的因素）。

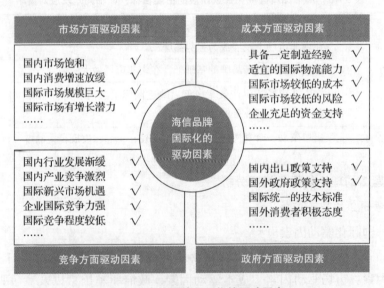

图 5-8　海信品牌国际化的驱动因素

海信进行品牌国际化时，驱动因素有四个方面。①市场方面驱动因素包括：国内家电市场达到饱和，供大于求；国外家电市场规模较大，消费容量巨大；国外家电市场增速较快，具备市场潜力。②成本方面驱动因素包括：海信已经具备一定的家电制造经验，形成了规模经济；通过原有的出口贸易，海信已经培养一批国际客户，并具备国际物流能力；国内原材料价格上涨，家电企业盈利能力下降；国外家电生产销售总成本低于国内水平。③竞争方面驱动因素包括：国内家电行业发展渐缓，进入微利时代；国内家电产业整合加剧，竞争激烈；海信的彩电等产品生产制造技术已经达到国际先进水平，在国际市场上具有较强的竞争力；国际家电企业主要立足于本国竞争，给海信品牌国际化带来机遇；国际家电企业品牌采取高端定位，海外新兴市场存在蓝海区域。④政府方面驱动因素包括：中国政府出台政策支持家电企业的对外贸易。

3. 思考题 3 的理论依据及问题分析

（1）思考题 3 的理论依据

国际市场环境的分析工具。

国际品牌是指在国际市场上知名度、美誉度较高，产品辐射全球的品牌。国际品牌通过品牌国际化来建立。1983 年，Levitt 最早提出"品牌国际化"的概念。品牌国际化过程是一个形成品牌价值的过程，形成的品牌价值可以使得海外目标顾客对该品牌持积极的态度（Cheng et al.，2005）。品牌国际化是企业建立并发展能够吸引海外消费者的国际化品牌的动态过程（Aaker，1991）。品牌国际化是个隐含时间与空间的动态营销和品牌输出的过程，该过程将企业的品牌推向国际市场并期望达到广泛认可和体现企业特定的利益（苏勇，2005）。

企业在进行品牌国际化前需要做足充分的市场环境调研。国际市场营销环境包括国际市场营销宏观环境和微观环境，具体如图 5 - 9 所示。宏观环境是指企业在从事国际营销活动中难以控制也较难影响的营销大环境；微观环境是企业在不同目标市场进行营销活动中所构建的处于不同国家和不同地域的分支机构的组织结构，以及与当地社会文化特征相结合的企业文化特征等环境。企业应该整体详细地进行宏观和微观环境分析，以做出合理决策。

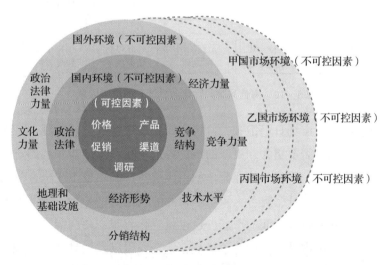

图 5 - 9 国际市场营销环境

（2）思考题 3 的问题分析

问题：在发展过程中，企业应该如何评估自身是否处于进行自主品牌国际化的最佳时机？

分析：学生需要了解企业在何种时机下适合进行品牌国际化。从总体来说企业的品牌和产品在国内市场进入成熟期之后，消费者广泛接受产品，企业培育了忠实的客户群体，此时企业现有市场中的份额可观，拥有了充足的资金，也具有一定的抗风险能力和市场运作经验，因此企业会为今后发展考虑，从而布局更广阔的海外市场，发展国际品牌。

　　然而一个好的品牌国际化时机并不仅仅来源于一个巧合，而是更多地需要在企业国际化战略的基础之上，充分考虑当前国际市场和国内市场中企业的竞争力、品牌能力、研发能力、物流水平、外部环境中的竞争者、政策等种种因素。除了上述外部大环境以及企业内部因素的驱动，在企业战略层面，品牌国际化也符合当时海信集团的生存发展需要，如图 5 – 10 所示。

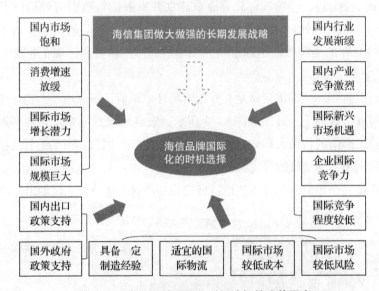

图 5 – 10　海信品牌国际化时机选择的决策因素

　　随着家电行业的国内市场日趋饱和，价格疲弱导致市场机会越来越少，而企业积累的资本、技术、产品和品牌需要更大、更新的市场容量。在海信逐步发展的过程中，想要实现利润和规模的不断增长，不能只依靠简单的出口贸易，必须抢占先机，主动进军国际市场。国内家电行业的利润较低，且各大家电零售商的兴起更是分割了微薄的利润，所以海信就更需要瞄准可以获得较高利润的市场，这也就意味着要主动向国际市场进攻。为了能让海信品牌有实力应对国内外企业的竞争挑战，让企业可以发展到更大的规模，争取到更多的利润，也为了海信集团的长远发展，海信在品牌国际化的最佳时机选择了进军国际市场，发展自主国际品牌。

4. 思考题 4 的理论依据及问题分析

(1) 思考题 4 的理论依据

国际市场定位方格。企业在选择进入具体的区域市场时，应运用国际市场定位方格进行分析决策，如图 5-11 所示，横坐标代表企业在目标国家的竞争地位和能力，如市场份额，纵坐标代表目标国家的市场吸引力，如人均产品消费量。企业应该优先进入竞争地位强或者市场吸引力高的国家，同时企业应该优先考虑自身的竞争能力，其次考虑目标市场的吸引力，如图中国家 A 与国家 B 的分值相同，那么企业应该优先考虑进入国家 B，之后再进入国家 A。

（2）思考题 4 的问题分析

问题： 海信首先选择了进入南非市场的自主品牌国际化战略，其依据是什么？

分析： 海信在进入南非前，曾多次对国际市场环境进行了考察、调研，可以从以下两方面对海信为何首先进入南非市场进行合理解释，如图 5-12 所示。

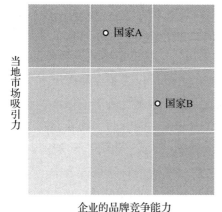

图 5-11　国际市场定位方格　　图 5-12　探索阶段海信的国际市场定位方格

在市场吸引力方面：南非市场的前景比较广阔，南非是整个非洲的经济强国，是世界著名的旅游胜地。南非的基础设施、高速公路、通信设施、金融体系等非常先进，与欧洲北美等地国家相差无几。南非当地居民的消费水平也比较高，市场需求十分旺盛，虽然存在一定的市场进入风险，但是相对于其他国家而言市场比较稳定。总体上南非与北美、欧洲和澳大利亚市场一样具有很大的市场吸引力。

在海信集团自身的品牌竞争力方面：虽然海信在当时已经拥有了先进的设备厂房及一流水平的产品技术，具备品牌国际化的条件，但是与北美、欧洲等当地市场的家电企业相比存在差距。一是技术标准不同，海信的技术水平与发达国家要求的标准存在差距，在这些国家市场生产销售存在较大壁垒；二是当地市场已经存在许多知名家电品牌，竞争激烈，海信的品牌竞争能力较弱。而对南非市场而言，海信已经有多年对印尼等国家的出口经验，具备一定的渠道和物流能力；同时南非当地的家电市场并不成熟，不同于美国、日本、韩国等国家，南非当地的知名家电品牌较少，行业竞争程度较低，存在很大的市场发展空间。所以相较于北美、欧洲和澳大利亚，海信在南非具有更强的品牌竞争能力。基于国际市场定位方格，南非市场处于第一象限，是海信最佳的选择，所以海信在品牌国际化的过程中首先进入了南非市场。

5. 思考题 5 的理论依据及问题分析

(1) 思考题 5 的理论依据

品牌国际化的市场进入模式。

企业的国际市场进入路径可以分为三种：从发达国家到不发达国家、从不发达国家到发达国家以及中间路线，见表 5-4。第一种路径是指企业集中自身的规模优势、管理优势和技术优势先进入发达国家市场，与大型跨国公司和强势品牌正面较量，接受更加挑剔的消费者的考验。在这种交锋和考验的过程中，不断壮大自己的实力，提升品牌的知名度和美誉度，并逐渐成长为强势品牌。由于发达国家市场在全球范围内具有示范效应，品牌就可以借势向欠发达市场辐射。第二种路径是指在市场进入的顺序上，先进入不发达国家，然后进入中等发达国家，最后才进入发达国家。不发达市场如拉美、东南亚、非洲等，由于经济发展水平较低，市场发育也不够成熟，相对来说，这些市场还缺乏强势品牌主导，因而建立品牌所花的成本会比较少，时间也要短一些。并且可以为企业品牌进入更广阔的国际市场提供直接的、可以借鉴的操作经验，增强企业打造国际性品牌的信心。而中间路线模式就是先进入中等发达国家市场，积累国际化经营和建立国际品牌的经验。在市场发育水平、品牌竞争激烈程度等方面，中等发达国家市场介于发达国家和不发达国家之间。海信选择先进入这一类市场，就是因为在该类市场上树立品牌的难易程度适中，而在该类市场取得的经验，向上，能够比较容易地扩展到发达国家市场，向下也能够比较容易地扩展到不发达国家市场。

表 5-4　不同市场进入路径的比较分析

市场进入路径	有利因素	不利因素
发达国家到不发达国家	1. 占领竞争制高点，产生辐射 2. 学习发达国家先进经验	1. 进入难度相对较高 2. 国际化风险较大 3. 品牌建设初期投入大
不发达国家到发达国家	1. 进入难度相对较低 2. 获取初步的国际化经验 3. 品牌建设初期投入小 4. 品牌国际化见效快	1. 品牌形象难以转移 2. 不发达国家的市场体系不成熟，政治、社会、经济风险较高，竞争缺乏规范
中间路线	1. 难易度适中 2. 可以向上向下扩展	缺乏明确的品牌国际化路线

(2) 思考题 5 的问题分析

问题：同为国内优秀的家电品牌海尔，首先选择了进入欧美等发达国家市场。是什么因素导致了二者截然不同的市场选择？这一选择导致了二者品牌国际化进程的何种差异？

分析：海尔和海信都是从家电业起家，发展成集科、工、商、贸于一体的实现跨国经营的大型企业集团，其发展道路既相似却又不完全相同。在创业时期，两家集团都是在国内市场上通过规模经营取得优势市场地位，待企业能力积聚到一定程度，再进行国际化经营。然而，这两家集团在国际化经营的初期，却采取了截然相反的品牌国际化战略。

海尔之所以选择先进入发达国家市场的品牌国际化战略，与海尔对企业国际化经营的理解、国际化经营的动机和目标有着密切的关系。在这些方面，海尔同中国其他的家电企业有着完全不同的理念。在海尔看来，企业出口的目的并不仅仅是为了创汇，更重要的是出口创牌，海尔国际化的最终目标是创海尔国际名牌。同时由于品牌及服务的优势是"逆序扩散"的，海尔的品牌、营销以及服务经验若在美国和欧洲等阻力大的市场被验证可行，那么在全球范围内也应该是行之有效的，因此海尔选择了"先难后易"的模式。海尔希望以德国、美国、意大利等发达国家成熟的市场经济、激烈的竞争来锻炼自己并得到成长，并希望这些高难度市场的成功能够带动其他发展中国家的市场的成功。海尔的主要产品包括电冰箱、洗衣机、冷柜和空调，而发达国家的厂商在价格和成本上无法与低工资国家的厂商竞争，海尔与之相比具有明显的比较优势。此外，欧美的大多数国家当时处在大规模调整产业结构、淘汰夕阳工业的时期，为海尔集团寻找发展空间提供了有利条件。虽然欧美市场极为复杂，发展难度大，但是同时也是市场容量最大、消费能力最强的市场。另外，欧美等地的市场经济制度已经建立数百年，有一套比较完善的竞争机制和法律制度，市场秩序非常成熟，非市场因素对企业的干扰很少，并且拥有良好的通信、交通等基础设施和发达的服务业体系。因此，海尔认为在欧美市场上的成功至关全局，比起在其他发展中国家成功更有意义，其在美国的市场实践经验更具有提纲契领的重要意义。正是通过开拓欧美等发达国家的市场，海尔不断地提高产品的全球竞争力，同时企业形象和品牌价值也得到大幅提升。

海信的品牌国际化遵循先进入中等发达国家市场的模式，首先发展南非、中东、南美和东南亚等市场阻力相对较小的发展中国家和地区，在取得一定市场份额和国际化经营经验之后，再向美国、欧洲等发达国家和地区发展。海信认为，企业的发展若想长期保持竞争优势，必须强化企业的技术研发实力。海信将企业价值链的关键环节选在技术开发环节和生产经营环节上，通过加大技术开发力度和投入，逐步形成强大的技术开发能力，并以数字化管理严格控制生产，生产出性能价格比极优的产品打入国际市场。作为后发展型企业，凭借技术能力形成的优势是顺序扩散的，在进入拥有世界最先进技术的发达国家市场时，阻力较大，即使拥有同等技术，短期内也难以获得市场认同。因此，海信采取了先进入中等发达国家市场的品牌国际化战略，通过在技术实力较弱的发展中国家市场形成领先优势，待产品在发展中国家市场上打开知名度，取得消费者认知后，再逐渐向发达国家渗透。海信的目标是通过稳步运作，逐渐将第三类市场做成第二类市场，再将第二类市场做成第一类成熟市场，在全球范围内建设包括以美国为中心的北美市场、以巴西为中心的拉美市场、以意大利为中心的西欧市场、以俄罗斯为中心的东欧市场、以澳大利亚为中心的澳大利亚市场、以南非为中心的非洲市场等市场网络，稳步发展建设成为一个全球化的海信。

5.2.5 关键要点

本案例的分析关键在于对海信实施品牌国际化战略的动因、品牌国际化战略的制定、南非市场品牌运作模式能够形成深入的理解和把握。不仅对海信案例能够进行详细的阐述和分析，还要能够充分地将品牌国际化相关理论和国际市场营销理论与海信的案例经验相结合进行分析和探讨，了解海信决策的逻辑关系、关键因素和品牌国际化进程的启示等。教学中的关键点包括以下四个方面。

①国际市场环境复杂多变，企业品牌国际化战略应该因地制宜，根据目标市场和企业自身特点，制定针对性的品牌发展战略并开展相关活动。

②品牌国际化过程是跨阶段性的活动。在不同的阶段，企业要根据自身和外部环境的特点，制定适合的品牌国际化战略，控制风险，稳步前行。

③企业需要合理地制定自主品牌国际化战略。在品牌国际化过程中企业应审时度势，稳健经营，要善于分析国际市场环境，抓住时机，快速出击。

④不同的国际环境以及企业资源对应不同的国际市场进入路径。企业需要综合考虑国际区域市场吸引力、相关风险、企业资源、竞争水平四方面因素，选择适合自身发展的市场进入路径。

5.2.6 建议的课堂计划

鉴于课堂时间较为有限，为保证教学效果，建议师生做足充分课前准备：教师可以提前一周将案例、辅助资料和启发思考题发给学生。笔者建议此案例课前用 60 分钟阅读和思考，用 60 分钟开展小组讨论；用 90 分钟进行课堂讨论。图 5-13 是教学板书主要内容，表 5-5 是按照时间进度提供的课堂计划建议，仅供参考。

表 5-5　课前与课堂的教学步骤和计划

时段		讨论和学习内容	主要内容	学习时间
课前	1	教师发放教学案例和相关资料，完成小组分组。学生个人阅读案例内容与附带材料，并分析思考题	课前准备	60 分钟
	2	学生开展小组讨论，借助于所学知识点与工具开放性地解答教师给出的问题，并将结果于课前反馈给老师，老师进行评阅打分	课前准备	60 分钟
小计				120 分钟
课堂	3	教师介绍案例价值和案例教学特点。播放教学相关视频《焦点访谈：创新创品牌》与《山东之美：海之光》	案例导入	10 分钟
	4	学生分析海信在品牌国际化探索阶段的主要目标、面临问题与品牌策略，教师将学生观点列在黑板上，并结合品牌国际化阶段模型进行讲解	思考题 1	20 分钟

（续）

时段		讨论和学习内容	主要内容	学习时间
课堂	5	学生分析海信准备进行品牌国际化时的国内外市场环境，海信的成本，国内外竞争水平以及政府政策；分析并讨论海信进行品牌国际化的原因以及时机	思考题 2	15 分钟
	6	学生就思考题 3 进行汇报，教师将学生观点列在黑板上，并就学生观点结合理论知识对中国企业应该如何评估合理的品牌国际化时机进行讲解	思考题 3	15 分钟
	7	学生对思考题 4 进行分组汇报，教师抛出国际市场定位的决策分析框架，就学生观点结合理论知识点进行讲解	思考题 4	15 分钟
	8	学生对思考题 5 进行分组汇报，教师将学生观点列在黑板上，就学生观点结合知识点及案例教学补充材料，对海信与海尔的国际市场选择进行对比分析	思考题 5	10 分钟
	9	教师总结：归纳分析和讨论达到的共识，总结国际化相关工具和案例材料；肯定学生在应用理论工具分析案例时的逻辑性和创造性，鼓励学生对其他企业的品牌国际化进行延伸思考，并指出在分析方面存在的不足和改进路径	课后总结	5 分钟
小计				90 分钟

133

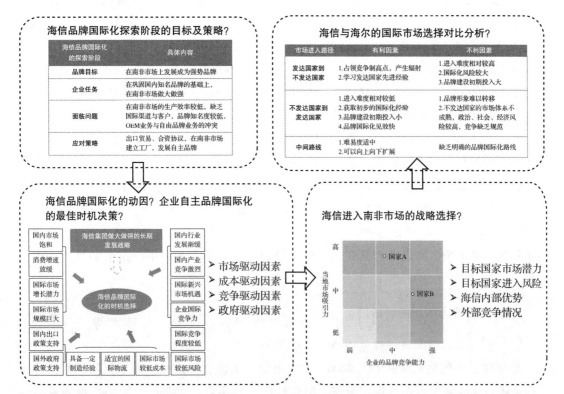

图 5-13　教学板书主要内容

5.2.7　补充材料

1. 海尔"先难后易"的品牌国际化战略

"先难后易"是海尔集团为其品牌国际化战略阶段制定的战略之一，也是其 CEO 张瑞敏总体战略思想的一种的体现。对于很多跨国企业来说，打入国际市场的方式有两种，一是渐进式，二是全球同步启动，即先难后易。面对国内市场相对饱和，国际市场一体化的格局，为了占领世界商品和服务市场，在对国际市场进行调查和细致分析后，海尔制定了"先难后易"这种不同于传统的新战略，即当跨国企业在初次进入国际市场时，选择一个对产品的质量以及服务最讲究最挑剔的国家来进行市场开发，占领市场之后，再向其他的产品消费市场进发。

通过不断的市场调查以及分析后，海尔公司将其发展方向瞄准欧美等地经济发达的国家，并且希望通过这些国家高水平的市场经济、严格的质量标准、高要求的售后服务和激烈的竞争来锻炼自己达到这些市场及消费者对产品质量和服务的要求，并希望从这些高难度市场获得市场相关经验和领先技术，促进其提高，并在其他国家的市场获得竞争优势。就全世界的市场来说，最为严苛的市场要算欧美等地国家的消费市场了，这些国家的消费者对相关产品质量的要求是十分高的。且由于隐性的贸易壁垒，使得海尔公司面临的市场准入门槛较高。面对如此高要求高门槛的状况，海尔却认为，苛责的国际市场是检测产品质量的试金石。想要进入欧美市场，除了最基本的国际化水平的产品质量外，更重要的是其在质量、检测以及品牌的验证方面都与国际水平相符合。为了成功进驻国外市场，海尔公司耗费了巨大的财力、人力以及物力来促进其技术水平的提升。短短数年海尔公司陆续通过了美国的 UL、日本的 S－MART、德国的 VDE 和 GS、欧盟的 CE 等 15 个种类、48 个国家的国际认证。这意味着海尔拿到了进入发达国家市场的通行证。并且，海尔公司还得到了好几个经济发达的国家的相关认证以及授权。这样一来，海尔公司的设计、研发以及上市的时间就得到了大幅缩短。此外，海尔公司还与 NETSCREEN、迈兹等大公司形成了技术合作的联盟，通过这样的方式来实现资源的整合，促进海尔公司科技的进步以及市场竞争力的增强。自 1992 年以来，海尔品牌旗下的冰箱、洗衣机、空调等都先后通过了ISO9001 质量体系认证和 ISO14001 环境体系认证，大大促进了海尔对欧美的出口。海尔在欧美发达国家市场上的成功为其在进军巴基斯坦、东南亚等发展中国家市场奠定了成功基础。

2. 海尔品牌国际化发展阶段

（1）国际化战略发展阶段（1998~2005 年）

2001 年，中国加入世贸组织 WTO。中央出台"走出去"战略，海尔抓住机遇，目标是创中国自己的品牌。在这种情况下，海尔提出"三步走"的战略，采用由难到易的方式，第一步是，在发达国家建立自己的名牌，采用一定的方式进入发展中国家是其第二步，通过自己的努力，形成"三位一体"的本土化模式则是最后一步。在发展的关键时期，海尔通过"市场链"的方式来管理企业，为了促进企业的自动化建设，海尔同时坚持计算机信息系统作为发展的基础，企业业务的重点是订单信息流，将资金流与物流带动起来，实现业务流程再造。这一管理创新加速了企业内部的信息流通，激励员工使其价值取向与用户需求相一致。

1999年4月，海尔在美国南卡罗来纳州建立生产厂。在随后几年内相继建立销售中心和设计中心。实现第一个"三位一体"本土化经营策略。在2001年的4月，海尔将第二个海外工业园建立在巴基斯坦。通过强化国外市场，海尔在这一年内获得了800亿元的营业额。这些数据说明海尔成功地使用了国际化的战略。在2004年，海尔首次将电脑销售到法国市场，拉开了海尔实行跨国作战的序幕。2005年3月，海尔中东工业园举行开业仪式。同年年底，张瑞敏指出海尔下一步目标是将在全球范围内建立自己的品牌，即全球品牌战略。

（2）海尔品牌全球化战略发展阶段（2006~2012年）

营销的方式在很大程度上受到互联网发展的影响。网络的高速发展，促使企业需要新的销售方式。企业想要长久发展，必须将传统模式转变为"即需即供"新模式。海尔紧抓互联网的机遇，整合全球资源和研发，创建全球化的品牌。"人单合一双赢"模式便应运而生。

2006年5月，海尔电信在印度举行手机新品发布会，宣称其将进入印度市场，这是一个具有重大意义的事件。同年11月，海尔同英特尔进行合作，随后海尔的产品逐渐进入国际市场。2007年的7月，海尔集团建立了数字化家电实验室，这是我国第一批企业国家重点实验室之一。在2008年，海尔家电的影响力令很多部门对其成就称赞，这使海尔家电的影响力在世界范围内进一步受到了关注。2009年，由于促进节能减排、履行社会责任和惠及千家万户等原因，海尔集团被中宣部确立为重点报道典型之一。2010年1月，海尔集团和惠普公司签署战略合作协议，旨在向中国农村市场用户提供更高品质产品和更加便捷的服务。同年12月，海尔成为全球白色家电领域模块化企业第一人。2011年12月，根据欧睿国际的调查数据，海尔集团冰箱、酒柜和洗衣机的市场占有率连续三年蝉联全球第一。2012年，海尔亚洲总部和研发中心正式落户日本，标志着海尔集团五大研发中心体系正式形成。

（3）网络化战略阶段（2013年至今）

2012年12月底，海尔集团创业28周年纪念庆暨第五个发展阶段战略主题会在青岛举行。首席执行官张瑞敏总结了创业28年来的发展历程，并根据互联网时代的特点，以"没有成功的企业，只有时代的企业"的观念，适应个性化与多样化生产的需求，提出了第五个发展阶段战略主题——网络化战略。

海尔网络化发展战略的基石是"人单合一双赢"模式。"人"是指员工,"单"是指用户,"人单合一双赢"就是员工给用户创造价值的同时,能够实现自身的价值,该模式旨在搭建一个机会公平、结果公正的充满活力的价值平台。张瑞敏表示,在互联网时代,要坚定不移地把"人单合一双赢"模式做好。这一模式是海尔网络化战略实施落地的基本保障。网络化企业发展战略的实施路径主要体现在三个方面:企业无边界、管理无领导、供应链无尺度。企业需要打破原有的边界,成为一个开放的平台,可以根据用户的需求按单聚散;同时,为了跟上用户点击鼠标的速度,企业需要颠覆传统的层级关系,组建直接对接用户的自主经营体;在此基础上,海尔探索按需设计、按需制造、按需配送的供需链体系。

参 考 文 献

[1] 凯勒. 战略品牌管理 [M]. 吴水龙,何云,译. 北京:中国人民大学出版社,2014.

[2] 钦科陶,龙凯宁. 国际市场营销学 [M]. 曾伏娥,池韵佳,译. 北京:机械工业出版社,2015.

[3] 霍伦森. 国际市场营销学:7 版 [M]. 张昊,梁晓宁,徐亮,译. 北京:中国人民大学出版社,2019.

[4] YIN W H, MERRILEES B. Multiple roles for branding in international marketing [J]. International Marketing Review, 2007, 24 (4): 384 – 408.

[5] 张敏,武齐. 发展中国家企业品牌国际化路径分析:来自韩国的启示 [J]. 国际贸易问题, 2010 (10): 52 – 56, 63.

区域市场的耕耘——海信自主品牌国际化的路径选择⊖

　　一个品牌想要成为国际化品牌，国际化路径选择很关键。海信集团在国际化路径选择过程中，策略实施有先后顺序，计划有步骤，其自主品牌国际化取得了瞩目成绩。本案例描述了海信在北美等发达国家市场从开展原始设备制造、原始设计制造业务到发展自主品牌，从区域化生产、拓展国际渠道到布局全球研发中心、收购国际知名企业的整个过程，揭示了海信品牌国际化的路径选择。

6.1　案例正文

6.1.1　引言

　　品牌国际化的探索阶段，海信通过出口贸易，人员推销，签订合资协议，投资建立工厂等方式成功进入南非几大全国性的连锁店，率先于中国的同类产品在国际上挤占了一席之地，并逐步在南非发展成为知名品牌。在 2002 年之后，海信开始尝试将南非的市场开拓与品牌运作经验推至北美、欧洲和澳大利亚市场，并加大了国际品牌的建设力度。与在南非不同的是，海信并没有选择直接在欧美等发达国家市场发展自主品牌，而是先通过发展 OEM 与 ODM 业务，积累渠道资源与市场经验。在这一阶段，海信把产品的高质量作为发展国际名牌的关键，一方面加强全球研发以提升产品竞争力，一方面积极与渠道沟通，打造了全产品线的品牌推广合作方式，并最终获得了主流渠道的认可，在欧美等发达国家市场上塑造了良好的品牌形象。

　　在国际市场上，中国品牌常常被认为是廉价和低端的代名词。与许多发达国家的家电企业相比，我国家电企业创新能力较为不足，高端产品与国际一流企业相比竞争力较差，这给中国企业实施品牌国际化战略带来更大的阻碍。那么海信的品牌国际化路径选择是如何做出的？想要发展自主品牌的企业应该如何选择合适的市场进入路径？企业在各区域市场应该如何选择品牌成长路径？该案例将对海信集团在品牌国际化发展和巩固阶段的决策

　　⊖　本案例由北京理工大学管理与经济学院马宝龙、胡智宸、王月辉、吴水龙、高昂撰写。案例来源：中国管理案例共享中心，并经该中心同意授权引用。本案例是 2018 年全国百优重点案例系列案例二。

过程和实施内容进行描述，对中国家电企业实施品牌国际化战略具有一定借鉴意义。

6.1.2 海信品牌国际化的新纪元

2003 年 9 月 12 日，海信大厦顶楼会议室，在以"我们的海信，共同的未来"为主题的海信集团首届全球客户大会上，周厚健董事长面对全球近 40 个国家的近 100 位经销商，充满自信地发表了海信品牌全球化宣言："进攻才是最好的防守，品牌全球化战略是我们必然也是唯一的选择。我们将发展成为世界一流的跨国公司，我们将成为第一家真正掌握核心技术的中国企业，在我们所涉及的家电、通信、IT 领域成为极具影响力的技术领跑者。由于历史的原因，中国制造的产品在海外还被人们理解为低质低价的代名词，而海信进行全球化扩张的根本动机就是重塑中国制造的国家品牌，使之成为高品质的代名词，这也正是海信品牌的核心内涵所在！海信将以高品质的形象家喻户晓，在世界各地成为知名品牌"。面对全球的近百位经销商，海信第一次以一种少有的激进形象展现了自己的坚定和急切。这次大会后，日本住友、法国家乐福、美国 BestBuy、新加坡 TT 集团等近百家国际商业巨头与海信进行了多边洽谈，并成为海信全球战略合作伙伴。这次大会海信不仅收获了大笔订单，还拥有了一批进军国际市场的战略伙伴，初步完成了与跨国商业巨头的联合布局。海信利用这一机会首次向外界展示了海信面向全球的开放胸怀和成为国际知名品牌的决心。

6.1.3 国际区域市场上的品牌耕耘

2005 年 2 月 26 日，国家质检总局首次正式公布"出口免检产品"获奖企业名单，海信成为中国首批获此殊荣的彩电企业。多年来累积的技术、质量优势，连续三年 100% 的产品检验合格率等指标是海信获奖的关键因素。这是自 2001 年获得"全国质量管理奖"以来海信获得的最高荣誉。获得"出口免检产品"不仅是对海信产品技术和质量的认可，还大大提高了海信的通关速度，有利于提升海信彩电产品的国际竞争力，塑造海信品牌的国际知名度。这次获奖对海信的国际化进程意义重大，是进军国际市场的一块金牌通行令，也大大推动了海信布局全球市场的品牌国际化进程。

1. 进军北美市场

美国是世界上最发达的国家之一，拥有先进的技术以及管理经验。如果在美国市场上取得成功，树立起海信品牌，也就意味着海信在国际上有了较强的品牌影响力，在其他发达国家市场的品牌国际化也就更加成为可能。因此，美国市场的开拓对于海信的品牌国际化有着尤为重要的意义。然而美国市场从来不缺少品牌，家电市场的竞争较为激烈，美国品牌惠而浦、通用电气在美国市场上保持较高的市场份额。外国家电厂商中，瑞典的伊莱克斯是占有市场份额最大的企业，它主要是通过收购美国品牌 Frigidaire 得以进入美国人的厨房。韩国家电品牌三星和 LG 在 2002 年进入美国市场后，经过三年的发展，就进入了美国家电连锁商场 Home Depot、Lowe's 以及全球最大电子产品渠道商 BestBuy 的营销渠道。相对于这些竞争对手，海信则显得势单力薄，激烈的竞争环境、强劲的竞争对手、消费者的怀疑态度都成为美国海信发展自主品牌的障碍。

慎重考虑后，海信决定家电产品开始以 OEM 的形式进入美国市场，先后与惠而浦、通用电气、开利空调、伊莱克斯等知名企业和供应商合作，产品线包括电视机、电冰箱、冷气机、抽湿机、冷柜等。同时，海信制定了迅速提升产能规模和海外投资建厂的策略。在通过贸易形式积极开发国际市场的同时，当在海外市场的容量达到一定规模后，就把握时机将普通贸易方式转变为境外加工贸易方式，以更好地融入当地市场，实现本土化经营。2009 年，海信加拿大公司成立后，与加拿大本土最大的连锁销售渠道 Canadian Tire 展开了合作，充分利用其渠道销售海信牌电视以及白电 OEM 产品，并迅速在加拿大市场上占有了一席之地。加拿大市场与美国市场遥相呼应，使得海信在美洲市场的品牌影响力逐步增强。

这些 OEM 形式的业务，不仅使海信在美国有了合作方和实际消费者，更重要的是为海信品牌在美国市场的开拓提供了很好的市场经验和基础，让海信可以充分地了解零售商的需求，为海信品牌开拓当地市场渠道提前做准备。在积极探索北美市场期间，海信的海外收入增长迅速，见表 6－1。2001 年海信的海外收入仅为 2700 多万美元，2005 年达到 40000 万美元，增长了将近 15 倍，但海信自主品牌的占比却不到 10%。

表 6－1　海信品牌国际化发展阶段海外收入（2001～2007 年，单位：万美元）

年度	2001	2002	2003	2004	2005	2006	2007
海外收入	2736	4350	12000	26000	40000	54000	71200

资料来源：作者根据海信集团内部资料整理得出。

2. 破冰欧洲市场

与北美市场一样，欧洲市场也是海信国际化战略的重要地区。欧洲国家众多，各个国家法律不同，风俗习惯不同，虽然货币统一，但是欧洲每个细分市场的特点是不同的，这就给海信在欧洲市场的品牌国际化带来了巨大的挑战。与美国相比，欧洲家电市场的竞争同样激烈，唯一不同的就是美国市场竞争较为集中，主要集中在几大企业之间，而欧洲家电市场竞争较为分散，来自日韩的品牌、美国的品牌以及欧洲地区的本土品牌处于激烈的市场竞争中。这些强势品牌都已具备相当完善的采购、研发、生产以及销售及售后服务体系，并且在大量的市场需求下，它们可以实现大规模服务平台的低成本运营。欧洲市场前 5 名的家电品牌仅占整个欧洲市场 60% 的市场份额，而美国前 5 名的家电品牌占有 99% 的市场份额。几乎全球知名的家电企业都在欧洲市场进行争夺，包括 Miele、利勃海尔、惠而浦、伊莱克斯等世界百年品牌。与此同时，亚洲、东欧等地的产品不断涌入欧洲市场，由于其成本优势，欧洲市场的家电企业面临较为严重的价格压力。

对此，海信在欧洲市场选择性地开展 OEM 业务，能够在规避贸易壁垒、扩大规模的同时为品牌建设做铺垫，将海信品牌的技术、质量实力展现给世界。2002 年，海信在意大利建立了销售网络直接销售海信牌产品。2004 年，海信在匈牙利成立海信公司和生产工厂，实现生产当地化。2006 年，在稳定经营海信空调业务基础上，海信在都灵正式成立海信意大利分公司。之后，海信在西班牙成立公司，极大地促进了海信欧洲业务的发展。海信西班牙公司组建了覆盖广泛的营销和服务网络，与 Sinersis、Segesa、Miro 等西班牙主流渠道商建立了业务联系，市场占有率稳步提升。2006 年，海信荷比卢公司成立，业务发展迅速，辐射荷兰和卢森堡，扩大了海信的国际化覆盖面。

　　运营 OEM 业务的同时，海信也在不断提升自身规模和制造水平，为实施自主品牌战略投石问路，积累更多经验和渠道。在这一时期，海信集团为欧洲等发达国家市场的开拓制定了"三驾马车"和"两大平台"的发展战略，如图 6 - 1 所示。所谓"三驾马车"，就是"高端 ODM 行业大客户""海外品牌基地""新市场、新业务"三大板块。"两大平台"既高效运作的商务平台和严格规范的管理平台。"高端 ODM 行业大客户"拉动总体规模快速攀升，使整体成本下降；并通过"大客户"业务促进系统内全方位的革新，提升公司与国际市场接轨的能力。"海外品牌基地"是海信海外战略长期目标的主战场，在直接面对高端品牌的阵地战中不断提升自身品牌的知名度和美誉度，增强海信整体的全球影响力。"新市场、新业务"的积极开拓，不但使公司获得了短期生存至关重要的利润来源，更重要的是为海信培养了更多的"品牌基地"，是实现海信海外公司可持续发展的重要支撑。"两大平台"是确保三驾马车高速前进过程中，保持肌体健康的内在保障。第三架马车"新市场、新业务"板块包括了两个维度，一个是地域维度，即欧洲、美洲、澳大利亚等发达国家市场以外的新兴市场，这个广阔的市场空间将为海信提供新的增长点；另一个维度是业务维度，即海信的新产品，伴随集团生产线的日益丰富，IT 类产品、洗衣机、小家电等源源不断的新产品又将为海信提供大量的业务增长点。2006 年上半年，海信电视居中国出口欧洲总量第一，海信成为法国最畅销的中国平板电视生产商。

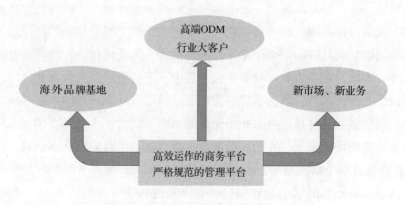

图 6 - 1　海信品牌国际化发展阶段国际市场的品牌发展战略

资料来源：海信集团内部提供。

140

3. 深耕澳大利亚市场

2003 年海信澳大利亚办事处在墨尔本成立，海信开始开拓澳大利亚市场，但公司主要运营的是 OEM 业务。此时澳大利亚家电市场已经非常成熟，日、韩、欧、美等国的高端家电品牌占据了澳大利亚的家电市场。澳大利亚的消费者的品牌导向不强、品牌忠诚度不高，喜欢接受新事物、新产品。但长期以来，在澳大利亚家电零售商的概念里，中国品牌是低价和低质的，与日本、韩国品牌在工艺、质量和细节等方面有着较大差别。虽然零售商们一直需要中国品牌，但其目的只是通过低价吸引低端消费群，提高人气，中国品牌从来不是其战略合作伙伴和高利润的来源。

2006 年初，海信澳大利亚成立新公司，旨在澳大利亚发展自主品牌。在进行了长达半年的关于竞争对手、渠道、消费者在内的市场研究，在对自身优势、劣势与先入品牌成功经验和失败教训充分认识的基础上，海信澳大利亚公司设立了高起点和中端战略。同时海信在品牌定位决策时提出了 ABC 三类品牌定位的思路：A 品牌——高质高价，B 品牌——高质中价，C 品牌——低质低价。

为了能够在澳大利亚市场迅速提升海信品牌形象，尽快突破中国品牌在海外的低档次价格竞争瓶颈，本着完全本土化、高起点的原则，海信澳大利亚公司在继续拓展 OEM 业务的同时，以 B 品牌战略⊖开始在澳大利亚发展海信品牌。其目标客户群是以产品质量、功能为导向的，介于价格导向和品牌导向之间的消费群体。

为了保障 B 品牌战略的推广，海信澳大利亚公司并没有急于盲目横向扩张，而是选择纵向深入，深挖优质客户潜力。2006 年 7 月，海信牌平板电视开始以崭新的 B 品牌面貌重新登陆澳大利亚市场，全面进入澳大利亚第二大主流家电连锁渠道 Doodguys，并被该店与三星、惠尔浦等品牌放到其促销画册同一位置进行宣传。同时，海信提出澳大利亚家电顶级的售后服务，成为澳大利亚市场第一个承诺"产品三年包换"和开通澳大利亚全国 24 小时服务热线的家电企业。

之后，海信开始在澳大利亚等先行市场清晰地将自己的产品定位为：紧跟世界领先技术，在功能和质量上与三星、索尼等国际一线品牌基本一致，争做中国质量最好的品牌；在服务上体现出最优质的服务，而在价格上比这些国际品牌低 15%。在选择渠道商方面，海信选择在战略上相互认同的"门当户对"的合作者，在澳大利亚，海信选定了当地排名前 4 的主流家电连锁渠道商。这些渠道商经营各大品牌的商品，需要有各种定位的品牌，定位高质中价的海信品牌销量不错，逐渐成为当地经销商与强势品牌谈判的筹码之一。同时，海信获得了进入主流渠道的机会，对产品销量和品牌形象形成良性促进。海信品牌产品以高质量、高技术为基础，以一流的售后服务政策为终端消费者提供服务，以比国际一

⊖　B 品牌战略是海信为布局发达国家市场提出的以综合优质的产品质量、优势的价格定位、稳定的销售渠道和循序渐进的推广方式的中端品牌战略。海信希望通过 B 品牌形象的深入人心，最终实现 A 类品牌的战略目标。

线品牌更有竞争力的价格，全面进入澳大利亚主流家电连锁渠道，并稳步开展品牌宣传，提升品牌形象。根据各个区域市场的发展情况的不同，海信的策略会略有调整，但中高端的品牌定位却贯穿于海信自主品牌国际化战略的始终。

到 2009 年，澳大利亚海信公司的销售额达到新高，市场销售量已经超过索尼和松下，仅次于三星和 LG。并且，海信澳大利亚公司已经完全实现本土化，其销售人员、物流人员、工程师都是在各自领域有着 10 年以上工作经验的当地专业人员，这保障了澳大利亚海信业务的顺利发展；澳大利亚海信逐渐进入主流渠道，搭建起战略合作关系、高效的物流平台和管理平台。本土化的经营思路，保证了澳大利亚海信自主品牌业务的稳定运作，保证了海信产品功能、质量、设计在当地市场的竞争能力。

6.1.4　湍湍激流中稳步成长

2008 年金融危机后，国际市场对于家电的总体需求呈下降趋势，众多国际知名品牌，如飞利浦等在美国市场开始收缩战线，日立和东芝等开始在澳大利亚市场收缩战线。同时由于经济危机、行业洗牌，部分中小企业倒闭重组。许多客户转移订单，并为防范风险集中采购。这为海信争取国际市场份额提供了很大的空间，海信开发了一批新兴市场，各区域市场销售占比如图 6 - 2 所示。在海外各区域市场上，海信存在 OEM（主要通过本公司自主的销售渠道实现）与自主品牌（主要通过与海信国际营销的关联交易实现）两种品牌运作模式，但随着海信国际化的不断深入，海信开始逐渐减少 OEM 比例，逐步实现自主品牌国际化。

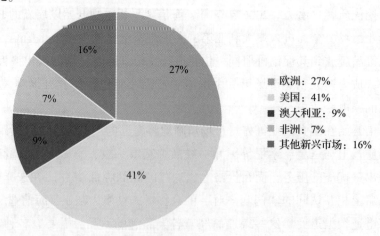

图 6 - 2　海信品牌国际化巩固阶段海外各区域市场销售占比（2007 年）

资料来源：作者根据海信集团内部资料整理。

在全球家电需求疲软的背景下，海信的国际市场份额反而实现了逆势增长。2009 年 1 月，在美国拉斯维加斯开幕的国际消费电子展上，海信携最新自主研发的 LED 液晶电视、蓝光电视、网络电视、节能电视等高端平板新产品与众多国际知名品牌同台竞技。海信电视在此次盛会上成功入围"全球电视品牌前 10 强"。总体来说，海信在国际市场上的稳步发展得益于海信明确的目标市场选择和清晰的品牌发展战略。海信深知想要进一步发展成为全球知名品牌，就必须积极引进国际化专家人才，深入产品研发，积极推进产业链上下游拓展，加强渠道建设，积极进行品牌建设，提升国际品牌形象，自此海信逐渐拉开全力开拓国际市场的序幕。

1. 布局全球研发中心，提升产品竞争力

强大的品牌依托于高质量的产品，以先进技术为支撑的生产体系和高科技的产品是海信品牌最有力的支撑。周厚健董事长曾表示："与国际企业竞争，如果海信不能发展自己的技术，不能创立自己的品牌，最后海信就不得不打价格战、打广告战累得筋疲力尽。没有技术，海信成不了名牌；没有核心技术，我们就不能掌握自己的命运！没有知识产权这个 DNA，全球知名品牌就是个实现不了的梦。海信只有实现技术创新，创立自己的品牌，才能在国际市场上占有一席之地。"多年来，海信在海外发展过程中，始终如一地奉行"技术立企"的理念和"技术为先"的发展思路，坚持自主研发，持续对技术开发投入巨大的资金、人才等资源，研发成为海信加速融入国际市场的平台。在周厚健董事长眼中，只有拥有国际化的前瞻性研发机构（实验室），才能强化企业在行业技术与标准中的主导地位，为企业发展和国家竞争力建设争取更多宝贵时间。跨国的海信在确保紧跟世界先进技术潮流的基础上，要抓住每一次技术升级的契机，在一些热点技术领域实现重点突破，完成技术的跨越式发展，这种技术绝不是简单的技术引进，而是以拥有自主知识产权和引领行业技术发展方向为代表的核心技术优势。

2007 年，海信抓住荷兰地处欧洲中心位置、与周边各国联系密切的特点在荷兰成立了海信欧洲研发中心，以便更深入地研究欧洲家电产品的发展趋势，了解当地家电技术的发展趋势以及文化导向，使研发出的产品满足当地的特色、技术和功能上的需求，提高产品的规划水平和市场的适应性，从而促进海信在欧洲市场实现销售、生产以及研发的一体化。欧洲研发中心的成立，进一步提高了产品的规划水平和市场适应能力。海信技术立企战略也因欧洲研发中心的建立得以向欧洲这些经济最发达、技术最前沿的地方延伸，使技术得到进一步的提升，有利于进一步提高海信的核心竞争力。

另外，欧洲研发中心也成为海信"体验式研发"的一个重要基地。2007 年伊始，海信集团董事长周厚健向欧洲研发中心的产品外观设计工程师们布置了一项新任务：游览欧洲著名的博物馆和艺术馆，体验欧洲的文化和生活，深刻领悟欧洲设计精髓，以设计出具有欧洲设计水准的产品。于是，设计师们开始在欧洲各地不停奔走：实地考察电器市场；与欧洲最杰出的设计机构进行直接交流与合作；亲身参与当地的设计论坛……"体验式研发"的成果很快显现，那就是真+天翼系列平板电视的诞生。谈起创作灵感，主设计师胡旻娜说："古罗马的玻璃器皿触动了我，它很漂亮，似透非透、圆润饱满，同时还带有一定的光线折射效果，如果能运用在电视外观上，一定会有很好的效果。"经过与国内同事

的沟通和讨论,海信欧洲研发团队把这个由"体验"激发的创意从草图变成了精美的产品。源自欧洲的灵感设计出手不凡,2007 年"天翼"系列获得了中国工业设计界最具权威的"2007 创新盛典中国工业设计奖"——"最佳年度特色奖"。欧洲研发中心的成立,增强了欧洲代理商和客户对海信产品的信心。

在这之后,海信还先后在美国的亚特兰大、加拿大、美国的圣地亚哥、以色列、日本等地先后成立研发中心(截至 2019 年 12 月,海信共有 7 大研发中心在海外,具体见附录),每年投入巨资进行研发,为海信在国外的市场开拓和品牌建设提供了强大的支撑。没有技术的速度不扎实,但没有速度的技术可能是累赘。正是源于这种"技术型"的跨国追求,在南非,海信成为当地与索尼、松下齐名的畅销品牌,产品还销往周边的纳米比亚、莱索托、莫桑比克、博茨瓦纳等 10 多个国家和地区;在巴西,海信变频空调享有良好口碑,且在智利、苏里南等国家发展态势良好;在欧洲,海信空调成功抢滩意大利,并以此为中心辐射到希腊、塞浦路斯、西班牙、法国、土耳其等国家……而进军日本等发达国家市场,更是海信延伸和检验自己技术和品牌能力的重要战略。

2. 建设海外营销渠道,扩大市场份额

海信的海外营销渠道主要有三种:第一种是直接销售,在一些区域市场设立办事处或分公司,直接销售产品,这些机构一方面需要负责业务的开发、提供技术上的保障,同时还要进行市场研究给予反馈;第二种渠道是采用分销和代理销售的方式,这种方式降低了海外员工的管理成本;第三种渠道是通过合资的方式与其他企业建立合作关系,这种方式使得海信可以利用当地强势企业的渠道进行销售,大大节省了海外运营的成本。三种渠道的销量比例如图 6-3 所示。

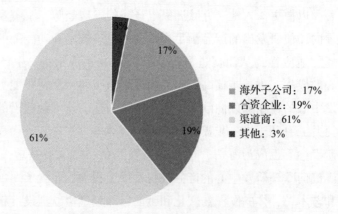

图 6-3 海信品牌国际化巩固阶段在国际市场上不同销售渠道的销量占比

资料来源:作者根据海信集团内部资料整理。

(1)成立分公司直接销售

直接销售加大了海信开拓海外市场的难度,这意味着海信必须有巨额的资金支持、成熟的海外管理体系、强大的当地营销团队，但这也同时能够使海信及时抓住市场需求，拥有更快的反应速度。

（2）通过分销和代理销售

海信加拿大公司于 2009 年成立后成功进入了加拿大本土最大的连锁销售渠道 Canadian Tire，业务范围包括海信牌电视以及白电 OEM 产品，而后逐步进入当地的主流渠道，以树立海信品牌高端形象。在美国，海信产品通过 HHgregg、Best Buy、Wal-mart、Costco 等连锁渠道全面进入美国市场；在英国，海信通过进驻当地主要的家电连锁渠道，推广海信产品；在西班牙，海信组建了覆盖广泛的营销和服务网络，与 Sinersis、Segesa、Miro 等西班牙主流连锁建立了业务联系，市场占有率稳步提升。海信澳大利亚分公司也主要依靠当地的零售商进行产品的销售。海信特别重视与分销和代理商的战略认同，并将这作为是否合作的第一要素。

（3）建立合作关系

初入国外市场，海信是一个不太知名的品牌，特别是欧洲市场消费者对并不知名的品牌是持怀疑态度的。为解决这一问题，海信选择了首先跟一个客户做最紧密的战略合作，通过它的影响力和渠道进入市场，经由客户向商家推广海信的品牌优势，最后通过营销人员将品牌信息传递给消费者进行品牌宣传。同时，这也要求海信的品牌拥有全系列全阵容的产品线，从而使得消费者在商店选购的时候能够感受到海信品牌强大的实力。此外，与当地强势企业合作，借助其原有销售渠道，大大节省了海信进行渠道建设的时间和成本。

在这一时期，海信通过对海外渠道的积极建设，海信的自主品牌呈现良好的发展趋势。海信集团海外收入从 2009 年的 9.2 亿美元增长到 2011 年 14.3 亿美元；品牌收入由 2009 年的 2.6 亿美元上升为 2011 年 5.2 亿美元，同比增长 51%；自有品牌占比逐年攀升，从 2007 年的 10%，跃升到 2011 年的 37%（图 6-4），其中电视的品牌占比已经达到了 47.4%。

145

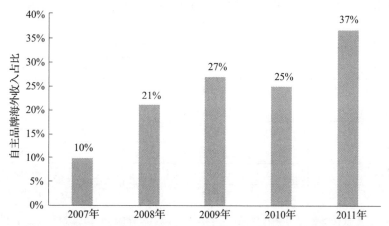

图 6-4　海信品牌国际化巩固阶段自主品牌海外收入占比（2007~2011 年）

资料来源：作者根据海信集团内部资料整理。

6.1.5　自主品牌之梦崭露头角

在进行海外市场开拓的同时，海信特别注重对于产品形象和企业品牌形象的塑造。推广和树立海信作为全球主流消费电子供应商的品牌形象，为海信进入南美市场奠定了良好的基础，同时北美市场的成功也使海信品牌在南美形成了较大的影响力，迅速打开了南美市场。

海信还通过主动承担社会责任的方式赢得了良好的海外社会声誉。在南非，海信对当地孤儿院、儿童医院和敬老院等福利机构开展了持续的援助活动。其中最有代表性的就是其与南非红十字儿童医院签订了长期的援助协议，协议的主要内容是：海信每销售一台彩电就捐出 1 元钱，用以帮助红十字儿童医院修建手术室。在南非销售海信产品赞助儿童医疗事业的大型公益活动如火如荼地开展，这项活动在南非的各界都引起了较为强烈的反响。南非大多数商场、连锁店都积极参加此项活动，海信集团也就更加坚实地融入了南非的当地社会。在澳大利亚，海信积极推动当地的环保事业，并主动加入澳大利亚 PSA（Product Stewardship Australia，澳大利亚产品管理组织），与索尼、松下等 PSA 成员一起致力于修复和回收废弃电子电器产品，防止造成环境污染与资源浪费，这一举动赢得了澳大利亚社会的尊重；同时海信帮助澳大利亚政府推进为电视供应商和进口商制定的新法律，由此得到了澳大利亚政府方面的赞誉，这些活动对海信品牌在澳大利亚的推广起到了很好的推动作用。2011 年 2 月 15 日，海信成为联合国环境署"绿色创新奖"未来三年的全球首家企业合作伙伴，这也是中国企业首次跻身联合国环境署绿色创新行列。多年的社会责任和公益活动提升了海信的品牌知名度和品牌形象，相关数据显示，2012 年海信的品牌知名度在南非市场为 30.1%，在澳大利亚为 11.4%，见表 6 – 2。

表 6 – 2　海信品牌国际化巩固阶段在各国的品牌知名度（2012 年）

国家	人口（亿）	海信
中国	13.47	77.7%
南非	0.488	30.1%
澳大利亚	0.227	11.4%
马来西亚	0.283	7.6%
意大利	0.608	2.8%
日本	1.260	2.8%
西班牙	0.471	1.2%
德国	0.817	0.3%
美国	3.080	0.2%

资料来源：作者根据海信内部资料整理。

到 2012 年，海信在各区域市场的布局已经基本完成，各区域市场的销售收入相对平均，如图 6 – 5 所示。2012 年 5 月开始，海信海外市场启用全新的 VI 形象。海信中国以外区域将全面"变脸",将标识系统彻底"国际化"。在海外自主品牌战略和智能化战略双轮驱动之下,海信以美洲、欧洲、澳大利亚、非洲为重点的市场增长迅猛。同年自主品牌销售额同比增长 75.34%,欧美市场呈数倍增长。顺应这一发展态势,基于对海外市场的消费者洞察,在全球调查征询意见后,集团确定以通透时尚色彩、简约的字母取代旧标识,同时推出"重新想象"(Life Re-imagined)的品牌承诺,借此表明海信集团在国际市场上全面发展自主品牌的决心和态度。

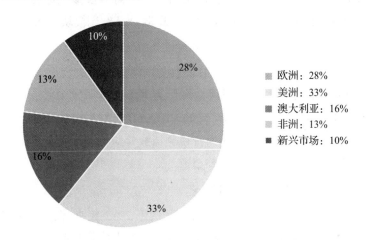

图 6-5 海信品牌国际化巩固阶段海外各区域市场销售占比(2012 年)

资料来源:作者根据海信内部资料整理。

6.1.6 尾声——打造全球知名品牌

海信长期以来坚持"技术立企、稳健经营"的发展战略,不追求短期的轰轰烈烈,而追求当期利益与长远发展的统一,表现相对沉稳和低调,国际化进程没有像其他品牌那样激进。实施自主品牌国际化战略之后,海信在营销策略上进行了大胆突破,在稳健基础上实现策略创新,通过进行高调的品牌推广、提供顶级的售后服务、实现高度的本土化和文化融合、进行市场导向的技术创新、积极参与社会活动和技术标准制定等多方面的营销举措助力自主品牌国际化战略的实现。

在 2015 年的 CES 展会上,海信推出的激光影院、新一代 ULED 等产品引起高度关注,而以激光影院为代表的"无屏电视"的来临,也使得海信第一次"引领了 CES 风向标"。韩国《朝鲜日报》重点报道了海信在激光影院领域的领先优势,并指出这种技术被誉为适合大屏幕电视的高端前沿技术;该报采访的三星电子一位高层相关人士表示:"没想到中国企业率先推出了技术卓越的激光电视。"此届 CES 上,海信 ULED 还荣获了美国国际数据集团(IDG)权威发布的"全球年度显示技术金奖"。海信首次在 CES 引领风向标意义非凡,这标志着海信的家电产品、技术都已经达到国际领先水平,标志着海信的国际综合实力得到了大幅增强,海信已经具备了充足的国际化资源,正向着成为全球知名品牌大踏步迈进……

6.1.7 附录：海信在海外的七大研发中心

（1）美国硅谷（集结模拟设计顶尖人才）

美国顺久（SJ Micro）于 2012 年成立于硅谷重镇圣荷西市，隶属于海信芯片公司，是 2012 年海信收购顺久时的一部分。SJ Micro 集结了硅谷最尖端的模拟设计人才（这也是国内最缺的技术力量），主要任务是为数字音视频芯片所需的模拟电路做突破性的设计、图像处理及画质增强算法研究、100G/200G/400G 高端 OSA& 光模块预研技术的开发。

（2）美国亚特兰大（高端智能电视"本地化"）

成立于 2010 年。2012 年，周董、于总视察美国海信时，决定扩大美国研发中心规模，并于 2013 年 12 月正式在亚特兰大注册成立海信美国多媒体研发中心。亚特兰大研发中心配合青岛完成了基于谷歌 Android 操作系统的 VIDAA TV 和 VISION TV 高端智能电视产品开发，自主开发了 Social TV、基于云端的音视频播放等应用和功能。所开发的产品在 2014 年大批量出货，面向 BestBuy、Walmart 等渠道。

（3）加拿大多伦多（VIDAA 幕后工作者）

为配合海信全球化、智能化的战略布局，海信于 2012 年在多伦多收购了新的研发团队，成立了加拿大公司——Jamdeo，主要致力于海信多媒体等产品的创新研究和人机交互设计/开发。Jamdeo 与多媒体集团一起合作。2013 年发布上市 VIDAA1 代，2014 年发布上市 VIDAA2 代，并继续研发新一代 VIDAA3。因其极简的人机交互设计创新以及领先的技术、产品，VIDAA 迅速赢得了用户的喜爱，稳固了中国智能电视市场第一的地位。

（4）美国新泽西研发中心（提高核心竞争力）

根据海信宽带公司光通信业务发展和产业链纵向集成的需要，宽带公司分别在国外并购 2 家光芯片公司（Archcom 和 Multiplex），并在此基础上于洛杉矶和新泽西成立了针对接入网和数通网市场的 DFB 芯片，以及针对传输网市场的 EML 研发和晶元生产基地。美国芯片研发基地的高效运营对宽带光通信业务的发展、对海信宽带核心竞争力的提升、对满足国外高端客户的需求和海外市场开拓起到积极的推动作用。海信新泽西研发中心实景图如图 6-6 所示。

（5）欧洲研发中心（助力欧洲营销）

是中国彩电企业在欧洲设立的首个独立研发中心。欧洲研发中心伴随欧洲电视的数字化进程于 2007 年在荷兰埃因霍温正式成立，随着海信在欧洲业务的发展，研发中心于 2011 年迁往德国杜塞尔多夫。海信欧洲研发中心的工作重点是依托于本地化的渠

图 6-6 海信新泽西研发中心实景

道，深入了解技术发展趋势、技术规范的演进以及市场的走向，充分调动本地资源来更好地服务海信品牌，建立并参与本地化的技术合作，服务于国内研发项目及欧洲当地市场推广工作。

（6）以色列研发中心（储备技术力量）

海信集团决定在 2016 年 6 月启动以色列特拉维夫研发中心的建设工作。以色列研发中心的主要任务是预研项目的研究，包括电子、医疗、物联网、智慧城市、图像处理等前沿技术预研、新技术引进、新技术开发的产品化，为海信未来储备技术力量。

（7）日本研发中心（助力日本营销）

根据集团战略规划，2016 年 4 月正式成立海信日本研发中心。日本研发中心位于日本东京，重点工作是研究日本的技术发展趋势和市场走向，确保开发的产品符合日本市场需求；主要业务范围包括产品规划、智能电视产品的软件开发、日本本地应用的合作商谈以及产品场测的实施等。

6.2　案例使用说明

6.2.1　教学目的与用途

本案例主要用于在相关课程中帮助学生理解并掌握品牌国际化过程中选择市场进入路径与品牌成长路径的相关理论和运作要点。其可单独使用，也可与案例五和案例七结合使用。

1）适用课程。本案例为平台型案例，适用于国际市场营销、品牌管理等课程有关品牌国际化、国际品牌市场定位等相关章节的案例讨论。

2）适用对象。本案例主要为 MBA 和 EMBA 开发，适合有一定工作经验的学生和管理者使用学习。本案例还适用于工商管理专业学生深度了解中国企业品牌国际化过程中的市场进入及品牌成长的路径选择。

3）教学目的。本案例的目的是让学生学习并理解海信品牌国际化过程中选择市场进入路径与品牌成长路径的相关理论和运作要点。具体的教学目标是要求学生掌握以下三点。

①国际市场进入路径的评估工具。识别基本的进入路线模式，以及评估各个目标国家的市场吸引力和潜在风险，制定最优路线并根据内外部环境变化做出相应路径调整。

②如何分析和评估各品牌成长路径的适用条件、有利因素与不利因素。结合企业外部环境、内部环境以及自身战略选择最合适的国际品牌成长路径。

③企业培育自主国际品牌的基本思路与战略要点。通过学习本案例描述的海信自主品牌国际化进程的市场进入路径与品牌成长路径的整个战略决策和实施过程，掌握自主品牌国际化战略决策的基本思路和要点。

149

6.2.2 启发思考题

1）海信在品牌国际化发展阶段的主要目标以及面临的主要问题是什么？采取的主要品牌国际化的策略有哪些？

2）海信为什么选择了南非—北美—欧洲—澳大利亚—其他国家这样的基本进入路径？中国企业应该如何选择合适的品牌国际市场的进入路径？

3）海信为什么在南非选择了直接做自主品牌，而在北美等其他市场上既有 OEM 也有 OBM？

4）想要做自主品牌的企业应如何选择在不同国际市场的品牌成长路径？

5）在中国家电企业的品牌国际化过程中，存在两种不同的理念。一种是坚持以企业自有品牌开拓国际市场，另一种是主要以 OEM 贴牌形式出口逐渐发展成为知名自主品牌，这两种不同的品牌成长路径之间是否存在优劣之分？

6.2.3 分析思路

教师可以根据课堂不同的教学目的灵活使用本案例。这里提供了本案例分析逻辑路径图，如图 6-7 所示，帮助教师引导案例课堂分析思路，仅供参考。

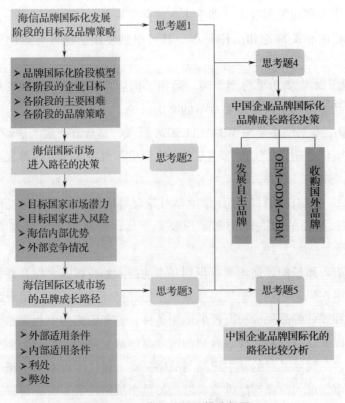

图 6-7 案例分析逻辑路径图

对本案例的分析需紧密围绕着"国际市场进入路径选择——区域市场的国际品牌运作——自主品牌国际化成果与经验"这一思路展开。为了全面系统分析海信品牌国际化的问题，在引导学生进行案例分析时，可以遵循以下思路。

思考题1的分析思路：教师可首先介绍并讲解企业品牌国际化的阶段理论模型，并引导学生结合案例材料归纳出海信在品牌国际化发展阶段的品牌目标、企业任务、面临问题和品牌策略。

思考题2的分析思路：在思考题1的基础上，结合案例材料，根据国际市场进入的总体路线和国际市场定位方格，引导学生围绕各个国际区域市场的市场吸引力、相关风险、海信当时的品牌竞争力、当地市场竞争程度四个方面建立海信的市场定位方格，最终对海信的品牌国际化路径的选择做出解释。

思考题3的分析思路：教师应帮助学生理解OEM、ODM、OBM的定义和特征，引导学生基于企业品牌成长路径的适用条件将案例材料中海信在各区域市场中的内外部条件以及海信当时的品牌国际化战略选择进行关联分析，从而对海信在各区域市场采取不同品牌成长路径的合理性进行解释。

思考题4的分析思路：在国际市场上，企业不仅要考虑自身发展的有利条件，也要充分考虑国际市场中竞争者的各项条件和发展状态。教师应帮助学生理解如何根据相应的环境条件选择最合适的品牌成长路径。

思考题5的分析思路：综合思考题1、2、3、4，结合案例材料，教师应引导学生将文中的品牌国际路径决策进行串联，使学生对海信自主品牌国际化的路径选择有一个完整的认知，进而讨论海信路径选择的科学性与合理性，并引导学生进行思辨，与其他企业的品牌国际化路径做对比分析。

6.2.4 理论依据及问题分析

1. 思考题1的理论依据及问题分析

（1）思考题1的理论依据

品牌国际化的相关理论已在5.2.4中的第1部分进行了详细阐述，此处不再详述。

（2）思考题1的问题分析

问题：海信在品牌国际化发展阶段的主要目标以及面临的主要问题是什么？采取的主要品牌国际化的策略有哪些？

分析：结合案例材料，海信的品牌国际化同样可以分为四个阶段：探索阶段、发展阶段、巩固阶段和腾飞阶段。2001年之前海信处于品牌国际化探索阶段，从最初有少量的对外贸易业务，到在南非市场成立办事处正式运作并取得成效，海信逐渐摸索出了建设国际品牌一些门道；2002年之后，海信将南非的品牌运作经验带到北美市场，并加大了自主国际品牌的建设力度，逐步开拓了澳大利亚和欧洲市场。

在发展阶段，海信的目标和任务是扩展区域市场规模，提升产品在国际市场上的竞争力，提升海信在各区域市场的品牌知名度，并实现盈利，见表6-3。而此时当地消费者对中国品牌的消极态度，海信与国际渠道客户对于海信品牌定位的观念冲突，以及当地市场原有的竞争对手都成为海信发展自主品牌的阻碍因素，海信选择了北美等市场先做OEM保证上量，再不断发展自主品牌的模式。

表6-3　海信在品牌国际化发展阶段的主要目标、面临问题及应对策略

海信品牌国际化的发展阶段	具体内容
品牌目标	在其他区域市场上被认知，尤其是欧洲及北美等发达国家市场
企业任务	提升产品竞争力、提升品牌知名度扩展区域市场规模，并实现盈利
面临问题	别国消费者消极的品牌态度，与国际渠道客户的观念冲突，当地市场存在较强的竞争对手
应对策略	OEM，签订合资协议，发展自主品牌，开展技术合作

2. 思考题2的理论依据及问题分析

（1）思考题2的理论依据

1）品牌国际化的市场进入模式。详见案例五

2）国际市场定位方格。详见案例五。

（2）思考题2的问题分析

问题1：海信为什么选择了南非—北美—欧洲—澳大利亚—其他国家这样的基本进入路径？

分析：从总体上而言，海信的品牌国际化路径是一种中间路线，就是先进入南非这样的中等发达国家市场，积累国际化经营和建立国际品牌的经验。在市场发育水平、品牌竞争激烈程度等方面，南非市场介于发达国家和不发达国家之间。

海信选择首先进入南非市场，主要是因为在这一市场上发展自主品牌的难易程度适中，在南非市场取得的经验，能够比较容易地扩展到发达国家市场。当海信在南非稳步发展，取得一定的自主品牌成效之后，就开始着手向其他区域市场拓展（海信品牌国际化的发展阶段）。如图6-8所示，此时的海信在南非市场经过多年的发展和实践，已经积累了一定的国际品牌运作、渠道建设、产品生产及销售等经验，并对发达国家的市场

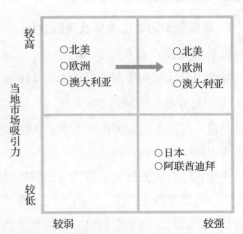

1994年到2002年海信在当地市场的品牌竞争能力变化

图6-8　发展阶段海信的国际市场定位方格

152

环境具备一定了解，已经具备了进入北美、欧洲、澳大利亚这样的发达国家市场的基础和资源。而对于日本、阿联酋迪拜等同样具有一定市场吸引力的国家，虽然海信也具有进入市场的能力，但这些国家市场内部竞争激烈，品牌国际化的风险较大，所以海信选择了南非—北美—欧洲—澳大利亚—其他国家这样的基本进入路径。

问题 2：中国企业应该如何选择合适的品牌国际市场的进入路径？

分析：当积累了一定国际市场经验和品牌资产之后，大部分的中国家电企业（其他行业的企业也类似）都选择了品牌国际化。但在实施自主品牌国际化阶段，不同企业在具体市场进入路径的选择上却不尽相同，这也导致不同企业面临的市场特征、企业自身的技术研发和学习能力、企业创造价值的环节和内容不同。例如：海尔选择直接进入欧美发达国家，通过建厂和直接销售全面实施自主品牌战略，TCL 通过收购国际品牌的方式发展自主品牌战略。对于海信来说，考虑到自身的资源和能力，总体上采取中间路线的进入路径，首先在南非市场寻求品牌国际化的发展契机，同时也是为全面品牌国际化进行试验和经验积累，稳打稳扎，步步为营，时刻关注国际市场动向，不断发展企业自身的品牌竞争能力，最终建设成为全球知名的自主国际品牌。对于中国企业而言，不管是采取发达国家到不发达国家，还是不发达国家到发达国家的总体路线，都应该在充分考察当地市场吸引力和企业品牌竞争力后谨慎做出最合适的路径选择。

3. 思考题 3 的理论依据及问题分析

（1）思考题 3 的理论依据

品牌国际化成长路径理论。企业在国际市场上可以采取三种品牌运作模式，分别是原始设备制造商（Original Equipment Manufacturing，OEM）、原始设计制造商（Original Design Manufacturing，ODM）以及原始品牌制造商（Original Brand Manufacturing，OBM）。OEM 是指企业按原单位委托合同进行产品制造，用原单位商标，由原单位销售经营；ODM 是指企业按照委托方要求，由企业设计并生产，但是不使用企业自己的品牌，也不负责产品销售；OBM 是指企业设计生产自主品牌的产品，积累品牌优势，并主动建立与消费者之间的联系。

要理解海信为什么在不同区域市场采取了不同的品牌成长路径，首先要了解 OEM、ODM 和 OBM 三者的特点和差异。表 6 - 4 给出了三种品牌成长路径的特征比较。一般来说，发展自主品牌，做 OBM 更多的是针对 B2C（企业对消费者）品牌，因为 B2C 的竞争更加激烈，要保持产品与消费者的沟通，品牌必不可少。当然 B2B 企业是否建立自主品牌需要权衡。如果中间企业数量不多，这时并不需要特别塑造品牌。而当中间企业数量巨大，行业又存在一定竞争性时，企业就可能需要跳过中间商，通过特别手段塑造品牌，对终端消费者形成影响从而对中间商产生拉力。

表6-4　OEM、ODM和OBM的特征比较

模式	品牌	设计与生产	销售
OEM	产品为委托方量身制造，只能使用委托方的品牌	委托方掌握核心技术，受托方负责生产	以委托方的品牌型号名称出售
ODM	产品的品牌归委托方所有（委托方买断产品版权时）	受托方提供产品研发、设计制造、后期维护，委托方提供设计构想	受托方有权将产品销售给其他客户（委托方未买断产品版权时）
OBM	受托方经营自主品牌	受托方自主设计、研发、生产	受托方自产自销

　　由于自创品牌周期太长，在生产、渠道和服务等方面投入费用过高，风险较大，所以收购国外品牌是降低风险、快速进入国际市场的一种方式。但是，并购也面临着财务风险、文化融合等风险。总体来说，企业应该结合外部环境、内部环境以及自身战略在各国市场选择当时最合适的品牌成长路径。不同品牌成长路径的适用条件见表6-5。

表6-5　不同品牌成长路径的适用条件

品牌成长路径	外部适用条件	内部适用条件	利处	弊处
OBM	当地市场消费水平较高，行业竞争程度较低，行业内缺乏品牌领导者，竞争对手的品牌认知度较低	企业品牌已具有一定知名度，已经积累了一定国际市场经验，具有较强的物流和品牌建设能力	占据价值链高端，自我掌控力强	成本投入大，周期长
OEM→ODM→OBM	行业竞争较为激烈，消费者教育程度较高，竞争对手的品牌竞争能力较强	企业加工制造经验丰富，并积累了相关的技术研发能力，具有良好的规模经济	积累资金，学习别人先进经验	处于价值链低端，受制于人
收购国外品牌	品牌国际化的风险较高，当地市场的进入壁垒较高，当地市场存在品牌影响力强的知名品牌	企业已经较深地嵌入全球价值链，并在技术和市场开拓上具有潜力，具有较强的研发能力、渠道和品牌建设能力，资本雄厚	充分利用已经有的品牌资源，能够快速地拓展国际市场	资金需求大，品牌整合困难

154

　　（2）思考题3的问题分析

　　问题：海信为什么在南非选择了直接做自主品牌，而在北美等其他市场上既有OEM也有OBM？

　　分析：结合案例材料与相关理论，海信在南非市场和北美等其他区域市场的品牌模式选择可以根据国际市场对应的外部环境和企业能力两方面进行解释，具体如图6-9所示（标注"√"的为海信已经满足的条件）。

在南非市场，就外部环境而言，南非当地市场的消费水平较高，而当地家电行业竞争程度较低，已有的日本、韩国等品牌竞争能力有限，海信有较大的品牌发展空间。就海信内部环境而言，虽然当时海信在国际市场上并不具备较强的国际知名度，且南非当地消费者对中国品牌持有怀疑态度，但海信已经通过出口贸易等在南非市场积累了一定的市场经验和渠道客户。且相对于 OEM 业务，海信直接发展自主品牌的长远收益更大，符合其品牌国际化做大做强的发展战略，所以海信在南非选择了直接做自主品牌。

当海信在品牌国际化发展阶段进入北美等其他区域市场时，就外部环境而言，尽管这些市场的规模和潜力较大，当地消费者的消费水平较高，但行业内竞争较为激烈，本土的品牌竞争能力较强，且当地消费者对海信品牌并不熟悉，持有怀疑态度。就海信的内部环境而言，海信通过在南非市场的多年实践，已经积累了丰富的加工制造经验，具有良好的规模经济，有一定相关的技术研发能力，所以海信选择了在这些市场上采取 OEM→ODM→OBM 的品牌成长路径。

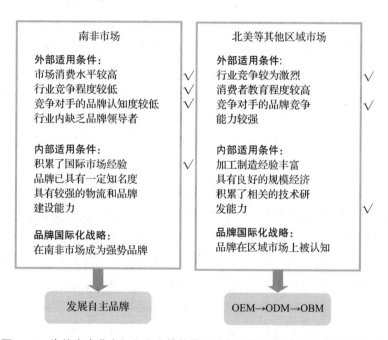

图 6-9 海信在南非市场和北美等其他区域市场的品牌成长路径的决策依据

4. 思考题 4 的理论依据及问题分析

（1）思考题 4 的理论依据

在国际产业分工体系中，从 OEM 到 ODM 再到 OBM，实际上是伴随着企业的不断学习和进步，在产业链上占据不同位置的过程，全球价值链上企业的品牌成长路径如图 6-10 所示。OEM 的本质是做 B2B，OBM 的本质是做 B2C，管理文化、方式和复杂程度都完全不一样。

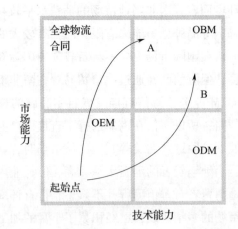

图 6-10　全球价值链上企业的品牌成长路径

从 OEM、ODM 向 OBM 转化，需要强化学习和组织能力，它是企业升级为国际性集团的基本象征。做自有品牌，企业就可以将制造业务外包，专注于技术创新和品牌经营，在全球范围内整合价值链，成为真正的"中国品牌制造"。事实上，在这个过程中，也并非一定严格遵循 OEM→ODM→OBM 的路径，可以选择路径 A，通过整合全球物流，直接从 OEM→OBM，或者选择 A 与 B 的组合路径。甚至在一定的条件下，OEM、ODM、OBM 三者可以并存，但是，应该处理好三者的关系，因为三者之间可能会在外部的资源获取、渠道建设等方面存在冲突，也有可能在内部的管理理念、管理方式、手段等方面存在冲突。

（2）思考题 4 的问题分析

问题：想要做自主品牌的企业应如何选择在不同国际市场的品牌成长路径？

分析：当企业进入的国际市场，所面临的竞争对手较少，企业自身实力较强，当地市场中其他企业与其相比不具有竞争实力时，那么企业可以利用新颖独特的产品、强大的科技能力、充足的资金流等，迅速打入国际市场，占据有利的市场地位，发展自主品牌，培养忠实的客户群体，获得利润。然而如果国际市场中的竞争对手多，且发展都相对成熟稳定，拥有自己的市场份额和客户群体，那么企业在当地市场发展自主品牌会面临很大的障碍。企业需要投入大量资金宣传自己的产品和品牌，并且搭建销售渠道，培养客户群体等都存在很大困难。在这种情况下，有的企业往往会选择低价策略，但这种选择往往使得企业利润降低，同时不利于树立企业的品牌形象。后续如果企业提高产品价格，走中高端产品路线，会流失大量客户，导致企业面临危机。

因此，在国际市场上企业想要做自主品牌，不仅要考虑自身发展的有利条件，也要充分考虑国际市场中竞争者的各项条件和发展状态，并根据相应的环境条件选择最合适的品牌成长路径。虽然海信在国际化之初已经提出要发展自主品牌，但海信在对各区域市场进行充分的调研和考察之后，在不同区域市场上选择了不同的品牌运作模式和品牌成长路径，具体如图 6-11 所示。

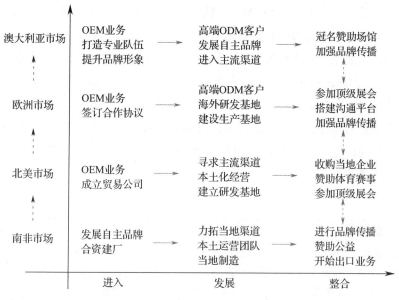

图 6-11　海信在不同区域市场的品牌成长路径及协同效应

在先后进入南非、北美、欧洲和澳大利亚四大区域市场的过程中，海信根据当地市场中竞争者的发展状态和自身的品牌竞争力选择了不同的成长路径。在南非市场直接发展自主品牌，并在具体的策略实施中配合这一战略，如建立当地工厂，逐步实现本土化经营，最终不仅在南非市场成为知名品牌，还实现了向其他区域市场产品出口、品牌声誉传播的协同；在北美、欧洲和澳大利亚市场，鉴于当地已经存在比较强劲的品牌竞争对手，海信则选择从 OEM、ODM 开始做起，积累渠道和经验，逐步发展并加大自主品牌占比，缩小OEM 业务占比。综上所述，企业应结合外部环境、内部环境及自身战略在各国市场选择合适的品牌成长路径。

5．思考题 5 的理论依据及问题分析

（1）思考题 5 的理论依据

1）品牌国际化的市场进入模式。详见案例五。

2）品牌国际成长路径理论。本案例思考题 3。

企业品牌国际化是一个纷繁复杂的系统工程，品牌国际化路径之间并没有优劣之分，也不存在任何固定不变的路径模式，企业必须依据自身所拥有的经营资源状况以及所处的国内外市场环境进行选择。企业品牌国际化的路径选择如图 6-12 所示。

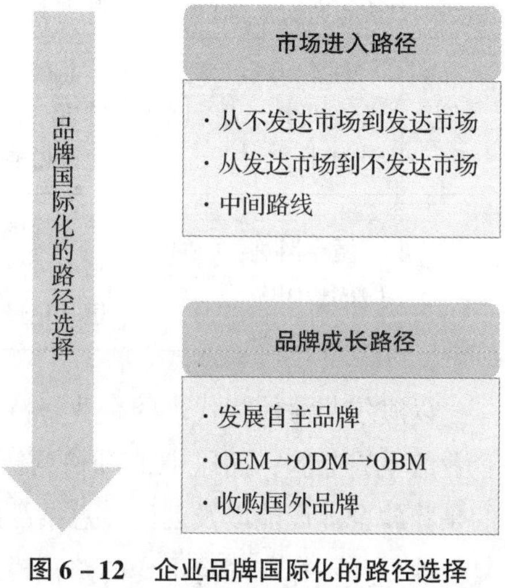

（2）思考题 5 的问题分析

问题：在中国家电企业的品牌国际化过程中，存在两种不同的理念。一种是坚持以企业自有品牌

品牌国际化的路径选择

市场进入路径
· 从不发达市场到发达市场
· 从发达市场到不发达市场
· 中间路线

品牌成长路径
· 发展自主品牌
· OEM→ODM→OBM
· 收购国外品牌

图 6-12　企业品牌国际化的路径选择

开拓国际市场，另一种是主要以 **OEM** 贴牌形式出口逐渐发展成为知名自主品牌，这两种不同的品牌成长路径之间是否存在优劣之分？

  分析： 随着中国经济的迅速发展，中国在产品制造领域与许多发达国家逐渐拉近了距离，"一带一路" 倡议的提出，为中国家电企业的国际化运作带来巨大发展空间，也为中国企业实施品牌国际化战略提供了条件。然而企业的品牌国际化是一个漫长的过程，企业需要通过寻找适当的路径，逐渐发展成为国际知名品牌。经过长期努力，中国品牌正在加速进入国际市场的进程，已涌现出一批国际市场较为知名的品牌，拥有了一定的国际地位，其品牌成长路径见表 6-6。

表 6-6　中国企业品牌成长路径比较

企业	路径特点	利处	弊处	适用条件
海信	中间路线：发展自主品牌、OEM→ODM→OBM、技术和产品研发	品牌国际化风险较低、市场拓展经验积累充分、后期利润稳步增长	品牌认知度较低、品牌成长较慢、国际市场拓展较慢、品牌模式复杂	国际市场竞争激烈、生产制造经验丰富、成本控制能力强
海尔	由难向易：技术和产品研发、自主品牌本土化、构建营销网络	品牌国际化起点高、自主性较强、后期拓展较快、所需时间较短	前期拓展较慢、前期投入较大、风险较高、前期亏损可能性大	资金比较雄厚、产品和技术研发能力强、构建营销网络能力强
联想	高起点：知名品牌收购、产品创新、营销网络整合、国际合作	品牌国际化起点高、品牌认知较快、前期拓展较快、利润增长稳步	整合成本高、风险较大、后期拓展具有不确定性、所需时间较长	生产技术成熟、潜在研发能力较强、营销网络整合能力强
TCL	难易结合：自主品牌、国际收购、本土化品牌	市场适应性好、市场拓展难易互补、回旋余地较大	品牌一致性较差、市场发展不均衡、所需资源复杂	生产技术成熟、研发能力较强
华为	由易向难：自主研发、技术产品创新、ODM 业务	品牌基础较好、品牌自主性强、市场适应能力强	前期投入较大、研发投入巨大、品牌拓展较慢	国际经营意识强、产品生产经验丰富
格兰仕	循序渐进：OEM→ODM→OBM	品牌国际化路径清晰、风险较小、品牌国际化经验积累充分	品牌拓展较慢、策略转换频繁、品牌处于低端定位	品牌国际化意识强、拥有核心竞争力、成本控制能力强

  以海尔与海信为代表的企业坚持以自有品牌开拓国际市场，即企业国际化的目的是创企业的世界品牌；而以 TCL 和格兰仕为代表的企业主要以 OEM 贴牌形式出口，出口的目的是释放企业产能以及创汇。总结品牌国际化的实践，由于企业主体的状况和国际市场的复杂性，并不存在固定不变的路径模式，品牌成长的不同路径之间也并没有优劣之分。任

何一种路径模式都有其对应的优势和困难，能否在品牌成长路径模式选择和实施中取得成功，会受到许多复杂因素的影响，因此，致力于实现品牌国际化的企业，不能单纯地照搬某一特定路径模式，而应该根据企业经营资源特点，参照自身所处的内外环境，进行路径模式创新，走出一条适合自己的品牌国际化道路。

6.2.5 背景信息

（1）南非海信

海信1997年年底在南非建立第一条生产线，1998年其产品正式进入南非销售的主渠道和大型连锁店。此后，海信在南非的销量、销售收入和利润以平均每年20%—30%的速度增长。如今，南非的各大连锁店都有海信的产品。2003年和2005年，在南非最大连锁店GDGroup的年度评选中，海信因售后服务第一和销量第一获得年度最佳供应商。在南非，特别是约翰内斯堡，很多消费者都知道这个品牌，对海信最多的评价就是物美价廉。

（2）美国海信

美国海信贸易公司成立于2001年，位于美国洛杉矶，是海信集团为实施全球化布局设立的战略性海外销售机构。公司主销平板电视，同时经营空调和手机产品。目前为止业务已经覆盖加拿大、墨西哥等北美地区。

美国海信从最初进入市场至今，产品线从单一的CRT产品扩展到包括平板电视、手机的多媒体产业。据统计，2005年海信平板电视在美国市场的占有率为1%。实现销售收入1400万美元。美国海信还与全美最大的专业电器和家用电器连锁销售店BestBuy、Walmart和Kohl's百货公司进行合作，提高了海信在美国市场的知名度。

（3）澳大利亚海信

海信于2003年在墨尔本成立澳大利亚办事处，开始开拓澳大利亚市场。2005年，开始尝试在澳大利亚发展海信品牌。2006年海信澳大利亚公司正式成立。据海关报道，海信出口澳大利亚CRT电视、等离子电视总量居中国各品牌第一名，分别占中国出口澳大利亚总量的15.7%和24.4%。2006年年初，本着完全本土化、高起点的原则，海信开始在澳大利亚筹建公司，在继续拓展OEM业务的同时，以B品牌战略开始在澳大利亚发展海信品牌。海信澳大利亚公司推出了令当地业界刮目相看的售后服务政策——3年内登门换机服务，这在当地家电业是顶级的售后服务。

（4）欧洲海信

2003年海信首次与匈牙利全球最大的OEM公司，世界500强之一的伟创力公司商谈合作事宜，2004年2月26日双发签订了合作协议。双方合作方式最终选定为"利用海信产品技术和管理经验，利用伟创力完备的厂房设备、劳动力和物流配套优势"海信实现对欧洲家电产品出口的规模化，以带动国内SKD零部件出口，创造最大收益。

6.2.6 关键要点

本案例的分析关键在于对海信实施品牌国际化战略、国际市场进入路径以及各区域市场品牌成长路径能够形成深入的理解和把握。不仅对海信案例能够进行详细的阐述和分析，还要能够充分地将品牌国际化相关理论和国际市场营销理论与海信的案例经验相结合进行分析和探讨，了解海信决策的逻辑关系、关键因素和品牌国际化进程的启示等。教学中的关键点包括以下四个方面。

①品牌国际化过程是跨阶段性的活动。在不同的阶段，企业要根据自身和外部环境的特点，制定适合的品牌国际化战略，控制风险，稳步前行。

②不同的国际环境以及企业资源对应不同的国际市场进入路径。企业需要综合考虑国际区域市场的市场吸引力、相关风险、企业资源、市场水平四方面因素，选择合适自身发展的市场进入路径。

③国际市场环境复杂多变，企业想要在国际市场上做自主品牌，不仅要考虑自身发展的有利条件，也要充分考虑国际市场中竞争者的各项条件和发展状态，并根据相应的环境条件选择最合适的品牌成长路径。

④由于企业主体的状况和国际市场的复杂性，品牌国际化并不存在固定不变的路径模式，品牌国际化的不同路径之间也并没有优劣之分。任何一种路径模式都有其对应的优势和困难，企业不能单纯地照搬某一特定路径模式，应该根据企业经营资源特点，参照自身所处的内外环境，进行路径模式创新，走出一条适合自己的品牌国际化道路。

6.2.7 建议的课堂计划

鉴于课堂时间较为有限，为保证教学效果，建议师生做足充分课前准备：教师可以提前一周将案例、辅助资料和启发思考题发给学生。我们建议此案例课前用60分钟阅读和思考，用60分钟开展小组讨论；用90分钟进行课堂讨论。图6-13是教学板书主要内容，表6-7是按照时间进度提供的课堂计划建议，仅供参考。

表6-7 课前与课堂的教学步骤和计划

时段		讨论和学习内容	主要内容	学习时间
课前	1	教师发放教学案例和相关资料，完成小组分组。学生个人阅读案例内容与附带材料，并分析思考	课前准备	60分钟
	2	学生开展小组讨论，借助于所学知识点与工具开放性地解答教师给出的问题，并将结果于课前反馈给老师，老师进行评阅打分	课前准备	60分钟
小计				120分钟
课堂	3	教师可以播放视频《海信林澜接受采访》，让学生课上再仔细回顾案例及相关资料，并要求学生独立列出问题讨论所涉及的营销理论	案例导入	10分钟
	4	学生分析海信在品牌国际化发展阶段的主要目标、面临问题与品牌策略，教师将学生观点列在黑板上，并结合品牌国际化阶段模型进行讲解	思考题1	15分钟

（续）

时段		讨论和学习内容	主要内容	学习时间
课堂	5	学生对思考题2进行分组汇报，教师抛出国际市场定位的决策分析框架，并就学生观点结合理论知识点进行讲解	思考题2	15分钟
	6	学生分析并讨论海信在各区域市场采取不同品牌成长路径的原因，并进行分组汇报，教师将学生观点列在黑板上，并就学生观点结合理论知识点进行讲解	思考题3	15分钟
	7	学生对思考题4进行分组汇报，教师就学生观点结合知识点讲解中国的企业在不同国际市场上应该如何选择品牌成长路径	思考题4	15分钟
	8	学生对思考题5进行分组汇报，教师将学生观点列在黑板上，并结合其他企业的品牌成长路径进行对比分析，引发学生进行思考与讨论	思考题5	15分钟
	9	请学生分组就有关问题的讨论进行分析和总结，并写出书面报告，目的是巩固学生对案例知识要点的理解	课后总结	5分钟
小计				90分钟

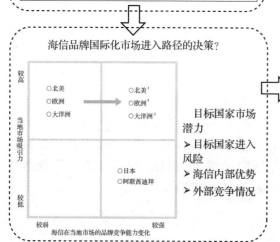

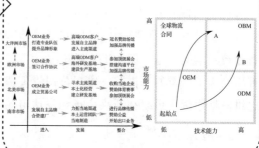

图6-13 教学板书主要内容

6.2.8　补充材料

1．海尔

海尔从出口到生产国际化，走出了一条独立的自主品牌加国外生产和经营的路径模式。海尔的目标是实现全方位的国际化经营，它选择的是先难后易的路径，即首先进入欧美发达国家市场，通过品牌策略和战略的实施，树立自身的品牌形象，稳步扩大品牌及产品的认知度和认可度，不断提高自身产品的品质、质量和国际竞争力，然后再进入东南亚、中东、拉美等发展中国家市场，逐步形成了海尔的国际营销网络。1999年，海尔首先指向世界最大的市场美国，率先在那里设立自己的生产、设计和营销中心，通过三位一体的策略推出海尔品牌，坚持当地融资、充分利用当地人力资源和最大限度的文化融合的策略，并针对当地消费者需要设计产品和服务。首先在美国赢得消费者和市场，并形成一整套有效的国际营销策略手段后，再俯冲进入其他国家市场，就显现出了品牌国际化的高效率性。虽然这一路径的起步阶段步履艰难，所花费时间也较长，为获取国际经营资源还要进行大量的前期投入，但由于起点较高，一旦取得成功，其国际化的后续道路较为平坦。

2．联想

联想通过收购国际知名品牌产品线，从本土知名品牌一跃成为国际品牌，走出了一条"借船出海"的品牌国际化道路。2004年联想投入12.5亿美元的巨资收购IBM的PC业务，这种以小吃大的方式显示了联想品牌国际化的胆识。通过收购以及对IBM技术和管理等经营资源的整合，以较短的时间获取了PC的全球市场及客户，使联想品牌国际化有了一个较高的起点。通过原有品牌Legend改为Lenovo，并在全球范围注册，从法律上巩固了联想品牌的国际市场地位。实施收购战略仅仅两年，联想在全球60个国家拥有了分支机构，建立起遍及160个国家的营销网络。

3．TCL

TCL在品牌国际化路径选择上，针对不同市场采取了不同的品牌国际化策略，面向新兴市场采取自有品牌，而在发达的欧美市场则采用品牌合作策略，走上了一条由易向难、难易结合的路径模式。1999年，TCL以越南市场为跳板逐步扩展至整个东南亚市场，用了6年的时间在新兴市场基本实现了生产和管理的本地化，在营销网络和客户资源以及原料产品供应链方面也日益完善。尽管TCL品牌国际化取得了明显的进展，在新兴市场有着比较稳定的基础，但在进入欧美发达市场过程中也是历经坎坷、屡遭挫折，品牌收购过程也经历了严重的亏损，一度对公司管理造成了严重的影响，但由于公司品牌国际化路径思维清晰稳健，最终在新兴市场和发达市场实现了多品牌经营。

4．华为

华为作为通信网络技术产品的研发、生产与销售的高科技企业，专门为电讯运营商提供固定和移动网技术设备和相关增值业务服务方案，使用户在任何时点都能通过终端享受到快捷一致的通信体验，走出了一条以自主研发为基础，先内后外、先易后难的品牌国际化路径模式，为后发国家的高科技企业实施品牌国际化提供了成功的先例。华为在稳固国内市场的前提下，首先进入非洲、中东、亚太和拉美市场，针对国际标准逐步提升研发水平，并以此为跳板，开始登陆欧、美、日市场，华为品牌和产品方案首先得到了欧盟多国的广泛认可，并且在美国和日本市场也取得了进展。当前，华为已经在产品供应链、管理体制、市场和研发等方面全面步入了国际化进程，其根基是它一贯强调的自主研发优势，这一点为华为品牌国际化奠定了坚实的基础。

5. 格兰仕

格兰仕是以微波炉作为核心产品起家的，创业伊始就提出了"百年企业，世界品牌"的口号，说明了它所具有的鲜明的品牌国际化意识。企业的产品特点、企业自身条件及产业现状决定了品牌国际化的路径选择。鉴于对这些因素的考量，格兰仕选择了从贴牌生产到自主设计和委托加工制造，再到自有品牌制造的这种循序渐进的品牌国际化路径模式。在自己弱小和市场竞争激烈的初期，贴牌生产是一种无奈但正确的选择。但随着经营资源的积累，格兰仕借助全球产业调整契机，抓住发达国家纷纷退出微波炉市场这一空挡，在技术上进行了全面整合和吸收。在品牌国际化最初阶段，格兰仕利用发展中国家劳动力成本优势，通过合资、收购、合作等方式，在俄罗斯、印度等国建立一批装配工厂，率先将低端制造部分进行转移，扩大其产品在国际市场的空间，逐步由贴牌生产向自主设计、委托制造过渡，并且逐渐形成具有影响力的产品标准，扩大了品牌的国际影响力，增强了品牌的国际竞争力。

参 考 文 献

[1] 凯勒. 战略品牌管理 [M]. 吴水龙，何云，译. 北京：中国人民大学出版社，2014.

[2] 钦科陶，龙凯宁. 国际市场营销学 [M]. 曾伏娥，池韵佳，译. 北京：机械工业出版社，2015.

[3] BURT S L, SPARKS L. Corporate branding, retailing, and retail internationalization [J]. Corporate Reputation Review, 2002, 5 (2–3): 194–212.

[4] 董惠梅. 基于国际化阶段理论的中国企业品牌国际化过程研究 [J]. 经济与管理研究，2007 (4): 74–77, 82.

[5] 盛楠. 中国企业品牌国际化模式及条件研究 [D]. 杭州：浙江大学，2008.

案例七

绽放在世界花园——海信自主品牌国际传播的阶段策略[⊖]

品牌国际化给企业提供了一个世界级舞台，为企业提供了更大的发展空间。如何建立国际化品牌是企业一直关心的问题，品牌传播策略的选择很关键。海信的自主品牌国际化取得了优异的成绩，已成为真正意义上的国际化家电品牌。本案例描述了海信自主品牌国际化各阶段的品牌建设过程，揭示了海信自主品牌国际传播的阶段策略。

7.1 案例正文

7.1.1 引言

2018 年 7 月 16 日，当法国队时隔 20 年再次捧起大力神杯时，俄罗斯世界杯也终于随之落下了帷幕。英格兰和比利时的进球盛宴，托尼·克罗斯的最后逆转，冰岛门将扑出梅西的点球，内马尔精湛的演技……这些精彩场景成为全世界球迷难以忘却的记忆。在此届俄罗斯世界杯上，除了球员们的大放异彩，同样备受瞩目的是中国企业在世界杯上的热情参与。世界杯期间，中国赞助商们的表现受到了大众的关注与热议，无论是与梅西形成高度关联的蒙牛，通过三大活动与两部新款手机抓住眼球的 vivo 等世界杯官方赞助商，还是因法国夺冠退款而成为舆论中心的华帝，都让中国品牌在国际市场上的影响力向前迈了一大步。在中国企业纷纷争抢世界杯大牌球星和参赛球队代言的情况下，海信独辟蹊径，跳出"世界杯 + 球星"的逻辑，在距世界杯开幕不到 10 天时正式对外宣布英国著名演员本尼迪克特·康伯巴奇成为海信电视最新代言人。左手"世界杯"，右手"好莱坞"，海信将高贵雅致的英伦范和激情四射的绿茵场巧妙地碰撞结合，在一众企业中脱颖而出，海信也因独特性和差异化的品牌传播使得其在实际的产品销售上获得巨大突破。根据中怡康发布的市场数据，海信电视 2018 年 6 月和 7 月两个月的销售额占有率均超过 20%，7 月还创出 20.63% 的历史新高。在 75in 及以上大屏市场，海信电视的销售量及销售额占有率分别为 28.71% 和 29.67%，海信 80in 激光电视 L5 连续 5 周高居产品畅销榜的前十位。赞助世

⊖ 本案例由北京理工大学管理与经济学院马宝龙、胡智宸、王月辉、吴水龙、高昂撰写。

案例来源：中国管理案例共享中心，并经该中心同意授权引用。

本案例是 2018 年全国百优重点案例系列案例三。

界杯的品牌效应与海信激光电视和 ULED 电视热销形成的良性化学反应，让海信收获了令人意想不到的成绩，而海信也成为第一个杀出重围完成蜕变升级的品牌。

看到海信赞助世界杯的巨大收效，已经退休的前海信集团南非董事总经理于游海不禁感慨万千："在品牌国际化之初，面临着国际市场上的环境变动、合作方的严密设防、国际渠道商和消费者的消极态度等复杂问题，海信也曾苦苦思索该如何扩大市场规模及提升国际品牌知名度以使海信进入良好的品牌成长阶段，而现在却已经于国际家电舞台上脱颖而出，发展成为全球知名品牌，实现了从追赶到超越的跨越。"尘封的记忆逐渐打开，于游海的思绪逐渐飘回在南非那难以忘怀无比艰辛的市场开拓之路……

7.1.2　海信探索阶段的市场开拓模式

1992 年，海信通过山东省外贸公司代理出口产品，向南非出口彩电。此举也正式拉开了海信南非市场开拓的序幕。在海信进入南非市场前，这里的电视产品已被各路世界家电巨头瓜分，而且当时海信把精力更多地放在国内市场上，国际业务所分配的资源相对不多，所以海信只能选取这种靠外贸出口企业拿订单的无自营出口权的模式。1997 年，海信在南非成立了自己的贸易公司。此时海信可以自己直接与外国客户联系，而且产品设计也有了一定的自主权。正是凭着善于细分市场，海信准确地找到南非市场的突破口，由此，海信在南非逐步壮大。随着海信在南非获得了一定的市场规模，海信开始寻求在南非扩建工厂增加产能。正在选择建厂区位的海信发现，位于约翰内斯堡中兰德高科技园区的韩国大宇工厂的厂房面积、内部设备都非常合适，而且国际著名的大企业如松下、西门子、宝马等在南非的总部和制造工厂都云集于此地。2000 年 10 月，海信收购了韩国大宇公司总面积达 2 万多平方米的工厂。同时，海信投入大笔资金在南非建设自己的科研中心，并抽调了一批具有丰富管理经验和较高技术水平的人员到南非工作。在这一时期，虽然海信已经明确了在南非市场的自主品牌发展战略，但市场开拓模式相对单一，主要以人员推销等地面策略为主。

（1）地面推销

在南非市场开拓的初期，海信主要通过建立体验馆、投放产品广告、与客户进行技术交流、邀请客户参观公司并借助媒体力量等方式，增进客户对海信及海信产品的了解。同时海信利用数字简洁明了的特点，用数字吸引消费者。消费者往往对数字比较敏感，特别是对于技术型产品。海信南非则利用这一特点，在海外市场的大部分广告都对产品的功能进行了提炼，例如海信电视的 8 项指标、6 项领先、7 个项目、4 个冠军；海信冰箱的 3 保鲜、节能 7 成。这些数字简单明了，给国际消费者留下了深刻印象，从而有效地宣传了海信品牌及海信产品。此外，海信在南非 10 多个大中城市的机场道路和高速公路旁，都做了巨大的广告牌，海信已经在南非设立了 30 多块大型广告牌，其中有 20 多块在约翰内斯堡。

165

在进入一个陌生市场时，由于语言不通、消费习惯以及文化理念的差异，会遭遇重重困难，而为了战胜这些难题，海信每次开拓新市场都是首先与当地人进行沟通。海信南非公司的管理人员大约用了 3 年时间几乎走遍了约翰内斯堡的大小商店和连锁店，与普通的售货员聊天，了解市场行情，并且宣传介绍了海信集团及海信产品，甚至邀请了南非一部分大连锁店的经理人员到海信的中国总部参观。这样，海信品牌逐渐获得了南非各连锁店及商场的信赖和认可，使得海信彻底打开了南非市场。在印尼市场海信也是如此，在 2000 年，50 位印尼经销商赶赴青岛，与海信协商扩大海信在印尼经销网络的问题。此后，海信扩大了产能，在印尼建立了自己的工厂，形成了更加庞大的营销网络。

(2) 加强生产效率

南非海信成立之初就一直坚守"本地化生产，以产带销"的战略，狠抓生产效率和采购提效工作，通过近一半的物料本地化采购，实现了较高的本地化生产程度和较快的反应速度。此举直接带来的收益就是政府海关 25% 的进口关税的减免，以及海运环节成本的降低。这种战略实际上是通过本地化生产绕开了南非的关税壁垒，又通过本地采购部分体积较大的物料，例如包装件和塑料件来降低综合成本，直接提高了产品竞争力。通过这种发展模式，海信在海外市场提供有竞争力的产品方面取得了非常好的效果。海信的 CRT 电视曾经一度占到电视市场份额的 30% 以上，产品基本覆盖到了全国，市场上提到海信的 CRT 电视，收到的都是质量好性价比高的积极反馈。此外，海信在充分了解南非市场需求结构后，马上开始整合国内外资源对南非进行布局，成功收购了南非约翰内斯堡城郊边现成的海外厂房，并努力提升工厂的效率。在此阶段，海信电器一直加强生产效率和采购环节，随时进行本地化采购，因地制宜。同时海信抓住了进入南非市场的最好的机会在当地投资建厂并采取本地化生产，这使作为南非市场后入者的海信找到了自身定位。在生产管理上，海信坚持着本地化管理理念，选用一群中国最出色的工程师来辅助当地的班组长管理生产，提升工艺水平，控制产品质量。海信在南非的工厂追求小而精，不搞大而全，工厂只有 20 名工人，但平均一天却可以生产 300 台电视。在销售旺季，产品供不应求。在第一个五年阶段里海信电器成功的原因是抓住了市场机遇，根据当时的市场情况和竞争对手的实力，通过在当地投资建厂的方式积累自己的核心竞争力，拥有了比其他企业更直接的优势。

(3) 签订合资协议

初期海信南非的企业经营管理重心在生产环节，而销售环节较为薄弱。为此海信在南非工厂的生产平台上，进一步拓宽新产品，通过产品和渠道规划，让自己的主流产品进入主流市场的主流渠道。但在这个阶段，海信的 CRT 电视逐渐被平板电视所取代，整个中国家电行业都陷入了困境。主要原因是：在 CRT 时代，海信等中国彩电制造企业背靠国家构建的彩管、关键部件等完整的产业链体系，凭借规模优势和成本优势快速崛起。但在进入平板电视时代后，中国彩电企业却集体陷入了缺屏的困境。海信南非公司在这个阶段非常难熬。实际上，海信南非公司已沦为世界平板产业链上的装配工人，即使是占领了市场，利润也十分微薄，处境非常尴尬。在这种危机的情况下，南非海信开始关注市场和渠道，关注产品规划，不断推出新产品，以新制胜。同时，海信也开始寻求与企业大客户的合作，开始签订合资业务。海信通过与行业大客户的合作，拉动了海信电器在南非市场的总体规模，使系统成本下降，并通过承接高端合资业务，大大提高了海信品牌的综合竞争力。

7.1.3 海信发展阶段的品牌建设

2002 年之后，海信步入了品牌国际化的发展阶段。海信意识到，国外同类企业将加快中国市场布局，国际知名品牌将成为消费者追求的对象，国内市场的品牌将集中整合，没有品牌或者说不能成为强势品牌的中国企业只能成为国外知名品牌的制造加工基地。做品牌还是做制造？海信坚定地选择了前者。然而海信此时只是国内名牌，在发达国家市场上的知名度不高，所以海信采取了 OEM 和自主品牌并行的策略，并对国际市场进行积极的探索，逐渐扩大在海外的市场规模。

在开拓发达国家市场时，海信明显的劣势是总体规模不足，由此引发的成本劣势成为海外品牌建设的瓶颈。欧美国家变换多样的贸易壁垒、国内家电市场饱和、产能过剩等压力也迫使海信积极地采取新的发展策略。海信选择了迅速提升产能规模和海外投资建厂的策略。在通过贸易形式积极开发国际市场的同时，当在海外市场达到一定规模后，就把握时机将普通贸易方式转变为境外加工贸易方式，以更好地融入当地市场，实现本土化经营。在此之后，海信用了近 10 年的时间基本完成了在国际市场上的布局，使其遍布亚欧美非全球各个地区。海信产品远销东南亚、中东、非洲、欧洲、美洲、大洋洲等多个地区，在美国、南非、意大利、德国、法国、荷兰、比利时、卢森堡、澳大利亚、中国香港等国家和地区设立了分公司和销售机构。

2006 年海信举行第三届全球经销商大会，邀请全球合作伙伴齐聚青岛，共商海信国际品牌化发展的大计，探讨中国品牌国际化发展的战术。海信认为，一个品牌要想在国际市场获得持续的发展，就需要准确的品牌定位。品牌定位准确，产品价格合适，才能保证企业在国际市场获得利润，然后才能有钱投入设计、开发及品牌形象提升，利润才能增加。品牌强大了，高质量客户多了，企业才会有更多资源进一步投入于品牌建设和渠道的长期支持。在此之后，海信在各区域市场上开展了一系列品牌建设活动，旨在提升品牌形象，进行品牌定位。

（1）品牌赞助活动

2005 年海信亮相世界四大汽车赛事之列，海信的新西兰代理商正式赞助新西兰 V8 国际超级房车大赛赛事中一支叫哈代的车队，首次现身新西兰普克侯赛道（PUKEHOHE）。中国品牌 "Hisense" 在 V8 赛场上赚足了眼球。作为房车级别中的顶级赛事，V8 吸引了全球各行业超级品牌的参与。"Hisense"的名字能够出现在赛事中，是海信品牌战略国际化的重要举措。而之前，在新西兰的家电品牌中只有日本的富士通公司利用 V8 赛事作为其广告宣传媒介。海信的进入，标志着中国品牌海信正在新西兰与对手展开新一轮的市场竞争。海信赞助 V8 之后，海信海外销售收入同比增长 140%。海信电视的海外市场份额也在持续攀升，在澳大利亚市场，海信电视占到国内出口品牌 10% 以上的份额，成为国内电视产品出口第一的品牌。

2006 年海信获得第八届澳大利亚国家最高电影奖项 IF Awards 的冠名赞助权。这一颁奖仪式除澳大利亚知名人士之外，澳大利亚主流经销渠道和采购商代表也应海信邀请与会。海信成功冠名赞助澳大利亚最高电影奖项，符合海信在澳大利亚市场的品牌形象定位，成为海信品牌推广的一次良好契机。这一盛典还通过电视、网络、杂志等多种媒介渠道，在新西兰、印度、日本进行了传播，海信品牌高品质、高科技的品牌形象也进入澳大利亚消费者的心中。海信澳大利亚公司总经理 Aania Garonzi 表示：支持对本地创新和发展有意义的重要事件活动，是海信品牌国际化发展战略的方式之一。冠名赞助澳大利亚最高电影奖项，进一步提高了海信品牌在澳大利亚市场的认知度。

（2）参加展会

海信国际化的初步成功受到了国际行业展会的广泛关注。2006 年 1 月，在拉斯维加斯举办的全球最大的国际消费电子展览会上，全球著名的专业杂志《TWICE》报道了 2005 年中国消费电子行业的十大亮点，海信因其芯片信芯的成功研制、并购科龙产业的结构调整、中国平板销量第一、切入通信领域等内容成为曝光率最高的中国企业。高科技的海信、多元化的海信为中国产业的发展注入了更多的活力。

2006IFA 展上，海信首次展示了获得中国工业设计至高荣誉奖项的 33 系列液晶电视产品；新推出的 PVR 刻录电视具有强大的硬盘功能，可以随时方便地将自己喜欢的电视节目刻录保存；无线连接电视，让电视观众即时享受电视和网络技术有机结合带来的便利。海信向欧洲和全球展示了"中国平板电视顶级制造商"的无穷科技魅力。

2009 年 1 月 8 日，在美国拉斯维加斯开幕的 2009 国际消费电子展览会上，海信电视成功入围"全球电视品牌前 10 强"。在国际金融危机的背景下，中国上市公司都受到了不同程度的影响，但海信电器表现出强大的抗风险能力，也为海信赢得赞许的声音。2010 年 1 月 8 日，周董在国际消费电子展览会高峰论坛上发表了题为"从中国制造到中国创造——新兴市场的技术和产品"的主题演讲。

海信在国际市场上大力推行自主品牌建设，使得海信在大洋洲、欧洲、非洲的品牌影响力得到迅速提升。海信在全球的市场也取得了优异的成绩，成为众多消费电子品牌走向海外的典范。

（3）媒体推广

欧美等发达国家是海信品牌国际化战略的重要市场。在这些相对保守的发达国家里，在资源少、费用高的情况下，海信如何树立良好品牌形象是一个巨大的难题，为此海信在不同的区域市场上开展了不同的媒体推广活动。2009年2月28日，海信传媒网络公司北美运营中心的 Hitv 广告业务成功打入美国市场，此次受到美国主流媒体关注的 Hitv 广告机终端遍布北美，可以根据用户需要定制不同的播放内容，实现用户播放列表的个性化定制。在法国、荷兰、比利时、瑞士等欧洲各国的首都城市，海信配合新华社在中国领事馆、高档酒店、大型连锁华人超市建立了媒体平台，高质量的海信电视吸引人们驻足观看。2008年5月21日、22日在莫斯科举行的俄罗斯 - 欧盟峰会上，海信电视以峰会合作伙伴的身份亮相各会议室；在市中心地区竖起的大型广告牌上，海信电视2009年海外推广统一形象让前来参加峰会的各国代表及广大市民眼前一亮。

（4）获得国际奖项

2009年7月1日，埃及总统对海信产品给出了高度肯定和赞扬，他希望海信加强与 Shams 的合作，加大投资力度，为当地经济的发展和就业做出更大的贡献，政府也为海信在当地的投资提供了极大限度的政策优惠与支持。2009年6月26日，海信获美国政府"卓越贡献奖"，该奖项是为表彰做出卓越贡献的高科技企业而设，海信成为第一个获得该奖项的中国企业。2008年1月8日，在拉斯维加斯举行的美国国际消费电子展览会上，海信荣获"最具创新力品牌"大奖，成为唯一一个获此奖项的中国彩电品牌。海信在全球瞩目的国际消费电子展览会期间获奖，吸引了大量全球经销商的目光，海信电视在国际市场上的突出表现也逐渐赢得了国际渠道商和国际消费者的尊重。

7.1.4 海信巩固阶段的品牌传播

1. 稳扎稳打入驻主流渠道

海信极为重视对国际渠道的风险控制，即使是区域市场上的全国性连锁渠道，海信也不会一味"抱大腿"，而是慎重审视渠道的财务状况是否健康。以至于在澳大利亚家电圈流传一个玩笑式的说法：跟海信合作，不能保证100%成功，但不跟海信合作的渠道，倒闭的风险比较大。例如澳大利亚全国性连锁 Dick Smith，虽然门店很多，但海信澳大利亚管理团队多次讨论认为，他们的管理模式讲不通，后来果然出了问题。在渠道建设的过程中，海信没有急于盲目横向扩张，而是选择纵向深入，深挖优质客户潜力。澳大利亚市场排名第二的连锁渠道 JB HiFi 已经向海信开放数据库，可以随时查看海信品牌在其渠道中的所有实时数据，如订单库存等，这种信赖关系是经过多年合作积累下来的。与优质客户深入合作，让海信澳大利亚获得了巨大收益，业务规模在体量比较大的基础上仍然保持了快速增长，公司运营效率也得到较大提高：2015年收入同比增长50%，2016年在此基础上，收入同比增长43%。最大的收益体现在利润上，2016年海信澳大利亚公司利润攀登新高峰，实际完成率超过300%，对比2015年，利润增幅达240%。海信认为这一建立在优质客户基础上的盈利是可持续发展的盈利，不仅为当前提供了良好的增长和较多的利润回报，也为未来的发展打好了地基。

海信同时看重国际渠道是否与自身的发展思路相互匹配，其中最典型的就是与澳大利亚最大连锁渠道 Harvey Norman 的合作过程。2009 年海信澳大利亚公司开始与 Harvey Norman 接触，由于对方一直不认同海信是中高端品牌，直到 2010 年年底才铺货进入 Harvey Norman。在进入之后，许多加盟店主仍然认为海信是低档货，要么不主推，要么只推少数几款电视。Harvey Norman 根据报表数据认为海信表现很差，要求海信做低端，海信果断拒绝，表示要卖功能，不打价格战，并拿出很多证据表明市场表现原因在于门店没做到位，双方矛盾一时难以调和。2011 年年底，海信痛下决心将电视全部从 Harvey Norman 撤出。同时澳大利亚公司制定了两个战略方针：一是通过做好冰箱产品维护与 Harvey Norman 的关系，同时不断给对方做电视产品的路演培训；二是将精力放在排名第二、第三的连锁商，做好这两大渠道来刺激 Harvey Norman。在这之后，海信冰箱不断推出新产品，同时在质量、售后、利润等方面都让国际消费者对海信的印象和信心不断积累，而海信电视在排名第二、第三的渠道里也风生水起、蒸蒸日上。2013 年年底，Harvey Norman 全球 CEO 带了一支包括各大澳大利亚核心门店店长在内的 20 多人队伍到澳大利亚海信，敲定全面恢复电视合作，并接受了海信品牌的中高端定位，海信电视也重返 Harvey Norman。海信认为如果接受了渠道商的低端品牌合作方式，便会像病毒一样侵蚀排名第二、第三的渠道。重新进入 Harvey Norman 的海信电视迎来了高速增长，也反过来刺激了排名第二、第三的渠道，2015 年、2016 年，海信电视在澳大利亚的销售额连续两年保持了超过 50% 的增速。

2. 体育营销助力国际品牌发展

通过持续的产品研发与渠道建设，海信已经在国际市场取得了不错的成绩，但是仍与周厚健董事长提出的 "大头在海外" （实现海外销量大于国内）的发展目标存在差距，海信品牌国际化巩固阶段主营结构见表 7 - 1。

表 7 - 1　海信品牌国际化巩固阶段主营结构（2013 年）

		主营收入(亿元)	收入比例(%)	主营成本(亿元)	成本比例(%)	主营利润(亿元)
按产品分类	电视机	259	90.94	210	89.67	49.4
	其他	25.8	9.06	24.2	10.33	1.66
按地区分类	国内	207	72.60	159	68.15	46.2
	国外	78.1	27.4	74.3	31.85	2.83

然而海信想要在国际市场上扩大市场规模，却面临着巨大的困难。在国际市场上，渠道对于一个新品牌的态度往往不太友好。除非能够明显看到某个品牌未来有希望，否则渠道一般不愿意帮新品牌进行市场推广，相反会把入驻的新品牌作为低价引流品。而正是因为低廉的价格，新型的中国品牌往往被定位为低端品牌。在这种情况下，再和低端品牌竞

争的结果就是："产品质量要跟大品牌的一样，但价格一定更低；同时还要和小品牌的产品价格差不多，但质量比它们好。"这对于海信在发达国家市场发展自主品牌而言是双重夹击，价格低利润少，品牌成长也更会因此陷入巨大的困境。

为此，在这一阶段海信有针对性地在各区域市场开展了一系列场馆冠名、赛事赞助等活动，对海信的渠道建设起到了积极的推动作用，大大降低了与渠道商的谈判难度。如海信早在 2008 年就冠名位于墨尔本的澳网主球场为 Hisense（海信）球场。2005 年海信的新西兰代理商正式赞助新西兰 V8 国际超级房车大赛赛事中一支叫哈代的车队，海信的进入，标志中国品牌——海信正在新西兰与对手展开新一轮的市场竞争。海信认为，运动是无国界的。海信希望通过体育营销迅速融入国际化序列，让世界接受海信文化，享受海信的优质技术和完善的售后服务，助力海信品牌国际化战略的推进步伐。一方面，海信前期的这些赛事赞助确实提高了品牌知名度。根据中国外文局《2014 年中国国家形象全球调查》显示，国外受访者对中国品牌的认知程度排名，海信总体排名第 7 位。但另一方面，海信已经基本完成了全球市场布局，多年的耕耘让海信具备了良好稳定的营销渠道、世界领先的研发能力，海信一直在寻找一个国际品牌传播更大的机会。

在 2014 年李娜闯入澳网决赛夺得澳网女单冠军，这个过程中海信意外收获了远超预期的宣传效果。在短短几个月的时间里，海信品牌被澳大利亚几大连锁卖场认可，这也进一步推动了海信各大类产品在澳大利亚电器商城全面铺设。在澳网赞助取得成效后，海信为了加大在美洲、欧洲等国际重点市场的推进力度，又赞助了一系列区域赛事，并在每次实施前，选择与海信在当地市场的品牌定位吻合的赛事进行赞助。2014 年，海信还赞助了美国的汽车赛事 Nascar。Nascar 是一个美国全国性的巡回赛，每年大约有超过 1.5 亿的观众现场观看比赛，电视收视率在美国更是远远超过篮球、棒球和橄榄球等体育比赛。同样在 2014 年，海信还赞助了德国甲级联赛的沙尔克 04 队和世界最高水平的赛车比赛世界一级方程式锦标赛（简称 F1）。2015 年海信又赞助了 Red Bull（红牛）车队。这些顶级的赛事赞助活动为海信全球市场带来了巨大的积极影响。在后续海信品牌推广的过程中，渠道商更加容易认可海信的品牌定位、品牌价格、渠道支持等各方面决策。

海信虽然已经进入了北美的各大主流销售渠道，如 Best Buy、Walmart 和 Amazon 等，但是海信品牌的知名度以及当地消费者对它的认可度还很有限，与经销商的合作关系还需要更长时间去经营和巩固。海信要想在国内和国外开启新的发展征程必须在国际品牌建设上下功夫，海信在国际市场上急需提升品牌知名度，以拉动销售和渠道建设。

7.1.5 全球品牌传播推动海信腾飞

1. 跨国收购，加速全球化布局

2015 年 7 月，海信集团与日本夏普同时宣布，海信出资 2370 万美元收购夏普年产能300 万台的墨西哥工厂的全部股权及资产，并获得夏普电视美洲地区的品牌使用权（巴西除外）。夏普墨西哥工厂并非海信集团近几年国际并购中的个案，海信还分别成功并购了加拿大技术公司 Jamdeo 和美国芯片公司 Archcom，都得到了良好的过渡和消化。海信集团副总裁林澜表示，"海信在美洲市场接手夏普品牌后，将夏普定位为高端品牌，海信定位为中高端品牌。北美洲、欧洲、大洋洲这 3 个发达地区市场是海信国际化的战略突破口。在美国，海信品牌电视已进入 Walmart、BestBuy 等不同类型的销售渠道，且发展势头良好。此次收购夏普墨西哥工厂，不仅有利于解决海信在美洲的产能瓶颈，而且通过夏普品牌的授权，海信能获取更多的渠道资源，从而实现海信在美洲市场的快速成长，增强海信在渠道以及规模上的议价能力。夏普是液晶之父，无论在技术积累还是生产能力、渠道资源方面，都具有强大的优势，这些都是海信心仪已久的。而且海信会将 ULED 显示技术以及互联网技术移植到夏普品牌产品上"。

虽然在家电行业有很多并购的机会，但在发展过程中海信集团还是放弃了很多海外并购的机会。直到进入 2014 年后，海信提出要成为全球彩电主流品牌且稳居前三。然而实现这一目标需要通过技术、产能、市场等多种渠道同步进行，当然也包括跨国并购这一方式。在收购夏普墨西哥工厂之前，海信也在考虑收购其他合适的美洲工厂，但是并没有特别符合海信要求和预期的购买对象。恰逢其时，扭亏无望的夏普决定兜售其美洲电视业务。经过海信的仔细评估，夏普的墨西哥工厂无论在产能还是人员配置等方面都令海信怦然心动。在此之前，海信在美洲的战略布局更多是在技术与研发层面，例如收购了加拿大的技术公司 Jamdeo 和美国芯片公司 Archcom。而此次海信收购墨西哥工厂，则在短期内快速地补足海信在北美地区业务快速增长新引发的产能需求，解决海信在美洲的产能瓶颈，使得海信在国际市场上的出货量大幅提升，具体见表 7 - 2。

表 7 - 2　海信收购夏普后各品牌电视出货量统计

品牌	2015		2016		年增长率
	排名	出货量	排名	出货量	
三星	1	47.9	1	47.9	0%
LG	2	29.4	2	28.2	-4.1%
海信	4	12.8	3	13.3	3.9%
TCL	3	13.1	4	13.2	0.8%
索尼	5	12.1	5	11.7	-3.7%
其他	100.4		105		4.5%
出货总量（百万台）	215.7		219.2		1.6%

海外并购是海信加快品牌国际化进程的重要方式。2017 年 11 月，海信集团旗下上市公司海信电器股份有限公司与东芝株式会社在东京联合宣布：东芝映像解决方案公司（Toshiba Visual Solutions Corporation，TVS）股权的 95% 正式转让海信。2018 年 5 月，斯洛文尼亚家用电器制造商 Gorenje 集团宣布，中国海信集团以旗下 "Hisense Luxembourg

Home Appliance Holding"（海信卢森堡家电控股）和"Hisense Luxembourg Holding"（海信卢森堡控股）子公司名义，合计收购了该公司 22.56% 的股份而跃升为第一大股东。对于海信来说，海外并购有诸多益处，能够使得海信迅速形成产能布局，有效利用目标公司的商誉积累及当地社会和自然资源，迅速进入甚至占领当地市场。

2. 赞助欧洲杯，深化全球品牌建设

欧洲杯是全球三大体育赛事之一，其影响力很广泛，收视率非常高。场地边的 LED 广告语又是比赛中最典型的强植入式广告，所以赞助商投放广告的反响特别好。欧足联给 230 个国家的都是同一个信号，换句话说就是其他人没有权力也不能更改画面。因为同一个信号源供应全球，这样品牌赞助商的权益就可以得到非常好的保障。2016 年 1 月 14 日，海信与欧足联成功签署了欧洲杯赞助协议，海信成功在欧洲杯顶级赞助商中占有了一席之位。其广告也出现在欧洲杯全部 51 场比赛中，每场比赛中都有 8 分钟的品牌展示。另外，海信 Logo 也出现在票面、官方背景板上。在法国欧洲杯 10 个举办城市的球迷区，海信设立了专属展示区，全面展示旗下产品。

"2016 欧洲杯最大的冷门是巴西被淘汰，最大的黑马是海信的广告。"这个火遍网络的段子形象地表达了海信在欧洲杯中的出彩表现。在 2016 年 7 月 15 日举行的欧洲杯营销总结媒体沟通会中，海信公布了欧洲杯营销的相关数据，并直言"收益超过想象"。

知名市场研究调查集团益普索研究发现：在全球除中国以外的 11 个被调查国家里海信知名度提高了 6 个百分点，欧洲五大联赛所在国的消费者对海信品牌的认知度更是直接提高了 12%。海量的曝光和品牌认知提升更是直接刺激了海信的产品销售，在欧洲市场，海信电视 2016 年第二季度销量同比提高了 56%，环比增长了 65%。

3. 大战世界杯，海信品牌"C 位出道"

欧洲杯之后，海信电视在法国一度"卖断货"。2018 年海信再斥资近 1 亿美元赞助俄罗斯世界杯，刷新了海信赞助欧洲杯的纪录，成为历史上最大手笔的一次事件营销活动。海信体育营销的成功，迅速吸引了中国企业入围顶级体育大赛，vivo 和蒙牛加入世界杯官方赞助商阵营，阿里巴巴与国际奥委会签下了为期 12 年的 TOP 赞助合同……此次俄罗斯世界杯，中国企业赞助商高达 7 家之多，包括万达、海信、蒙牛、vivo 等，贡献俄罗斯世界杯广告总收入的 1/3，并且获得了极高的曝光率，标志着中国品牌、资金和产品在大型国际体育赛事上强势崛起。

海信成为世界杯官方赞助商，海信电视也成了世界杯官方唯一指定电视品牌。此后，海信先后推出多款世界杯观赛产品，其中包括世界杯官方指定电视 U7、被称为"看球神器"的 80inL5 激光电视、ULED 超画质电视 U9 系列。世界杯官方赞助商的身份，给了海信在世界杯营销方面得天独厚的优势。在世界杯期间，海信将足球元素全面融入产品中，推出包含 2018 世界杯指定电视在内的各类足球元素产品，吸引了无数球迷消费者的眼球。

为了设计用户满意的产品，海信调研用户需求，从用户角度进行产品研发和设计。在产品策划、设计的过程中，海信也在力争符合用户心理预期。

在推出定制化产品的同时，海信还围绕世界杯，展开了一系列含有赞助商特权的线上、线下活动。例如，与苏宁达成合作开展世界杯联合营销，打造球迷广场、百 in 激光电视免费看等活动，引爆球迷热情。在中国企业纷纷争抢世界杯大牌球星和参赛球队代言的情况下，海信独辟蹊径，跳出"世界杯 + 球星"的逻辑，在距世界杯开幕不到 10 天时正式对外宣布英国著名演员本尼迪克特·康伯巴奇成为海信电视最新代言人。左手"世界杯"，右手"好莱坞"，海信将高贵雅致的英伦范和激情四射的绿茵场巧妙地碰撞结合，在一众企业中脱颖而出，海信也因独特性和差异化的品牌传播使得其在实际的产品销售上获得巨大突破。

俄罗斯世界杯期间，海信电视在全球市场实现了联动增长。2018 年 1 月至 6 月，在北美市场，销售量同比增长 54.3%；欧洲市场同比增长 49.3%；在澳大利亚和日本市场，海信电视也实现了快速增长；在南非市场，海信电视占有率继续高居第一。根据中怡康数据显示，海信电视 2018 年 5 月和 6 月两个月的销售额占有率均超过 20%，海信成为第一个杀出重围完成蜕变升级的品牌，具体如图 7 - 1 所示。在代表未来消费趋势的 65in 以上大屏市场，海信同样占据了最大的市场份额；在 65in 及以上尺寸段、75in 及以上尺寸段以及 85in 及以上尺寸段，海信均位列榜首；在 80in 以上尺寸段市场，海信零售额及零售量占有率分别为 54.53%、62.98%，毫不夸张地说拿下了大屏市场的半壁江山。

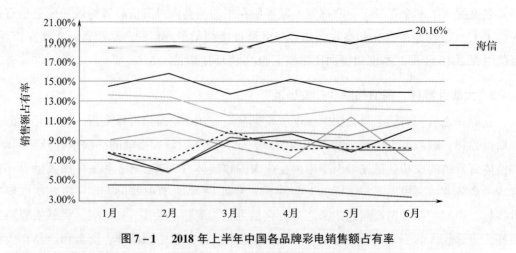

图 7 - 1　2018 年上半年中国各品牌彩电销售额占有率

赞助顶级体育赛事对于海信实现品牌和销量的双增长，推动品牌国际化战略方面成效显著，而海信赞助世界杯带来的品牌红利还将达到新高峰。品牌部部长朱书琴表示："海信近几年通过产业升级、组织架构调整、全球并购等措施，加快品牌国际化进程。在体育产业的扩张也是海信在国际市场布局的重要一步。未来海信还将根据品牌国际化的需要，在体育营销方面进行长期投入。"

7.1.6 尾声——一带一路，全新的机遇与挑战

"一带一路"倡议的提出，为中国企业国际化发展带来巨大市场空间。"一带一路"倡议包含 60 多个沿线国家，覆盖 44 亿人口，经济规模达 21 万亿美元，占全球 GDP 的三分之一。这同样为海信自主品牌国际化创造了一个良好的环境与机遇。但与此同时，差异化的市场和竞争环境、多样化的风险使得海信在品牌国际化发展的道路中也面临诸多挑战。

在欧洲，海信选择在"一带一路"沿线的国家捷克建厂，在欧洲腹地向外辐射到法国、德国、英国、西班牙。2015 年 6 月在皮尔森市成立的海信捷克公司成为海信制造进入欧洲的"始发站"，目标是打造行业一流的电视制造和供应链支持平台。2017 年，海信欧洲品牌销售额同比增长 18.2%；2015 年 12 月，海信空调首次参展迪拜五大行业展（BIG 5），不仅首次在中东区域展示了其完整的空调产品线，包括分体式壁挂机、立式分体空调、轻型商用空调、大型多联机商用空调等产品，更向参观者重点介绍了其先进的 Hi-smart 无线控制技术、高温工况技术等，凸显技术优势。这次参展吸引了阿联酋、沙特、阿曼、巴林、卡塔尔、黎巴嫩、约旦、伊朗等中东国家的众多新老客户，前沿的技术展示和产品阵容让众多分销商对海信的合作前景都信心满满，这次展会还让海信"变频专家"的品牌形象更加鲜明；2016 年 7 月，海信电视南非市场份额为 23%，海信冰箱市场份额达到 22.6%，海信在南非首次在黑白电领域交出了"双第一"的成绩单，成为当之无愧的南非市场第一品牌。电视、冰箱"双第一"的背后是海信南非公司对主抓优质客户、夯实渠道基础、聚焦高端产品战略的坚定决心。

海信在"一带一路"的布局不但投身于国家战略、赢得了自身发展，也为当地带来了可观的经济和社会效益。海信的墨西哥工厂为当地提供了近千个工作岗位，拉动了周边工厂和当地企业的配套和采购。"一带一路"倡议下，海信自主品牌的国际化道路更加宽广，并将在更多的区域市场上取得优异的成绩。虽然未来的品牌国际化发展道路依旧充满荆棘和困难，但海信将凭借刻苦的探索精神，一步一步在充满海信特色的品牌国际化之路上越走越强、越走越远……

7.1.7 附录：海信南非公司公益事业汇总表（表7-3）

表 7-3 海信南非公司公益事业汇总表

项目名称	日期	用途	金额	受赠（益）群体
联合国环境署"绿色创新奖"赞助	2014 ~ 2016 年	自 2011 年赞助 UNEP"绿色创新奖"，2014 年再次续约 3 年，为支持中小型企业的创新发展以及世界绿色可持续发展做出贡献	23 万美元/年	UNEP SEED Award
为 Haven of Rest 孤儿院捐助物资	2011 ~ 2014 年	为孤儿院儿童提供资金、物资、学习用品等援助	约 1 万兰特/月	孤儿院儿童

（续）

项目名称	日期	用途	金额	受赠（益）群体
曼德拉日67分钟慈善捐助	2014年7月18日	在曼德拉国际日，海信为发扬这位伟人为人类奉献的精神，在开普敦和约翰内斯堡分别举行了捐助活动，为当地的孤儿院捐赠了电视、冰箱、微波炉、毛毯、床垫、学习用品等	约1.5万兰特	孤儿院、妇女儿童庇护所
捐赠物资华人警民合作中心	2014年1月14日	海信向华人警民合作中心捐赠了电视、冰箱等产品，向社区公共事业做出自己的努力	约1万兰特	社区警民合作中心
高尔夫女孩赞助项目	2012～2015年	海信为高尔夫天才女孩Catherine提供资金援助，使她能够持续学习高尔夫技能并参加南非境内外的多项高尔夫比赛，是对教育事业的重要支持	约1万美元/年	Catherine
赞助登山项目为南非癌症组织筹募资金	2014年9月	海信支持南非小伙Kiran Coetzee攀登非洲最高峰乞力马扎罗山，在这一过程中借助受众的关注通过募资网站为南非癌症组织募集慈善基金	约3万兰特	癌症人群
捐助Orion疗养院同庆圣诞	2014年12月5日	海信为亚特兰蒂斯地区Orion疗养院捐款，为其300多个残疾人办圣诞party，提供美味午餐及娱乐设施、学习用品等	约2万兰特	Orion疗养院人员
捐赠物资给亚特兰蒂斯警局	2015年2月13日	南非海信公司在开普敦亚特兰蒂斯海信工厂地区派出所举行公益捐赠活动，赠送海信冰箱、电视各一台	约1万兰特	当地社区警局
曼德拉日67分钟捐助	2015年7月18日	海信南非携手中非基金发起主题为"采取行动，促进变化"的慈善捐助活动，并向约翰内斯堡Epworth儿童村捐赠爱心物资	约6700兰特	Epworth儿童村
捐赠产品及现金给Orion疗养院	2015年12月	圣诞节期间，海信捐赠电视、冰箱、微波炉等电器以及2万兰特现金支持疗养院生活	约3万兰特	Orion疗养院
捐赠海信自制板凳给Orion疗养院	2016年3月	海信工厂利用废旧木料自制桌椅板凳，捐赠Orion疗养院	约1万兰特	Orion疗养院
曼德拉日67分钟捐助	2016年7月	海信为开普敦敬老院和约堡孤儿院提供慈善捐助与爱心物资	各6700兰特	敬老院、孤儿院

7.2　案例使用说明

7.2.1　教学目的与用途

本案例主要用于在相关课程中帮助学生理解并掌握企业品牌国际化发展过程中进行国际品牌传播策略制定及实施的相关理论和运作要点。可单独使用，也可与前面两个子案例共同使用，用于讲授整个品牌国际化相关内容，包括国际化动机、国际市场定位、国际市场进入路径选择，品牌国际化成长模式的决策及品牌国际化传播等。

1）适用课程。本案例为平台型案例，适用于国际市场营销、品牌管理等课程有关品牌国际化、国际品牌传播等相关章节的案例讨论。

2）适用对象。本案例主要为 MBA 和 EMBA 开发，适合有一定工作经验的学生和管理者使用学习。本案例还适用于工商管理专业学生深度了解中国企业的国际品牌传播及体育营销的方式和策略。

3）教学目的。本案例的目的是让学生通过学习探讨理解并掌握企业品牌国际化发展过程中进行国际品牌传播活动及实施体育营销需要掌握的相关理论和运作要点。具体的教学目标是要求学生掌握以下三点。

①掌握国际营销中品牌传播的相关理论及传播策略的常见类型。学会识别中国企业实施国际品牌传播成功的关键因素和潜在风险，并提出应对措施。

②了解如何有效地使用国际品牌传播中推拉结合的传播策略，以及不同品牌传播策略在企业品牌国际化不同阶段对国际渠道、国际消费者的不同影响。

③理解体育营销是以体育赛事和体育活动为平台，进行相应的品牌宣传，从而达到提升企业国际品牌知名度，提升企业国际品牌形象的目的；理解企业进行体育营销及国际体育赛事赞助的适用条件、相关问题及决策要点。

7.2.2　启发思考题

1）海信在品牌国际化巩固和腾飞阶段的主要目标及面临的主要问题是什么？海信的应对策略有哪些？

2）海信在品牌国际化发展阶段之前进行了哪些品牌建设活动？这些活动的主要特点、目标、受众是什么？传播效果如何？

3）海信在品牌国际化巩固和腾飞阶段的品牌建设活动发生了哪些变化？其效果如何？

4）请根据海信品牌国际化的发展阶段，分析海信是如何进行推拉结合的品牌传播活动的。

5）在品牌国际化过程中，什么样的企业适合体育营销？企业在进行体育营销时需要注意哪些问题？

7.2.3 分析思路

教师可以根据自己的教学目的灵活使用本案例。这里提供了本案例分析逻辑路径图，如图 7 - 2 所示，帮助教师引导案例课堂分析思路，仅供参考。

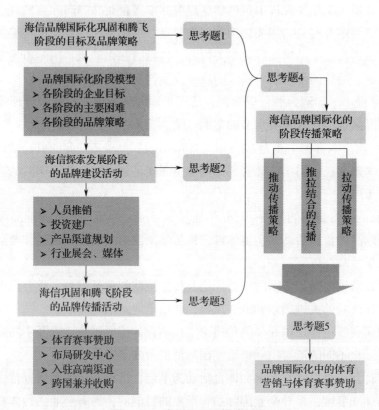

图 7 - 2 案例分析逻辑路径图

对本案例的分析需紧密围绕着"海信品牌国际化阶段问题——海信初期国际品牌建设活动——海信中后期国际品牌传播活动——海信国际品牌传播的推拉策略"这一思路开展。为了全面系统分析海信品牌国际化的品牌传播问题，在引导学生进行案例分析时，可以遵循以下思路。

思考题 1 的分析思路：教师可以引导学生结合案例材料归纳出海信在品牌国际化巩固和腾飞阶段的品牌目标、企业任务、面临问题和品牌策略，并结合案例五与六的思考题论述，从而使学生对海信的品牌国际化过程形成一个完整的理解和认识。

思考题 2 的分析思路：结合案例材料，归纳海信在品牌国际化探索和发展阶段的市场拓展模式与品牌建设活动，以国际品牌传播策略的相关理论为基础，分析这些活动的主要特点、开展相关活动的目的、活动面向的受众以及活动效果。

思考题 3 的分析思路：在思考题 1 和思考题 2 的基础上，结合案例材料，引导学生思考海信在品牌国际化巩固和腾飞阶段品牌建设活动中，品牌传播活动主要特点、活动开展目的以及活动面向受众的变化，并分析导致这些变化的原因。

思考题 4 的分析思路：在思考题 1、2 和 3 的基础上，结合案例材料，引导学生讨论为何海信在 2014 年之前主要是面向各国际区域市场内的品牌传播活动，其原因是什么？海信为何在 2014 年这一时间节点后全面开始了全球性的品牌传播活动，其原因是什么？从而引导学生总结企业品牌国际化进程中进行推动策略、拉动策略及推拉结合策略的决策依据。

思考题 5 的分析思路：引导学生理解体育营销的定义、特征和类型，利用国际品牌形象、国际消费者、目标体育赛事关系图对何种企业适合进行体育营销、何种企业适合赞助何种类型的体育赛事进行分析思考。并对海信为何青睐于体育赛事赞助、而非其他传播方式，中国企业在国际市场进行体育营销需要注意哪些问题等进行思辨。

7.2.4 理论依据及问题分析

1. 思考题 1 的理论依据及问题分析

（1）思考题 1 的理论依据

品牌国际化的阶段理论模型。详见案例五。

（2）思考题 1 的问题分析

问题：海信在品牌国际化巩固和腾飞阶段的主要目标及面临的主要问题是什么？海信的应对策略有哪些？

分析：2008～2013 年，海信处于品牌国际化巩固阶段，海信意识到想要实现本土化经营，就必须在海外成立研发中心，加强渠道建设，构建海外销售平台。2014 年之后，海信进入了品牌国际化的腾飞阶段，开始了大量的海外兼并与收购，赞助顶级体育赛事，国际知名度迅速提升。

在巩固阶段，海信的品牌目标是发展自主国际品牌，成为国际知名品牌；其任务是在各区域市场做大做强，成为当地市场的品牌领导者，并继续深入拓展国际市场规模；此时主要的问题在于海信的产品未能较好满足当地消费者需求，别国消费者消极的品牌态度，以及海信运营多年的 OEM 业务与自主品牌业务的冲突；海信选择了在海外建立研发中心，提升产品的核心竞争力，并积极与当地渠道商合作，收获了更多产品订单。在腾飞阶段，海信的品牌目标是发展成为全球知名品牌；企业任务是在全球市场上做大做强，获得全球规模经济；而此时最大的问题是渠道推动策略的效果下降，全球性的知名度不足，导致国际市场拓展进程放缓；于是海信开始收购兼并国际市场上的知名品牌，并以巨资进行欧洲杯、世界杯等全球性的体育赛事赞助，进行全球性的品牌传播和沟通，获得了巨大成功。如图 7-3 所示。

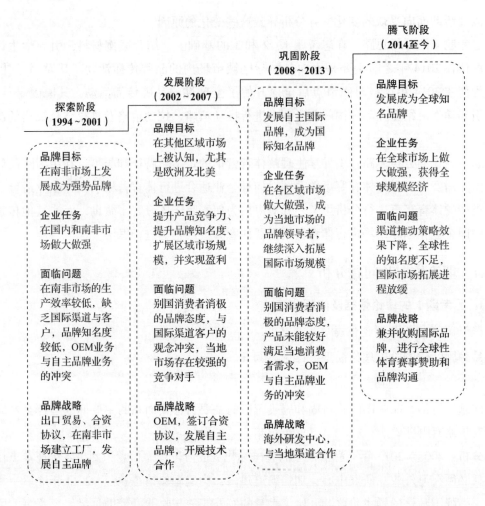

图 7 - 3　海信在品牌国际化不同阶段的目标、困难和品牌战略

2．思考题 2 的理论依据及问题分析

（1）思考题 2 的理论依据

国际品牌传播策略基础理论国际市场营销活动受到双重环境，尤其是国际环境的影响，使营销组合策略复杂得多，难度也比较大。在产品策略方面，国际市场营销面临产品标准化与差异化策略的选择；在定价策略方面，国际市场定价不仅要考虑成本（包含运输费、关税、保险费），还要考虑不同国家市场需求及竞争状况，以及各国政府对价格调控的法规等；在分销渠道方面，各国营销环境的差异导致了各国的分销机构的形式、规模不同，从而增加了管理的难度；在促销策略方面，由于各国文化、政治、法律、语言、媒体、生产成本等不同，企业在选择促销策略的时候决策更困难。表 7 - 4 和表 7 - 5 分别阐述了企业在品牌国际化中，可以运用的国际品牌传播策略的含义、相关特征及利弊，企业可以根据在国际市场的不同环境采取不同的品牌传播策略。

表 7 – 4　国际品牌传播策略的含义及特征

类型	含义	适用条件或特征
广告	在产品出口目标国或地区所做的、配合国际营销活动的广告，其目的在于增强企业国际知名度，帮助本公司产品或服务迅速地进入国际市场，扩大销售，实现国际营销目标	购买频率较高或价格低廉的产品
人员推销	国际企业通过向目标市场派出推销人员或委托、聘用当地或第三方推销人员，向国际市场客户（包括中间商和最终消费者）面对面地进行宣传介绍、洽谈商品或服务，满足顾客的要求	适用于价格昂贵、专业性强的产品
营业推广	除广告、人员推销、公共关系以外的所有鼓励消费者试用或购买产品、调动零售商积极性和提高中间商推销能力的短期市场营销方式	根据营销目标、目标市场特征、营业推广各种手段的费用高低，合理决定采用何种促销方式。分为消费者导向型和中间商导向型
公共关系	跨国企业为处理与目标市场社会各界的关系、增进国外社会公众对企业的信任和支持、树立和改善自身社会形象而采取的各种活动和策略	具有情感性、双向性、广泛性、整体性和长期性； 目标是通过宣传获得知名度与美誉度； 沟通对象非常复杂； 属间接促销行为

表 7 – 5　国际品牌传播策略的利弊点

类型	利处	弊处
广告	考虑目标、资金、信息、媒体、测评 5 个因素	国际广告涉及语言、文化、政府控制等因素，工作难度较大
人员推销	具有很强的灵活性、直接性，能够促进与顾客的情感交流，与顾客建立长期的关系	对推销人员有较高的素质要求
营业推广	吸引新顾客；回报忠诚顾客；使竞争者的促销无效。配合其他促销方式共同实现企业的营销目标	很多国家对营业推广的方式施加限制；不同营业推广方式在不同国家的营销效果存在差异；受市场竞争程度的影响
公共关系	可以保证企业经营的稳定性和较强的凝聚力，受到消费者的青睐，提高企业市场规模	周期长，成本高，受当地消费者态度及市场竞争程度的影响

（2）思考题 2 的问题分析

问题：海信在品牌国际化发展阶段之前进行了哪些品牌建设活动？这些活动的主要特点、目标、受众和传播效果如何？

分析：在品牌国际化的探索阶段，海信主要是通过建立体验馆、投放产品广告、与客户进行技术交流、邀请客户参观公司并借助媒体力量等市场开拓方式，增进了客户对海信及海信产品的了解，见表7-6。同时海信在了解当地的市场环境后，积极地进行投资建厂等本地生产活动，拥有了与其他家电企业相比更直接的竞争优势。在取得一定市场成绩之后，海信开始关注产品规划与渠道规划并通过承接高端 ODM 业务，大大提高了海信品牌的综合竞争力。在品牌国际化的发展阶段，随着海信在各区域市场不断拓展国际业务，海信开始加强对国际渠道的建设，主动出击与渠道商进行沟通。同时海信与渠道商合作进行全产品线的品牌推广，提升了海信品牌形象和价值，将全产品线的优势充分发挥。除渠道建设外，海信也开始进行体育赛事赞助活动，除赞助车队、球队外，海信还冠名各大体育场馆与奖项，并参与消费电子行业展会。

然而海信在发展阶段之前所开展的均为面向各国际区域市场内品牌建设活动，相关活动的目标是在各国际区域市场上提升海信品牌的知名度，帮助获得主流渠道商认可，加强渠道建设。这些品牌建设活动对海信的品牌国际化起到了极大的推动作用，海信品牌逐渐在国际上获得了渠道与消费者的认可，许多国际渠道商都对海信的家电产品给予了极高的肯定和赞扬。

表7-6　海信品牌国际化发展阶段前的品牌建设活动

	内容
品牌建设活动	建立体验馆，投放产品广告，与渠道商合作开展全产品的品牌推广活动，区域市场内的体育赛事赞助活动，行业展会，地区媒体宣传
主要特点	面向各国际区域市场内的品牌建设活动
活动目标	在各国际区域市场上提升海信品牌的知名度，获得主流渠道商认可
目标受众	以国际渠道商、合作伙伴为主
传播效果	海信品牌在国际市场上逐渐获得认可，品牌知名度不断提升

3. 思考题3的理论依据及问题分析

（1）思考题3的理论依据

国际品牌传播的推拉策略。菲利普·科特勒认为，企业可能采取两种品牌传播策略，即推动策略和拉动策略。国际营销传播策略组合较大程度受公司选择推动策略和拉动策略的影响。

品牌传播的推动策略：指企业对渠道进行激励，使产品在经销、提高曝光度和降价方面获得渠道的支持。具有风险小、周期短、资金回收快等优点，但需要中间商配合，具体如图7-4所示。

品牌传播的拉动策略：指企业使用广告等方式，直接对消费者进行刺激，使消费者产生强烈的购买意愿，以吸引消费者在当下购买产品，形成需求，并"拉引"中间商纷纷要求经销这种产品，具体如图7-5所示。

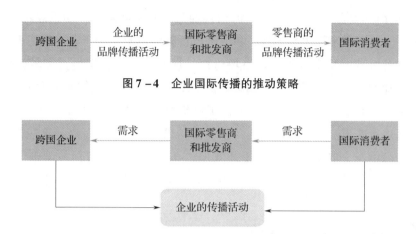

图 7 – 4　企业国际传播的推动策略

图 7 – 5　企业国际品牌传播的拉动策略

推拉结合策略：企业不仅可以单独使用推、拉策略，还可以将推拉策略结合起来，在向中间商大力促销的同时，通过广告刺激市场需求，以便更灵活更有效地吸引更多的消费者。

（2）思考题 3 的问题分析

问题：海信在品牌国际化巩固和腾飞阶段的品牌建设活动发生了哪些变化？其效果如何？

分析：如图 7 – 6 所示，与发展阶段之前相比，海信在品牌国际化巩固和腾飞阶段的品牌建设在保持适当的面向渠道的推动策略外，重点向拉动传播策略进行了倾斜，旨在迅速开拓国际市场、建设国际营销渠道、加强产品生产能力、取得竞争优势等。

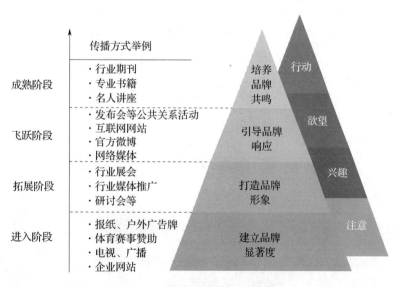

图 7 – 6　国际品牌传播过程模型

183

在品牌国际化的巩固和腾飞阶段，海信仍面临一些发展阻碍，如重点市场开拓不力，品牌认知度在发达国家市场仍然不高，各方的资源调度也始终处于非正常运营环境等。此时海信已经在各区域市场取得了一定市场份额，拥有一定的营销渠道和较强的产品竞争力。所以海信加大了在各区域市场的品牌传播力度，进行了冠名澳网主球场、电影节奖项等品牌传播活动。在 2014 年后，海信加强了全球性的品牌传播力度，并赞助了欧洲杯、世界杯等顶级体育赛事。此时的海信主要采取拉动式的品牌传播策略，这些拉动式品牌传播活动在个区域市场上取得了很好的传播效果，在短时间内使海信品牌被各大渠道商认可，收获了大量产品订单，帮助海信成功地入驻了主流渠道，并进一步推动了海信家电产品在各区域市场的全面铺设。

4. 思考题 4 的理论依据及问题分析

（1）思考题 4 的理论依据

1）国际品牌传播过程模型。

当企业新进入一个国际市场之后，首先应该在目标国家市场建立品牌显著度，而后打造品牌形象，其次引导品牌响应，最后是培养目标国消费者的品牌共鸣，这一过程主要取决于目标国市场的消费者认知过程，如图 7-6 所示。当面对企业的营销策略时，消费者往往是先形成对品牌的注意，产生了解品牌和产品的兴趣，有了拥护品牌和购买产品的欲望，而后才能最终形成品牌共鸣或者是产生购买行为。所以企业在实际品牌国际化的过程中应该遵循这一规律，在不同的品牌国际化阶段循序渐进，以此为基础，开展有效的国际品牌传播活动。

2）国际品牌传播的推拉结合策略

品牌国际化的过程中，营销传播组合发挥着至关重要的作用，企业应该根据品牌国际化进程的不同阶段、不同阶段的不同传播目的选择相应的传播组合策略，国际营销品牌传播组合较大程度受公司选择推式策略和拉式策略的影响，如图 7-7 所示。

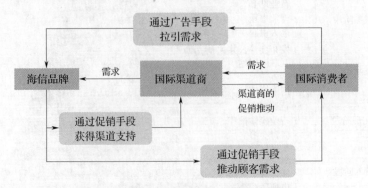

图 7-7　国际品牌传播中的推拉结合策略

推动策略（地面策略）主要是运用促销手段将产品推向国际市场，从制造商推向国际批发商、从国际批发商推向国际零售商，直至最终推向国际消费者；而拉动策略（空中策略）主要是运用广告、公共关系、事件营销等宣传手段，着重使国际消费者产生兴趣，刺激消费者对产品的需要，进而推动国际消费者向国际中间商订购产品，然后由国际中间商向企业订购产品，以此达到向国际市场销售产品的目的。企业应该在合适的时间段偏重不同的策略，以达到传播策略组合效用的最大化。

（2）思考题 4 的问题分析

问题：请根据海信品牌国际化的发展阶段，分析海信是如何进行推拉结合的品牌传播活动的。

分析：在海信品牌国际化的整个过程中，海信在不同阶段使用不同的品牌传播策略组合来实现建设国际知名品牌的目的，如图 7-8 所示。

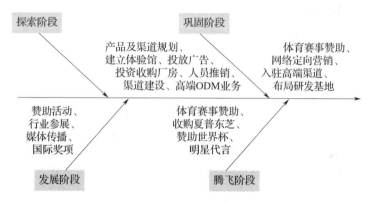

图 7-8　海信品牌国际化各阶段推拉结合的品牌传播策略

探索阶段：在探索阶段，海信面临着初到南非市场的各种困难，如生产效率低下、缺乏渠道和客户、缺乏品牌知名度等，为此海信主要采取的市场开拓方式包括产品及渠道规划、建立体验馆并投放广告、投资收购厂房、人员推销、积极与渠道沟通合作及承接高端ODM 业务等。此时海信主要运用的是地面推广手段，并旨在完成地面策略的布局工作，品牌目标是在巩固国内知名品牌的基础上，在南非市场发展自主品牌，并做大做强。

发展阶段：在南非市场上取得成果之后，海信逐步开拓欧美等发达国家市场。除在各区域市场上通过推动策略进行渠道建设外，海信也开始进行体育赛事赞助活动，除赞助车队、球队外，海信还冠名各大体育场馆与国际奖项，并参与消费电子行业展会。此时海信采取的是推拉结合的品牌传播策略，除向渠道发力外，也通过一些推广活动对渠道进行拉动，空中、地面策略开始联动。

巩固阶段：2008 年后海信进入了品牌国际化的巩固阶段，海信的品牌目标是在各区域市场上成为知名品牌，提高产品核心竞争力，提升品牌知名度。海信主要通过体育营销的方式进行品牌传播活动，并在欧美等发家国家市场进行网络营销，这些措施帮助海信成功地入驻了各大主流渠道商，并取得了良好的品牌建设效果。此时海信运用的空中手段较多，地面手段相对较少。

185

腾飞阶段：海信于 2014 年后步入了品牌国际化的腾飞阶段，海信的品牌目标和任务是在全球市场上继续做大做强，获得全球规模经济，并发展成为全球本土化的自主品牌。在这一阶段，海信已经拥有了先进的生产基地、达到国际领先水平的产品、国际领先的产品研发能力，并在各区域市场中有一定的品牌知名度。而这一阶段海信所采用的渠道推动策略效果明显下降，海信在全球范围内的品牌知名度有待提升，海信需要加快品牌国际化的进程。此时海信通过这些大手笔的赞助活动有效地实现了全球性的、各区域市场间的品牌传播和沟通，并通过拉动策略增强了国外渠道合作商的信心，极大地加速了海信各个国际区域市场的渠道建设，并提升了国际市场客户对海信品牌形象的认知，大大加快了海信的品牌国际化进程。

5. 思考题 5 的理论依据及问题分析

（1）思考题 5 的理论依据

体育营销理论

体育营销概念最早出现在 1978 年美国的《广告时代》（《Advertising Age》）杂志。体育营销是指按照市场规律，结合企业需要，整合企业优势资源，借助冠名、赞助等手段，通过所赞助的体育活动来实现树立企业的形象，推广自己的品牌，创造消费需求，营造良好的外部发展环境等营销目标的一种新生的独立的营销手段。体育营销是一种战略，是依托于体育活动，将产品与体育结合，把体育文化与品牌文化相融合以形成特有企业文化的系统工程，具有长期性、系统性和文化性的特点。它既包括把体育作为商品销售的体育产业营销，还包括企业通过体育来进行的市场营销。

体育营销含有其特殊的沟通特性，是一个创造时间价值的媒体，让受众在时间进行中接触空间所赋予的免费信息；它是一个能够收集、利用情绪的媒体，让受众在最恰当的情景与最无防备的情绪下接触到企业信息；它是一个能够还原真实的媒体，让受众在真实的空气中感受品牌的无形价值。体育赛事往往能延伸出许多内涵特质，这种延伸往往又能带动赞助企业品牌内涵的延伸，实现体育文化、品牌文化与企业文化三者的融合，从而引起消费者与企业的共鸣，在消费者心目中形成长期的特殊偏好，成为企业的一种竞争优势，体育营销的作用机制如图 7-9 所示。

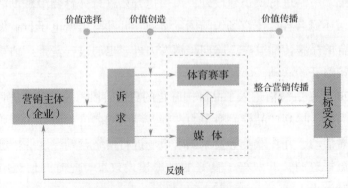

图 7-9 体育营销的作用机制

体育赞助则是体育营销最主要的表现形式之一，是指企业为体育赛事或者体育团队提供资金、物品或相关服务等支持，同时使用与赛事有关的一系列权利，例如冠名权、标志使用权等，使赞助双方达到利益共赢的一种活动。企业进行体育营销具有以下三个特点：①关注度高。在企业开展体育营销的过程中能够和广大的喜爱体育的客户群体进行接触和交流。②公益性和公信度高。观众对体育赛事广告的排斥相对较弱，更容易激发个人和群体的情感依恋，进而转变为消费者群体。③参与度和体验感强。消费者越来越注重企业能否根据自身的个性需求设计出独特的体验过程。体育活动的真实体验感使体育成为最能表达企业产品中体验信息的载体。

体育营销主要是围绕赞助展开，具体分为下列四种类型：①组织团体赞助。这是指各类体育组织团体接受赞助企业不同种类的赞助，赞助目标以团体为主，不单独支持某一位运动员。现在大部分体育组织团体经费主要来自企业赞助。②体育赛事赞助。这是指赞助企业对于某一场体育赛事进行赞助，例如澳网、世界杯、世锦赛，每次赞助都有一定的期限和等级划分，属于一次性的赞助活动。③个人赞助。这是指企业通过赞助一些取得优异成绩的运动员，为其提供个人物品、资金、运动设施等，来达到企业相应的宣传目的。企业赞助资源的多少都是与运动员自身的成绩和名气相挂钩的。运动员在接受赞助之后，有义务去维护赞助商企业形象，争取更好的成绩。④体育场馆的赞助。是指企业投资购买一定期限的某座体育场馆的命名权，在冠名期间利用场馆及比赛将自身的产品和品牌借助多种渠道宣传推广，产生的效果是传统广告预想不到的。对体育场馆进行赞助，获取体育场馆冠名权，能迅速提升企业品牌竞争力。

上面四种赞助类型中，企业在拓展国内外市场时，组织团体、体育赛事、体育场馆的赞助是企业所能接受并广泛使用的，而且赞助回报率是比较高的，未来将成为商家和体育事业融合的主流范式。

（2）思考题 5 的问题分析

问题 1：在品牌国际化过程中，什么样的企业适合体育营销？

备注：思考题 5 为发散题，这里提供相应的参考答案，指导老师在教学活动中可以深入分析探讨为何 2018 年世界杯中国企业在赞助商中占据 5 席，这些企业是否都适合进行体育赛事赞助，赞助体育赛事对企业品牌建设有什么独特的价值，企业在进行体育营销时需要注意哪些问题等。指导老师可以通过循序渐进的询问，引导学生对企业的国际品牌传播、国际体育赛事赞助等进行思辨。

分析：企业进行国际体育营销的目的是提升品牌价值，塑造品牌的强势地位，从而依靠品牌开拓国际市场、扩大国际市场规模，而这些就是品牌国际化战略本身的要求。因此，一般来说，B2C（企业对消费者）品牌等直接面向国际消费者的企业更加适合进行体育营销。因为 B2C 的竞争更加激烈，要保持产品与消费者的沟通，品牌传播与沟通活动必不可少，而进行全球性的体育赛事赞助对该类企业的品牌建设将起到极大的推动作用。当然 B2B 企业是否进行体育营销，特别是赞助世界杯这类全球性体育赛事，需要权衡，例如，当国际市场上中间企业数量不多时，并不需要特别进行品牌传播活动；而当国际市场上中间企业数量巨大，行业又存在一定竞争性时，企业就可能需要跳过中间商，通过赞助全球性体育赛事等特别手段扩展品牌知名度、提升品牌形象，对终端消费者形成影响从而对中间商产生拉力。

此外，企业需要处理好三个体育营销元素的关系：企业国际品牌形象、国际消费者和目标体育赛事文化，这三者以企业品牌国际化战略为中心关联起来，从而形成一个"三赢"局面，如图 7-10 所示。在品牌国际化过程中，企业进行体育营销时需要结合科学和系统的方法，综合考虑企业国际化发展战略及远景、企业在目标国消费者心目中的地位及期望、当地竞争对手优劣势、不同国家和地域文化特征等因素，以建立科学实际的体育营销组织框架，确立企业整体体育营销观念。

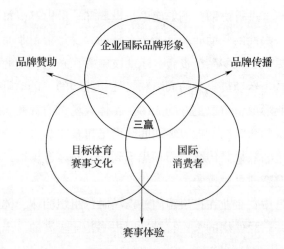

图 7-10　企业国际品牌形象、国际消费者、目标体育赛事文化关系图

问题 2：企业在进行体育营销时需要注意哪些问题？

企业的体育营销活动要服务于品牌国际化战略，企业进行体育营销时应当充分考虑以下问题。

1）企业应当注意区域性体育赛事与全球性体育赛事的区别。当企业处于品牌国际化发展阶段时，企业更多地希望在国际区域市场上提升品牌知名度、塑造品牌形象，则可以选择赞助区域性的体育赛事，如 F1 赛车、橄榄球、乒乓球等具有鲜明区域特色的体育赛事；当企业处于品牌国际化腾飞阶段时，企业更多地希望在全球市场上提升品牌影响力、提升品牌形象，则可以选择赞助欧洲杯、世界杯等全球性体育赛事。虽然各国观众语言、文化、消费习惯差异很大，但是对于足球赛事的热爱没有本质区别。体育赛事营销可以帮助企业营销推广时跨越国别差异，达到快速提升国际消费者对企业品牌认知度的效果。

2）目标体育活动价值应与国际品牌价值相符。企业一旦进行了体育营销活动，其在国际市场上的资源也将进行重新整合，企业的经营将服务于体育营销，并将体育活动中体现的体育文化融入企业产品中去，实现体育文化、品牌文化与企业文化三者的融合，从而引起国际消费者与企业品牌的共鸣，在国际消费者心目中形成长期的特殊偏好，成为企业的一种竞争优势。如果品牌价值与体育活动价值不一致，甚至相悖，就无法使体育文化、品牌文化与企业文化融合，也就不能体现出体育营销的优势。因此，体育活动价值需要与品牌价值相符。

3）目标体育营销活动应与企业内涵相一致。在进行体育营销活动时必须首先考虑到体育营销策略与其企业内涵是否"门当户对"，即产品的属性与运动的连接是否自然流畅，赛事与品牌诉求的要点是否吻合等。如可口可乐的形象诉求和体育的形象特征几乎一致，通过体育营销，可以成功地把激情、青春和力量等体育的形象特征转移到可口可乐的形象上，十分有利于可口可乐的国际品牌形象建设。

4）目标体育营销活动应与企业国际品牌定位相一致。体育活动有其特定的参与者及观众，竞技性与刺激性决定了体育赛事观众多为追求惊险娱乐的年轻人，其中又以男性为主。只有在企业的目标市场与体育活动的参与者及观众一致时，才能达到应有的效果。企业在品牌国际化中需要进行品牌定位，如果体育活动的参与者及观众并不是品牌的目标客户，那么体育营销的效果就不明显，企业所做的营销活动也是徒劳的。体育营销因其规模、特性不同而有不同的观众，相对而言，奥运会是最受人们喜爱、关注的盛会，具有广泛性与国际性的特点，是推动国际化、提高品牌国际知名度的企业理想的体育营销载体。

5）目标体育形象应有助于强化企业的国际品牌联想。企业开展体育营销时，要找到体育形象与品牌联想的结合点，将体育文化融入品牌联想中，并强化这种联想。譬如吉列刀片就一直赞助拳击等赛事，因为吉列的品牌战略体现的就是强劲优势，所以它就要赞助竞技性比较强的项目，且吉列从不考虑赞助体操等软性项目。海信在2018年世界杯的赞助活动中，邀请符合海信低调高品质品牌形象的本尼迪克特·康伯巴奇作为品牌形象代言人，并在世界杯中取得了良好的传播效果，这就是在以体育形象来强化品牌联想。

7.2.5　背景信息

（1）打造自主品牌

与很多出海企业采取"OEM代工"或者产品出口的方式开发国际市场不同，海信一开始就选择了打造自主品牌的道路。海信认识到OEM在国际市场不具竞争力，树立自主品牌并进入高端市场，才能重塑企业形象并维持长久竞争力。为此，海信数年前就开始在澳大利亚、欧洲、非洲等区域市场累积自主品牌建设经验。

事实证明，只有打响自有品牌，才能有更大的市场自主权和品牌溢价能力。2007年以来，海信海外自主品牌占比从当年的10%逐年攀升。2017年，海信海外收入超过284.4亿元，自主品牌的收入占比为49.8%、达到141.6亿元，同比增长22.4%。海信自主品牌在海外市场的布局已初见成效。

在此过程中，海信始终秉承不盲目进入任何一个市场和任何一个产业领域的信条。在开发每个市场之前，都会进行充分的市场调研，了解当地的政治、经济和文化环境，市场需求以及消费习惯，并据此确定发展战略、进行产品定位与研发。

进入南非市场前，海信进行了3年多的考察调研，采取"差异化营销"。当时南非市场主要电视产品是14in和21in，海信避开激烈竞争的圈子，以18in电视进入市场。进入日本市场时，则没有用大尺寸电视和本土品牌抗衡，而是用小尺寸电视打开市场，逐渐向市场渗透。

海信进入澳大利亚市场时，当地家电市场已被国外一线品牌分割完毕，海信深入调研发现当地消费者愿意接受新品牌，最终形成了"该市场必须做""要做就做品牌"的决定。如今，海信在澳大利亚电视市场占有率第一，是有史以来第一个成功登顶澳大利亚电视市场的中国品牌。

对技术和质量的坚守，是海信的底牌。海信认为，技术是品牌的核心竞争力，在新的世界分工里，我们必须有可立足的自主技术，才能抢占更多份额。它支撑了海信逐步迈向全球价值链的中高端，成为高端大气上档次的代名词。

（2）本土化经营

在国际化的进程中，海信实施本土化战略。目前，海信已在海外建有18个分公司实施本土化经营，覆盖欧洲、美洲、非洲、中东、大洋洲及东南亚等地。海外分公司能够与中国总部快速、准确地进行产品和市场信息的沟通，保证了产品功能、质量、设计在当地市场的持续竞争力，同时与商家建立了良好关系。

此外，海信在海外建有墨西哥、南非、捷克3个生产基地，产品远销130多个国家和地区。一方面可以规避贸易壁垒、降低生产成本，另一方面可以更好地融入当地。

海信十分重视研发，在全球设有12所研发机构。海信的海外研发中心目前主要分布于欧洲、加拿大、美国、以色列以及日本，面向全球引进高端人才，提升技术产品研发能力。本土化研发可以更好地了解当地的需求，研发出满足当地消费者需求的产品。

与其他厂家首先在海外铺设营销网络相比，海信采取了研发先行的策略，这得益于对国际竞争环境的充分理解：只有拥有国际化的前瞻性研发机构（实验室），才能强化企业在行业技术与标准中的主导地位，为企业发展和国家竞争力建设争取更多宝贵时间。因此，研发先行成为海信国际化进程中重要的理念。

以欧洲研发中心为例，成立后进一步提高了产品的规划水平和市场适应能力。原来每确定一个客户，都要发样机过去向客户进行确认；客户提出的当地需求问题又通过邮件确认，来回反复多次。现在与客户当面确认，极大地提高了效率。海信技术立企战略也因欧洲研发中心的建立得以向欧洲这些经济最发达、技术最前沿的地方延伸，使技术得到进一步的提升，有利于进一步提高海信的核心竞争力。

另外，在海信海外分公司的机构设置上，更多采用本地人员，其中90%的员工为当地人员，分公司的销售、营销、物流、服务人员都在当地招聘，这些本土化人才更加了解当地市场，具有更好的与当地渠道和终端消费者打交道的经验。

（3）体育营销是"利器"

征战全球的"品牌高地"，体育营销是成就世界海信的利器。海信先后赞助了美国 NASCAR 汽车赛、F1 红牛车队、德国沙尔克 04 甲级足球俱乐部及澳网公开赛等体育赛事。2016 年开始，海信国际体育赛事营销的力度再次升级，以顶级赞助商的身份赞助 2016 年法国欧洲杯，成为欧洲杯 56 年历史上第一个来自中国的全球顶级赞助商。2016 年欧洲杯期间，海信在中国和海外发达国家市场都收获了巨大关注和品牌声誉，海信的全球知名度提升了 6 个百分点，二季度欧洲市场销量提高了 65%。

2017 年，海信再次大手笔出击全球顶级赛事体育营销。4 月 6 日，国际足联和海信集团在京共同宣布，海信成为 2018 年世界杯官方赞助商。这是世界杯设立近百年以来首个中国消费电子品牌赞助商，也是海信历史上最大手笔的一次体育营销行为。持续赞助体育赛事进行体育营销，有助于海信加速国际品牌影响，加快国际化进程，提高海信的全球占有率，获取更多的品牌溢价。

自主品牌走向国际市场并深耕不懈的海信，已经初步实现了在技术与品牌上的双向出海。在"一带一路"广阔的版图上，海信正在以世界级的水平，迎接中国品牌时代的到来。

7.2.6　关键要点

本案例的分析关键在于对海信实施品牌国际化战略过程中的国际品牌传播策略、国际体育赛事赞助等品牌传播活动能够形成深入的理解和把握。不仅对海信案例能够进行详细的阐述和分析，还要能够充分地将品牌国际化相关理论和国际市场营销理论与海信的案例经验相结合进行分析和探讨，了解海信决策的逻辑关系、关键因素和国际品牌传播的启示等。教学中的关键点包括以下四个方面。

①品牌国际化过程是跨阶段性的活动。在不同的阶段，企业要根据自身和外部环境的特点，制定适合的品牌国际化战略，控制风险，稳步前行。

②企业在品牌国际化过程中需要合理地制定品牌传播策略。在各国际区域市场上进行品牌建设活动的过程中，企业应审时度势，善于分析当地市场环境，并进行实际合理的品牌传播活动。

③在不同的国际市场环境以及企业资源状况下，企业应采取不同的传播策略组合。企业应该合理评估自身资源与能力、国际渠道建设情况、国际消费者态度等制定相应的品牌传播策略组合。

④在品牌国际化过程中，综合考虑企业国际化发展战略及远景、企业在目标国消费者心目中的地位及期望、当地竞争对手优劣势、不同国家和地域文化特征等因素，以建立科

学实际的体育营销组织框架，确立整体体育营销观念。

7.2.7　建议的课堂计划

鉴于课堂时间较为有限，为保证教学效果，建议师生做足充分课前准备：教师可以提前一周将案例、辅助资料和启发思考题发给学生。建议此案例课前用 60 分钟阅读和思考，用 60 分钟开展小组讨论；用 90 分钟进行课堂讨论，图 7-11 是教学板书主要内容，表 7-7 是按照时间进度提供的课堂教学计划建议，仅供参考。

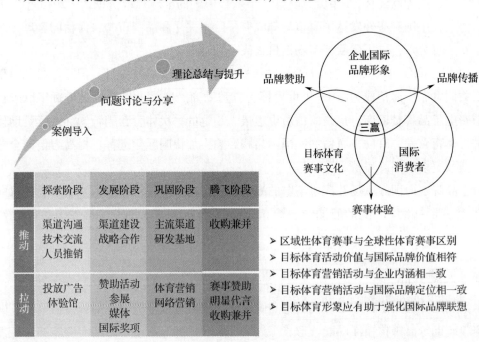

图 7-11　教学板书主要内容

表 7-7　课前与课堂的教学步骤和计划

时段		讨论和学习内容	主要内容	学习时间
课前	1	教师发放教学案例和相关资料，完成小组分组。学生个人阅读案例内容与附带材料，并分析思考题	课前准备	60 分钟
	2	学生开展小组讨论，借助于所学知识点与工具开放性地解答教师给出的问题，并将结果于课前反馈给老师，老师进行评阅打分	课前准备	60 分钟
小计				120 分钟
课堂	3	教师介绍案例价值和案例教学特点，并播放案例教学相关视频《海信国际品牌宣传片》	案例导入	10 分钟
	4	学生分析海信在品牌国际化巩固和腾飞阶段主要目标、面临问题及应对策略，教师就学生观点结合品牌国际化阶段模型讲解	思考题 1	10 分钟

（续）

时段		讨论和学习内容	主要内容	学习时间
课堂	5	学生分析海信在发展阶段之前品牌建设活动的主要特点、目的、受众与效果，教师将学生答案列在黑板上，并结合国际品牌传播策略等分析工具进行讲解	思考题 2	15 分钟
	6	学生对思考题 3 进行分组汇报，教师抛出国际市场定位的决策分析框架，就学生观点结合理论知识点进行讲解	思考题 3	15 分钟
	7	学生分析海信在各阶段的品牌传播活动，并对思考题 4 进行分组汇报，教师将学生观点列在黑板上，就学生观点结合知识点分析海信是如何进行推拉结合的品牌传播活动的	思考题 4	15 分钟
	8	学生对思考题 5 进行分组汇报，教师将学生观点列在黑板上，就学生观点结合知识点对体育营销的适用条件，企业开展体育营销的关键要点进行讲解	思考题 5	20 分钟
	9	教师总结：归纳分析和讨论达到的共识，结合国际化相关工具和案例材料，提炼海信国际品牌传播成功的关键要素；肯定学生在应用理论工具分析案例时的逻辑性和创造性，鼓励学生对其他企业的国际品牌传播进行延伸思考，并指出在分析方面存在的不足和改进路径	课后总结	5 分钟
小计				90 分钟

7.2.8　补充材料

2018 年俄罗斯世界杯开赛，在这届与中国时差相对合适的世界杯中，中国企业在世界杯赞助商体系中也迎来"最强阵容"，包括万达、蒙牛、海信、vivo、雅迪、VR 科技公司指点艺境、帝牌共 7 家中国企业现身本届世界杯赞助商队伍，并涵盖从顶级到区域赞助的三级赞助级别，在世界杯赞助体系创赞助数量及金额的新高。市场研究公司 Zenith 的数据显示，2018 年俄罗斯世界杯期间，各国企业投入的广告费用共 24 亿美元。其中，中国企业世界杯期间的广告支出达 8.35 亿美元（约合 53 亿元），超过美国的 4 亿美元，更远高于东道主俄罗斯的 6400 万美元，全球排名第一。尽管中国足球队无缘亮相，但在俄罗斯，处处可见中国元素——中国品牌占据顶级和二级赞助商的 1/3，加上赞助球队及球星的企业，以及来自中国的小龙虾、吉祥物、纪念币等，几乎涵盖世界杯期间的吃喝玩乐。中国足球已经连续缺席了几届世界杯，而中国企业对于世界杯的赞助不但没有缺席，还愈发热情高涨。与 2014 年的巴西世界杯相比，2018 年俄罗斯世界杯上，中国赞助商从 1 家增至 7 家，覆盖三个赞助级别，成为名副其实的全球最大的"金主"。

第一和第二级别的赞助由国际足联负责招商，万达在 2016 年斥资 1.5 亿美元（约合 9.5 亿元）拿下国际足联一级赞助商，此后四届世界杯（2018、2022、2026、2030）其均

193

享有国际足联旗下所有赛事的全部广告权与营销权。海信、蒙牛、vivo 则成为二级赞助商，占据了这一级别赞助商总数的 60%。当然这仅仅是拿到了世界杯这座游乐场的入场券，为了刷出最佳存在感，国内企业纷纷脑洞大开，各出奇招。有人使出"传统打法"，赞助球队、签约球星。例如，华帝电器赞助了众星云集的法国国家队，万和赞助了阿根廷国家队，长虹赞助比利时国家队，TCL 签约内马尔作为品牌推广大使，乌拉圭前锋苏亚雷斯代言了国美手机。

据统计，品牌知名度每提高 1 个百分点，就要花费 2000 万美元的广告费。而借助体育赛事，同样的花费可以将知名度提高 10 个百分点。同时，中国企业海外营销意识的提升，也促使更多企业重视起体育营销之路。无论是直接提升产品销量，还是间接地提升品牌的全球知名度，体育赞助都起到了明显的效果。

参 考 文 献

［1］钦科陶，龙凯宁. 国际市场营销学：第 10 版［M］. 曾伏娥，池韵佳，译. 北京：中国人民大学出版社，2015.

［2］ARRUDA W. Brand communication：the three Cs［J］. Thunderbird International Business Review，2009，51（5）：409–416.

［3］EAGLE L，KITCHEN P J. IMC，brand communications，and corporate cultures［J］. European Journal of Marketing，2000，34（5/6）：667–686.

［4］WOOD，LISA. Brands and brand equity：definition and management［J］. Management Decision，2000，38（9）：662–669.

［5］FOREMAN J，ARGENTI P A. How corporate communication influences strategy implementation，reputation and the corporate brand：an exploratory qualitative study［J］. Corporate Reputation Review，2005，8（3）：245–264.

［6］陈启杰. 现代国际市场营销学［M］. 上海：上海财经大学出版社，2000.